The New Investment Superstars

13 Great Investors and Their Strategies for Superior Returns

ヘッジファンドの魔術師

［改題］インベストメント・スーパースター

スーパースターたちの素顔とその驚異の投資法

Lois Peltz ルイ・ペルス

長尾慎太郎［監修］　岡村桂［訳］

INVESTMENT SUPERSTARS

INVESTMENT SUPERSTARS

Pan Rolling

監修者まえがき

本書は代表的なヘッジファンドを取り上げることによって、その現状と歴史に関する解説を試みたTHE NEW INVESTMENT SUPERSTARSの邦訳である。ヘッジファンドの歴史は古く、その起源は五〇年以上も前にさかのぼるが、その存在が世間に広く認知され、業界全体の規模が急拡大したのはわずかここ一〇年ほどのことである。それは、投資のグローバル化、情報技術をはじめとしたテクノロジーの進歩によるところが大きいが、その背景には、常になんらかのアセットクラスのポートフォリオをロング（買い）で持つという伝統的な運用手法が限界に来ていることへの反動がある。

何らかのベンチマークを基準にして相対的にアウトパフォームできるか否かを目標とした従来の運用においては、ベンチマークそのものが長期にわたって下落を続けるリスクを負わなければいけないことに加え、現実にはほとんどの運用者のパフォーマンスがそのベンチマークさえ超えられないという厳しい現実がある。したがって、多くの機関投資家の関心が、ベンチマークを忠実にトレースすることを目的とするパッシブ運用と、絶対リターンを追及することを目的としたヘッジファンドをはじめとしたオルタナティブ運用という両極端な方向に向かうのは当然であろう。

本書には多くの「スーパースター」が登場するが、一口にヘッジファンドといってもその運用手法はさまざまである。しかしそこに共通しているのは、リスクを取ってリターンを目指すという姿勢である。誤解していただきたくないが、それはヘッジファンドが過度にリスクを取っているということではない。あくまでリスクに対するリターンの比率が良好であり、各々がよく把握、理解し、コントロールできる場合にかぎり、積極的にリスクを取り、より高い収益を目指すということなのである。どんな投資、投機であれ、必要なリスクを取ることができなければ、期待以上のリターンを得ることは難しい。たとえリスクを抑えた投資をだれかが行ったとしても、そこから得られる結果は、じりじりと目減りする資産が消えてしまう時期をせいぜい先に引き延ばすことぐらいでしかない。

リスクとは一般的に認識されているように、破滅の要因であるだけではなく、実は同時にまた収益の源泉でもある。別の表現をすれば、自分が他者より多くリスクを取れるところをエッジ（優位性）と言い、エッジに対して賭けることから収益は生まれるのである。それはリスクを避けることから生まれるわけではけっしてない。

最後になったが、本書の翻訳にあたってくださった岡村桂氏、またその他の関係各位にも心から感謝の意を表したい。そして個人的な事柄であるが、若かりしころその出会いによって、私がオルタナティブ運用の世界に進むきっかけのひとつを与えてくれたジョン・ヘンリー氏（第八章に登場）にもこの機会に感謝の言葉を述べておきたい。

二〇〇一年一二月

長尾慎太郎

ヘッジファンド業界に
それを構成する才能、知性、起業家精神、エネルギーに
ジェリーの愛情と支援に
そして私の両親に捧げる

ヘッジファンドの魔術師★目次

第5章　リー・エーンズリー（マベリック・キャピタル）……191
ダラスを拠点として、六〇億ドルの資産を持つロング／ショートのヘッジファンド・マネジャー。徹底的なファンダメンタル研究とボトムアップ・アプローチによる銘柄選択で有名。主に、米国の中型株と大型株に投資している。エーンズリーの株式ヘッジ戦略は、まだ一度もマイナスを出したことがない。

第6章　レオン・クーパーマン（オメガ・アドバイザーズ）……209
米国株の選択能力に長けたマネジャー。自分自身、従業員、そして会社に対する要求が厳しい。バリューアプローチをとるアクティブ運用のポートフォリオ・マネジャーである。

第7章　ケン・グリフィン（シタデル・インベストメント・グループ）……227
三二歳。インタビューしたヘッジファンド・マネジャーのなかで最年少であるが、その資産は最大である。大学在学中にヘッジファンドを始めた。マルチストラテジー戦略を取る彼の会社は、レラティブバリューとイベント・ドリブンに基づくアービトラージに特化している。

第8章　ジョン・ヘンリー（ジョン・W・ヘンリー＆カンパニー）……245
先物市場で取引をするシステマティックで長期的なトレンドフォロワー。忍耐強く、ビジョ

ンがあり、分析を得意とする魔術師と称される。会社は制度化されていて、本人はセミリタイアしてリサーチに専念している。一九九九年にはフロリダ・マーリンズを購入。

運用資産四〇億ドル超を有するグローバルエクイティのロング／ショートのマネジャー。企業価値、ファンダメンタルズのトレンド、テクニカルに基づいて投資する。いつも投資しているわけではなく、取引機会が現れるのを待っている。この一三年間、レバレッジを利用していない。

ファンダメンタル・マクロのマネジャー。世界中から入ってくる膨大な量の情報の中心にいる。情報収集のために、三隻のタンカーまで購入した。知的誠実性、リスク・マネジメント、構造の創造という特徴がある。

買収アービトラージとイベント・ドリブン投資に集中しているマネジャー。まさに「フォーカス」という言葉で表現することができる。リサーチ・ドリブン型のオクはニューヨークとロンドンにオフィスを構え、ボラティリティが低く、マイナスを出したことがない、というトラックレコードを誇る。

第12章　ラージ・ラージャラトナム（ガリオン・グループ）……329

五〇億ドルを超す資産を持つテーマ型投資家。テクノロジーとヘルス・ケアに集中している。レバレッジは利用していないが、マイナスになった年がない。米国を中心としていて、リサーチとトレーディングに同じくらいの重点を置いている。

第13章　ポール・シンガー（エリオット・アソシエーツ）……349

アービトラージやディストレス証券（破産証券）などのプロセス・ドリブン型。投資のためには十分な努力と調査を惜しまないことで有名。ニューヨークとロンドンにオフィスがあり、そのトラック・レコードは一九七七年までさかのぼることができる。

第14章　ブライアン・スターク（スターク・インベストメンツ）……365

ウィスコンシンを拠点としている。グローバルなアプローチをとり、海外マーケットの非効率性に着目している。アービトラージのスペシャリストで、転換社債アービトラージ、リスク・アービトラージ、第三者割当（プライベート・プレイスメント）に集中している。

第15章　S・ドナルド・サズマン（パロマ・パートナーズ）……391

一九八一年以来、マーケットニュートラルのマネジャーに配分を任せている。マネジャーとは独占的関係を維持し、単独の後援者となっている。したがって、各マネジャーの取引について完全な透明性を実現している。その構造は、「内的マルチストラテジー投資プール」と表現することができる。戦略の分散化とマネジャーの数がカギとなっている。現在、二二人のマネジャーに配分している。

第16章　デビッド・テッパー（アパルーサ・マネジメント）……411

バリュー志向でオポチュニスティック型のマネジャー。コアコンピテンシーは、イベント・ドリブン戦略（特にハイイールド債とディストレス証券）。究極のトレーダーであり、投資家に対してより良いパフォーマンスを提供するため、現在は運用資産を抑えている。

第17章　ブルース・ウィルコックス（カンバーランド・アソシエーツ）……425

カンバーランド・アソシエーツには三〇年のトラックレコードがあり、現在は三代目である。五人のポートフォリオ・マネジャーを中心として構成され、長期的なバリューアプローチをとる。（退職者も含めて）組織の見識が累積されていることに優位性がある。

第3部　投資家の立場から

第4部　今後の展望

序文

投資家やマーケットウオッチャーたちは、スタートレーダー、つまり何年間も一貫して華々しいリターンを上げているトレーダーに夢中になっていた。ファンド・マネジャーのピーター・リンチや投資家のウォーレン・バフェットなどがその代表的な存在である。

最近になって、ヘッジファンド・マネジャーがスーパースターとしてもてはやされるようになってきた。ヘッジファンド・マネジャーは、ミューチュアルファンド・マネジャーよりも柔軟性がある。SEC（米証券取引委員会）の規制を受けることがほとんどないため、レバレッジや短期金融市場を最大限に利用でき、さまざまな投資手段によって世界中のマーケットであらゆる機会を追求することができるのだ。このような戦略には利点はあるが、危険も伴う。私たちはこれまでに、大物たちの失敗もたくさん見てきた。

ところがそこに、新しいタイプのヘッジファンド・マネジャーが現れた。リー・エーンズリー、ケン・グリフィン、ダニエル・オクは三〇代、ラージ・ラージャラトナム、ブライアン・スターク、デビッド・テッパー、ブルース・ウィルコックスは四〇代と、比較的若い世代のマネジャーが登場した。レオン・クーパーマン、ジョン・ヘンリー、マーク・キングドン、ブルース・コフナー、ポール・シンガー、S・ドナルド・サズマンはもう少し年を取っているが、それでも五〇代である。トレーディングの戦略はそれぞれ異なるが、ニュータイプのマネジャーには共通の特徴が見られる。それは、どのようなマーケット環境でも一貫して優れた利益を生み出していること、そして減益要因に対処してボラティリティを抑えていることである。また、変化に抵抗するのではなく、変化をうまく利用してそこから利益を得てきている。その長いトラックレコードにおいては不安定な時期もあった。しかし、彼らはそれに耐えて生き残った人たちなのである。

現在、機関投資家がこの新しいタイプのマネジャーに資産配分している金額は、過去最高になっている。最近の調査によると、一〇四の学校法人基金が平均でポートフォリオの二・三％をヘッジファンドに配分し、その割合は年々増加しているという。カリフォルニア州職員退職年金基金（CalPERS）、シカゴ公立学校教職員退職年金基金、オクラホマ消防士退職年金基金などの米国の年金基金も、学校法人基金に倣ってヘッジファンドに資産配分している。世界中の機関投資家がヘッジファンドに配分するようになってきていて、特にヨーロッパや日本で増大の傾向が見られる。

個人か機関投資家かを問わず、投資家は新しいタイプのマネジャーたちから多くのことを学ぶことができる。マネジャーたちの主な特徴は、トレーディングの戦略も、年齢や世代も関係ない。自分のしていることが好きであり、知性と感情を必要とする課題にモチベーションを見いだし、さまざまなマーケット環境で優れたパフォーマンスを生み出すこと（運用資産額最大のファンドを目指しているのではない）を主な目的とし、そのファンドの最大の投資家であり、ファンド正味資産の多くの割合を占めている。また、それぞれのパーソナリティーに合ったカルチャーも作り出し、ビジネスを組織化しようとしている。スペシャリストとチームで構成される組織を構築し、困難な時期もあったが、経験から何かを学んできた。失敗を認めてそこから学習することができる。そして、リスクやボラティリティに対処して情報テクノロジーを利用する、という共通の特徴もあった。

必ずしも共通しているわけではないが、よく見られる特徴がある。それは、ほとんどのマネジャーが一〇代のころから投資にかかわってきたことだ。また、アイビーリーグを卒業しているか、MBA（経営学修士）を修得しているマネジャーがほとんどであった。マーケットに対して臨機応変にアプローチしていて、ファンダメンタルズの調査を重視している。そして、自分の役割はコーディネーターや監督官になることであると考えている。その会社のやり方（カルチャー）を浸透させる手段として、投資委員会を設置している。ほかのヘッジファンド・マネジャーに資産配分しているマネジャーもいる。最低投資金額は典型的なファンドよりもずっと高く、解約に応じない（ロックアップ）期間も長い傾向がある。スーパースター・マネジャーたちは、バランスのとれた生活を送っている。時間があればスポーツなどをして過ごす。また、ニューヨークを拠点としているマネジャーが多い。

もちろん、一致しない特徴もたくさんある。まず、トレーディングの戦略はさまざまである。米国マーケット、グローバルマクロ戦略、テクノロジー、プライベートエクイティ（未公開株式）などへの配分額も異なる。株式市場に対するエクスポージャーとマネジャーが使用するヘッジ方法やトレードを選択する基準もさまざまである。投資家の数もどこに居住しているかなどの地理的な内訳も異なる。投資家に提供する情報量とその頻度、そして従業員数もまったく異なる。

ヘッジファンド・マネジャーには、三つの大きな課題がある。それは、最適な資産規模に達した時期を判断すること、マーケットの低迷時でも生き残ること、そして次の世代にも残る組織を創造することである。

マネジャーにとって、ファンドをできるだけ大きくすることが自然の流れである。ファンドが大きくなると、より多くのフィー（手数料）を手にすることができる。それでも、ファンドが一定の規模になると（その規模は戦略の数や種類によって異なるが）、パフォーマンスは低下し始めてしまう。マネジャーは誤った考えからすぐには抜け出すことができないことがある、という問題もある。さらに、ファンドを大きくして自分の専門以外の分野に進もうとする場合に困難が伴うこともある。そのような場合には、サブポートフォリオ・マネジャーを採用する必要が生じるだろう。

もう一つの課題は、低迷したマーケットでも生き残る能力が必要である、ということである。強気相場では、多くのマネジャーが優れたリターンを上げることができた。現在のマーケットは変動的であり、かつ低迷しているため、リスク・マネジメントとヘッジの役割が重要なものとなっている。したがって、売り持ちの重要性が高まる。

カンバーランド・アソシエーツを除いては、継承を確立しているヘッジファンド・マネジメント会社はいまだ登場していない。スーパースター・マネジャーたちが次の世代にも継承できるかどうかは、先になってみないと分からない。スペシャリストのチームを編成し、カルチャーを浸透させ、キャリア開発を重視して、多くのマネジャーがこの課題に取り組んできた。六〇数人のヘッジファンド・マネジャーが投資のキャリアを積んでからヘッジファンドを立ち上げているが、ビジネスを計画するときに、後継や撤退の重要性について考えてはいなかった。

本書の構成

本書は、四つのセクションに分かれている。第一部では、過去の出来事について説明する。何が起こったのか、そして何が変わったのか、ということに重点を置く。第一章では、二〇〇〇年の二つの大きな事件、タイガー・マネジメントのジュリアン・ロバートソンの引退とジョージ・ソロスのソロス・ファンド・マネジメントの規模縮小について詳しく見ていく。最近引退したその他の有名なヘッジファンド・マネジャーには、マイケル・スタインハルトと、オデッセイ・パートナーズのジャック・ナッシュとレオン・レビもいた。第二章では、引退と弱体化の要因、そしてヘッジファンド業界の将来に二〇〇〇年の事件がどのように影響するかということを説明する。

ロバートソンとソロスが困難に陥っている間も、ヘッジファンド業界は成長し続けていた。二〇代や三〇代のファンド・マネジャーの存在も珍しいことではなく、優れた利益を生み出していた。第三章では、現在のヘッジファンド業界について簡単に説明する。つまり、業界について、その規模と成長について、そして戦略の種類について概要を説明する。また、最近の混乱と、悪習を防ぐための規制方針についても調べる。

第二部では、新しいスターたち、つまり新しいタイプのマネジャーに注目する。スーパースター・マネジャーに共通している特徴と、必ずしも共通はしていないがよく見られる特徴について、第四章で詳しく説明する。その後の章では、リー・エーンズリー、レオン・クーパーマン、ケン・グリフィン、ジョン・ヘンリー、マーク・キングドン、ブルース・コフナー、ダニエル・オク、ラージ・ラージャラトナム、ポール・シンガー、ブライアン・スターク、S・ドナルド・サズマン、デビッド・テッパー、そしてブルース・ウィルコックスとのインタビューをまとめている。どの章でも、投資スタイル、バックグラウンド、影響力、モチベーションについて触れている。マネジャーとしてだけだなく、その人間性について知るのはなかなか面白いことだった。どのマネジャーも、自分のスキル、スタイル、パーソナリティーを組織に持ち込んでいる。インタビューは、二〇〇〇年五月から九月にかけて行った。

このエリート集団を限定するため、次のような基準を設けた。一〇億ドル以上の運用資産があること、七年以上S&Pと同等かそれを上回る結果を残していること、機関投資家のサンプリングに挙げられていること、エリートとして業界で認められていることである。これらの基準に当てはまるような人物は、フォーブス四〇〇のリストやフィナンシャル・ワールドのウォールストリートの富豪トップ一〇〇のリストにも毎年載っている（表Ⅰ・1と表Ⅰ・2を参照）。結局、マネジャーにとって透明性が重要である。マネジャーたちはインタビューに快く応じてくれた。そして、投資哲学や組織についての情報も披露してくれた。

第三部では、ヘッジファンドのスーパースターたちについて、逆の立場から考えてみる。カリフォルニア州職員退職年金基金、日本の大手機関投資家、スイス生命などの金融機関、ノースカロライナ大学、スタンフォード大学、バッサー大学、ウエスレヤン大学などの学校法人基金にインタビューを実施し、エンドユーザーがスーパースターやヘッジファンド業界をどのように見ているか、ということを調べた。機関投資家の目標は達成されたのだろうか、ヘッジファンドに満足しているのだろうか、ヘッジファンド業界は成長すると考えているのだろうか——といった質問をした。

第四部では、ヘッジファンド業界の今後について、私なりの考えをまとめている。

表Ⅰ.1　フォーブス400：アメリカの富豪ーマネー・マネジャー　（単位：百万ドル）

	2000	1999	1998	1997	1996	1995	1994	1993
ジョージ・ソロス	5,000	5,000	4,000	3,500	3,500	1,000	1,200	785
ジュリアン・ロバートソン	1,000	1,000	1,700	1,000	1,000	330	-	-
ブルース・コフナー	900	900	850	650	650	450	450	300
スタンレー・ドラッケンミラー	1,000	1,000	850	800	800	350	-	-
レオン・レビ	750	675	600	550	475	340	310	-

出所：フォーブス2000/10/9、1999/10/11、1998/10/12、1997/10/13、1996/10/14、1995/10/16、1994/10/17、1993/10/18

表Ⅰ.2　フィナンシャル・ワールドに掲載されたウォールストリートの富豪トップ100のヘッジファンド・マネジャーの順位と最低収益

1991年 マネジャー	順位	最低収益 (百万ドル)	会社
ジョージ・ソロス	1	117	ソロス・ファンド・マネジメント
ジュリアン・ロバートソン	2	65	タイガー・マネジメント
ポール・チューダー・ジョーンズ	3	60	チューダー・インベストメント・コーポレーション
ブルース・コフナー	4	60	キャクストン・コーポレーション
マイケル・スタインハルト	5	55	スタインハルト・パートナーズ
ジョン・ヘンリー	6	50	ジョン・W・ヘンリー&カンパニー
フィリップ・ヘンペルマン	12	30	アーズリー・アドバイザリー・パートナーズ
スタンレー・ドラッケンミラー	13	30	ソロス・ファンド・マネジメント
ジョージ・ワイス	14	25	ジョージ・ワイス・アソシエーツ
ルイス・ベーコン	17	20	ムーア・キャピタル・マネジメント
レオン・レビ	20	20	オデッセイ・パートナーズ
ジャック・ナッシュ	21	20	オデッセイ・パートナーズ
マルコム・ウィーナー	23	20	ミルバーン
マーティン・ツバイク	24	20	ツバイクーディメンナ・アソシエーツ
ダグラス・フローレン	35	14	アーズリー・アドバイザリー・パートナーズ
ジョゼフ・ディメンナ	40	12	ツバイクーディメンナ・アソシエーツ
ラリー・ハイト	47	10	ミント・インベストメント・マネジメント
ピーター・マシューズ	48	10	ミント・インベストメント・マネジメント
マーク・ストローム	52	8	ケーン・アンダーソン
マーク・ディックスタイン	58	7-9	ディックスタイン・パートナーズ
グレン・デュシャイ	60	7	アーズリー・アドバイザリー・パートナーズ
ラング・ガーハード	61	7	ウエスト・ハイランド・キャピタル
ジョン・ラタンツィオ	63	7	スタインハルト・パートナーズ
ジョゼフ・マックナイ	64	7	エセックス・インベストメント・マネジメント
モンロー・トラウト	68	7	トラウト・トレーディング
パトリック・ダフ	87	5-6	タイガー・マネジメント
ジョン・グリフィン	89	5-6	タイガー・マネジメント
スティーブン・マンデル	92	5-6	タイガー・マネジメント
マイケル・デルマン	96	5	ミント・インベストメント・マネジメント
J・O・パターソン	98	5	ファルコン・パートナーズ

出所：フィナンシャル・ワールド1992/7/21，40p

1992年 マネジャー	順位	最低収益 (百万ドル)	会社
ジョージ・ソロス	1	650	ソロス・ファンド・マネジメント
マイケル・スタインハルト	2	250	スタインハルト・パートナーズ
ジュリアン・ロバートソン	4	120	タイガー・マネジメント
スタンレー・ドラッケンミラー	5	110	ソロス・ファンド・マネジメント
ブルース・コフナー	6	100	キャクストン・コーポレーション
ポール・チューダー・ジョーンズ	7	85	チューダー・インベストメント・コーポレーション
ルイス・ベーコン	8	35	ムーア・キャピタル・マネジメント
S・ドナルド・サズマン	15	25	パロマ・パートナーズ
ジョージ・ワイス	16	24.5	ジョージ・ワイス・アソシエーツ
ニール・ワイズマン	23	19	チルマーク・キャピタル
マーティン・ツバイク	28	16	ツバイクーディメンナ・アソシエーツ
モンロー・トラウト	32	15	トラウト・トレーディング
チャールズ・デビッドソン	37	12-15	スタインハルト・パートナーズ
ジョン・ラタンツィオ	38	12-15	スタインハルト・パートナーズ
ケネス・リッパー	40	12	リッパー&カンパニー
ジェラード・マノロビッチ	41	12	ソロス・ファンド・マネジメント
ロバート・ライフ	42	10	ソロス・ファンド・マネジメント
レオン・クーパーマン	50	10	オメガ・アドバイザーズ
ジョゼフ・ディメンナ	51	10	ツバイクーディメンナ・アソシエーツ
フィリップ・ヘンペルマン	54	10	アーズリー・アドバイザリー・パートナーズ
レオン・レビ	56	10	オデッセイ・パートナーズ
ジャック・ナッシュ	58	10	オデッセイ・パートナーズ
エリザベス・ラーソン	68	8	ソロス・ファンド・マネジメント
デイル・プレコーダ	70	8	ソロス・ファンド・マネジメント
リーフ・ローゼンブラート	72	8	ソロス・ファンド・マネジメント
ハーベイ・サンドラー	73	8	サンドラー・キャピタル・マネジメント
パトリック・ダフ	74	7	タイガー・マネジメント
ジョン・グリフィン	84	7	タイガー・マネジメント
スティーブン・マンデル	85	7	タイガー・マネジメント
ゲーリー・フラジン	95	6	スタインハルト・パートナーズ
シモン・トーパー	100	6	スタインハルト・パートナーズ

出所：フィナンシャル・ワールド1993/7/6, 38p

1993年 マネジャー	順位	最低収益 (百万ドル)	会社
ジョージ・ソロス	1	1100	ソロス・ファンド・マネジメント
ジュリアン・ロバートソン	2	500	タイガー・マネジメント
マイケル・スタインハルト	3	475	スタインハルト・パートナーズ
スタンレー・ドラッケンミラー	4	210	ソロス・ファンド・マネジメント
ブルース・コフナー	5	200	キャクストン・コーポレーション
ポール・カザリアン	6	148	ジャポニカ・パートナーズ
マーク・ストローム	8	90	ケーン・アンダーソン
レオン・クーパーマン	9	85	オメガ・アドバイザーズ
ルイス・ベーコン	13	55	ムーア・キャピタル・マネジメント
レオン・レビ	15	50	オデッセイ・パートナーズ
ジャック・ナッシュ	16	50	オデッセイ・パートナーズ
ジョージ・ワイス	17	50	ジョージ・ワイス・アソシエーツ
ジョージ・ノーブル	20	43	ノーブル・パートナーズ
フィリップ・ヘンペルマン	22	40	アーズリー・アドバイザリー・パートナーズ
R・ジェリー・パーカー	25	35	チェサピーク・キャピタル
ジョン・ヘンリー	28	30	ジョン・W・ヘンリー&カンパニー
ジェラード・マノロビッチ	30	30	ソロス・ファンド・マネジメント
ロバート・ライフ	31	30	ソロス・ファンド・マネジメント
S・ドナルド・サズマン	32	30	パロマ・パートナーズ
マーティン・ツバイク	33	29	ツバイクーディメンナ・アソシエーツ
サム・ワイリー	35	25-30	マベリック・キャピタル
チャールズ・デビットソン	36	25	スタインハルト・パートナーズ
ジェームズ・ハーペル	37	25	ハーペル・アドバイザリー
マーク・キングドン	38	25	キングドン・キャピタル・マネジメント
ジョン・ラタンツィオ	39	25	スタインハルト・パートナーズ
ケネス・リッパー	40	25	リッパー&カンパニー
モンロー・トラウト	43	23	トラウト・トレーディング
ジョゼフ・ディメンナ	46	22	ツバイクーディメンナ・アソシエーツ
スコット・ベッセント	47	20	ソロス・ファンド・マネジメント
ウォルター・バーロック	48	20	ソロス・ファンド・マネジメント
デイル・プレコーダ	50	20	ソロス・ファンド・マネジメント
リーフ・ローゼンブラート	51	20	ソロス・ファンド・マネジメント
ハーベイ・サンドラー	52	18	サンドラー・キャピタル・マネジメント
ダグラス・フローレン	55	16	アーズリー・アドバイザリー・パートナーズ
スタンレー・ショップコーン	56	16	エートス・キャピタル・マネジメント
パトリック・ダフ	60	15	タイガー・マネジメント
ジョン・グリフィン	61	15	タイガー・マネジメント
スティーブン・マンデル	62	15	タイガー・マネジメント
トーマス・ニーデルメイエ	64	15	ノーブル・パートナーズ
グレゴリー・パナイス	65	15	ストローム・ススキンド
モリス・マーク	73	14	マーク・アセット・マネジメント
マーク・ディックスタイン	77	12	ディックスタイン・パートナーズ
グレン・デュシャイ	95	10	アーズリー・アドバイザリー・パートナーズ
ゲーリー・グラッドスタイン	97	10	ソロス・ファンド・マネジメント
エリザベス・ラーソン	99	10	ソロス・ファンド・マネジメント

出所：フィナンシャル・ワールド1994/7/5，40p

1994年 マネジャー	順位	最低収益 (百万ドル)	会社
ジョージ・ソロス	2	70	ソロス・ファンド・マネジメント
ポール・チューダー・ジョーンズ	6	45	チューダー・インベストメント・コーポレーション
モンロー・トラウト	8	31	トラウト・トレーディング
ジェームズ・シモンズ	13	22	ルネッサンス・テクノロジーズ
スティーブン・コーヘン	17	20	SACキャピタル・マネジメント
マーティン・ツバイク	21	20	ツバイクーディメンナ・アソシエーツ
ピーター・グルーバー	23	19	グローバルベスト・マネジメント
R・ジェリー・パーカー	28	17	チェサピーク・キャピタル
スタンレー・ドラッケンミラー	35	15	ソロス・ファンド・マネジメント
ジョゼフ・ディメンナ	73	7	ツバイクーディメンナ・アソシエーツ
マーク・ディックスタイン	83	5	ディックスタイン・パートナーズ

出所：フィナンシャル・ワールド1995/7/4，40p

1995年 マネジャー	順位	最低収益 （百万ドル）	会社
ジョージ・ソロス	1	1500	ソロス・ファンド・マネジメント
スタンレー・ドラッケンミラー	2	350	ソロス・ファンド・マネジメント
マイケル・スタインハルト	3	115	スタインハルト・パートナーズ
ジュリアン・ロバートソン	6	90	タイガー・マネジメント
ニック・ロディティ	9	75	N・ロディティ&カンパニー
ブルース・コフナー	10	70	キャクストン・コーポレーション
ポール・チューダー・ジョーンズ	11	60	チューダー・インベストメント・コーポレーション
スコット・ベッセント	15	50	ソロス・ファンド・マネジメント
リーフ・ローゼンブラート	18	50	ソロス・ファンド・マネジメント
ジョン・ヘンリー	19	40	ジョン・W・ヘンリー&カンパニー
ジェームズ・シモンズ	20	40	ルネッサンス・テクノロジーズ
スティーブン・コーヘン	23	35	SACキャピタル・マネジメント
R・ジェリー・パーカー	25	35	チェサピーク・キャピタル
ロバート・ライフ	26	35	センチュリオン・インベストメント・グループ
マーク・キングドン	32	28	キングドン・キャピタル・マネジメント
ルイス・ベーコン	35	26	ムーア・キャピタル・マネジメント
ラリー・ファインバーグ	38	25	オラクル・マネジメント
モンロー・トラウト	41	25	トラウト・トレーディング
マーティン・ツバイク	43	25	ツバイクーディメンナ・アソシエーツ
ウォルター・バーロック	47	20	ソロス・ファンド・マネジメント
ゲーリー・グラッドスタイン	49	20	ソロス・ファンド・マネジメント
エリザベス・ラーソン	50	20	ソロス・ファンド・マネジメント
デイル・プレコーダ	51	20	ソロス・ファンド・マネジメント
ジョン・トッツィ	52	19	ケンブリッジ・インベストメンツ
レオン・レビ	55	18	オデッセイ・パートナーズ
ジャック・ナッシュ	56	18	オデッセイ・パートナーズ
ジョシュア・ナッシュ	57	18	オデッセイ・パートナーズ
ジェフェリー・ジェンデル	64	15	オデッセイ・パートナーズ
ラング・ガーハード	65	15	ウエスト・ハイランド・キャピタル
ジョゼフ・ディメンナ	81	12	ツバイクーディメンナ・アソシエーツ
ジョン・グリフィン	92	10	タイガー・マネジメント

出所：フィナンシャル・ワールド1996/10/21，58p

1996年 マネジャー	順位	最低収益 (百万ドル)	会社
ジョージ・ソロス	1	800	ソロス・ファンド・マネジメント
ジュリアン・ロバートソン	2	300	タイガー・マネジメント
スタンレー・ドラッケンミラー	5	200	ソロス・ファンド・マネジメント
ニック・ロディティ	9	125	ソロス・ファンド・マネジメント
デビット・テッパー	12	90	アパルーサ・マネジメント
ブルース・コフナー	13	85	キャクストン・コーポレーション
マイケル・スタインハルト	14	75	スタインハルト・パートナーズ
スティーブン・コーヘン	16	70	SACキャピタル・マネジメント
ジェームズ・シモンズ	17	70	ルネッサンス・テクノロジーズ
ルイス・ベーコン	19	65	ムーア・キャピタル・マネジメント
レオン・クーパーマン	23	55	オメガ・アドバイザーズ
ジョン・ヘンリー	25	50	ジョン・W・ヘンリー&カンパニー
ジョン・トッツィ	29	50	ケンブリッジ・インベストメンツ
ポール・チューダー・ジョーンズ	36	40	チューダー・インベストメント・コーポレーション
R・ジェリー・パーカー	41	35	チェサピーク・キャピタル
モンロー・トラウト	43	35	トラウト・トレーディング
サム・ワイリー	46	32	マベリック・キャピタル
マーク・キングドン	48	31	キングドン・キャピタル・マネジメント
フィリップ・ヘンペルマン	51	30	アーズリー・アドバイザリー・パートナーズ
ジョン・メリーウェザー	52	30	ロングターム・キャピタル・マネジメント
ロバート・ライフ	53	30	センチュリオン・インベストメント・グループ
ケネス・リッパー	61	25	リッパー&カンパニー
マーティン・ツバイク	63	25	ツバイクーディメンナ・アソシエーツ
ジェフェリー・ジェンデル	64	23	トンチン・パートナーズ
レオン・レビ	69	20	オデッセイ・パートナーズ
ジャック・ナッシュ	70	20	オデッセイ・パートナーズ
ジョシュア・ナッシュ	71	20	オデッセイ・パートナーズ
トーマス・スタイガー	72	20	ファラロン・キャピタル・マネジメント
ラング・ガーハート	82	17	ウエスト・ハイランド・キャピタル
ジョゼフ・ディメンナ	92	14	ツバイクーディメンナ・アソシエーツ

出所：フィナンシャル・ワールド1996/7/17，44p

1998年 マネジャー	順位	最低収益 （百万ドル）	会社
スティーブン・コーヘン	5	200	SACキャピタル・マネジメント
ジョゼフ・ディメンナ	7	150	ツバイクーディメンナ・アソシエーツ
ジェフェリー・バイニック	11	120	バイニック・アセット・マネジメント
ルイス・ベーコン	13	103	ムーア・キャピタル・マネジメント
ラリー・ボウマン	19	70	ボウマン・キャピタル
マーティン・ツバイク	21	70	ツバイクーディメンナ・アソシエーツ
ポール・チューダー・ジョーンズ	23	60	チューダー・インベストメント・コーポレーション
ブルース・コフナー	27	50	キャクストン・コーポレーション
ロバート・ライフ	28	50	センチュリオン・インベストメント・グループ
ブレンダ・アール	32	45	ツバイクーディメンナ・アソシエーツ
ケネス・リッパー	33	45	リッパー&カンパニー
リー・エーンズリー	36	40	マベリック・キャピタル
リチャード・ペリー	42	34	ペリー・コーポレーション
ジェームズ・パロッタ	48	30	チューダー・インベストメント・コーポレーション
マーク・キングドン	50	28	キングドン・キャピタル・マネジメント
ラージ・ラージャラトナム	54	25	ガリオン・グループ
モリス・マーク	59	20	マーク・アセット・マネジメント

出所：ティッカー1999/10

第1部
ヘッジファンド業界について

Part One
Snapshot Of The Hedge Fund Industry

第1章

2000年の大事件

The Watershed Events Of 2000

タイガー・マネジメントのジュリアン・ロバートソンとソロス・ファンド・マネジメントのジョージ・ソロスは、偉大なヘッジファンド・マネジャーとして長い間君臨してきた。ソロスは最大の運用資産を誇るヘッジファンド・マネジャーであったが、一九九八年、その資産額はロバートソンに追い抜かれている。ピーク時の両者の資産を合計すると、約二二〇億ドルにも上った。

両雄のトラックレコードは、かなり昔にさかのぼることができる。ソロスは一九六九年、ロバートソンは一九八〇年に、それぞれのファンドを設立している。そして、世界中のマーケットを利用し、株式、債券、商品、為替、先物などさまざまな金融商品に投資し、ポジションに高いレバレッジをかける、といったグローバルマクロ・マネジャーへと転身していった。

しかし、二〇〇〇年半ばごろ、状況が大きく変化した。ロバートソンは引退し、ソロスは組織と投資対象を大幅に変更したのだった。

タイガーの崩壊

私が初めてジュリアン・H・ロバートソン・ジュニアに会ったのは、一九九八年八月のことだった。パーク・アベニュー一〇一番地の最上階にある彼のオフィスで一緒に朝食を取った。彼は、私が抱いていた南部紳士のイメージどおりだった。朝食の間、ロバートソンはビジネスウィークとの係争について話していた（一九九六年四月の特集記事『ウォール街の魔術師の衰退』では、一九九四年と一九九五年のロバートソンのトラックレコードについて取り上げていた。翌年の三月、ロバートソンは、ビジネスウィーク、出版社のマグローヒル、記者のゲーリー・ワイス、ビジネスウィーク編集長のスティーブン・シェパードを相手に、損害賠償金一〇億ドルを請求する民事訴訟をニューヨーク州裁判所に起こした。一九九七年一二月、タイガーのパフォーマンスに関する予測はその後のトラックレコードを確証するものではないという内容の記事を出版社側が掲載し、訴訟は取り下げられた。賠償金の支払いはない)。それでもまだ、論争は続いていた。

その朝食のとき、ロバートソンは一〇月一二日にバミューダで開催される会議に衛星放送で講演することに合意してくれた。ところが講演の数日前の一〇月七日、日本円が対米ドルで急騰し、ロバートソンは一日で二〇億ドルもの損失を被ってしまった。大損を被ったにもかかわらず、マーケットで成功した人物と華々しく紹介されて会議に登場した。ロバートソンは、講演の約束を果たしたのだった。本当に誠実な人物である。このときに講演することは彼にとって最重要課題ではなかったはずだ。それでも約束を守ってくれた。普通だったら、考えるまでもなくキャンセルしていたことだろう。

放送の大半は質疑応答形式だった。視聴者（主に、マネジャーや業界のプロたち）は、八月のロシア国債のデフォルトや九月下旬のＬＴＣＭ（ロングターム・キャピタル・マネジメント）の破綻といった出来事に遭遇して混乱していた。ロバートソンは（詳細までは答えなかったが）この二つの出来事について話した。また、業界の安全性と快適性についても説明した。

正直に、そして次のように率直に話した。「私は、二〇打席近くもヒットを打っていないバッターのような気分です。……皆さんも、いくら自信があってもスランプのことが心配になるでしょう」。そして、このように暗い状況でこそ、業界の回復が重要なのだと話した。[1]

このときロバートソンは、テクノロジー分野にあまり詳しくない（つまり、この分野に強くない）ということをほのめかしている。インターネット上に氾濫しているヘッジファンド関連の情報について質問すると、彼はコンピューターの知識がまったくなく、インターネットを使いこなすことができないと説明した。そのときは詳しく話さなかったが、翌年のプレスレポートで、ロバートソンが電気通信機器とテクノロジー（ルーセント・テクノロジーとマイクロン・テクノロジー）についてショート・ポジションを取っていることが公表された。[2] 彼はインターネットについての評価に懐疑的だった。結局、メリルリンチでテクノロジーリサーチの管理責任者として約二〇年間勤めていた、セミコンダクターアナリストのトーマス・カーラックを一九九九年二月に引き抜いた。

私が特に強い印象を受けたのは、モチベーションについて質問されたときのロバートソンの答えである。「さすがに今週のウォール街の状況は厳しいものでしたが、私はビジネスを楽しんでいます。世界中のほとんどの人が自由を求めて働いている、というのが私の考えです。それが大きなモチベーションになっています。競争も好きです。競争すると楽しい気持ちになれます。仕事仲間や競争相手には素晴らしい人たちが集まっているので、そのような人たちと一緒に仕事ができるということは非常に楽しいことですね」[3]

最後の質問は、彼の銘柄選択についてのものだった。USエアウエーズ、ベア・スターンズ、ウエルス・ファーゴ、モルガン・スタンレー、バンク・オブ・アメリカなどの銘柄を挙げた。[4]

ノースカロライナからの出発

ロバートソンは、ノースカロライナのソールズベリーで生まれた。父親は投資に夢中であり、その姿はロバートソンに影響を与えた。九〇歳になっても、父はニューヨークのアーランガー家のために繊維工場を運営していた。趣味は株であり、一九二九年の大恐慌以降、熱心に投資をしていた。マーケットは必ず回復すると言ってアーランガーを説得し、投資資金を借りたのだった。[5]

「初めて株について耳にしたときのことを、今でも覚えています。両親が旅行に出かけたので、大叔母さんが私の面倒を見に来たのです。彼女はユナイテッド社の手形を見せてくれました。ビッグボードで取引をして、一・二五ドルくらいで売れました。そのとき、お金をためれば自分でも株を買うことができるのだということを知りました。彼女の取引を見ているうちに、だんだん関心が高まってきたのです」。そのとき、ロバートソンは六歳だった。[6]

ノースカロライナ大学経営管理学部を卒業すると海軍の仕事に就き、その後、キダー・ピーボディーに二〇年間勤めた。ストックブローカーを続けていたが、ついにはウエブスター・マネジメントというマネーマネジメント部門の責任者となった。

一九八〇年、八〇〇〇万ドル（そのうち二〇〇〇万ドルは自己資本、六〇〇〇万ドルは外部投資家から調達）でタイガー・ファンドを設立した。一九九一年には、運用資産は一〇億ドルにまで増えた。一九九八年一〇月がタイガーのピークであり、資産二二八億ドルを有する史上最大のヘッジファンドとなった。

全部で六つのファンドがあったが、いずれにもネコ科の名前を付けていた。タイガーはアメリカ投資家向けのファンド、ジャガーは海外投資家と非課税のアメリカ財団と機関投資家向けのファンドであった。オセロット（オオヤマネコの意味）はＤＬＪと取引をして、四％のアップフロントフィー、五年間のロックアップ、一〇〇万ドルの最低投資額を定めていた。約二〇億ドルの資産が調達され、二〇〇二年七月までのロックアップが定められている。比較的新しいファンドであるライオンは、タイガーのクローンだった。パンサーの投資家は適格投資家ではなかったため、ライオンを介して投資していた（パンサーは一九九七年に解体した）。プーマは、パンサーと同様にアメリカ投資家向けのファンドであった。

投資戦略

ロバートソンは、ファンダメンタルズに従って株式を売買した。主に空売りとインデックスのプット・オプションでヘッジしていた。また、リスクの管理と分散化を目的として、多数のポジションを持っていた。

彼の投資信条は、一九九〇年のビジネスウィークの記事を見るとよく分かる。[7] ①ファンダメンタルズを重視すること。その会社を買うと考えて株を買うこと。その会社の製品やマネジメントについて知ること。②水晶玉を信じないこと。マーケットタイミングを判断しようとしないこと。ただし、マーケット低迷の影響を受けないように、空売りとオプションでヘッジすること。③国内にとどまらないこと。グローバルな視野を持つこと。海外の株式は、買いにとっても売りにとっても無限の機会がある。④間違ったと思ったら売ること。損失を最低限に抑えること。膨大な損失を抱える前に売ること。⑤人の逆を行くこと。高すぎる値がついて多くの人が思い違いをしていたら、その銘柄を空売りすること。

ロバートソンは、タイガーの投資決定者であった。その銘柄選択のスキルは有名だった。アナリストのチームが質的にも量的にも十分な情報を提供してくれたが、決定を下すのはロバートソンであった。ピーク時、タイガーには三〇人ほどのアナリストとポートフォリオ・マネジャーがいて、さまざまな推奨をしていた。しかも、ニューヨークのオフィスだけでなく、ロンドン、東京、ワシントンにも配置されていた。

後継計画

一九九一年、ロバートソンは、タイガーの持ち分を売却することについて銀行家に話をした。[8] しかし、このときは特別な進展はなかった。一九九七年、再び戦略的パートナーに持ち分を売却することを考えた。その他には、優先株を発行すること、あるいは（場合によっては支払い方法も含めて）タイガーの収入源から資金を引き揚げることについても考えた。[9]

一九九八年、ロバートソンはモルガン・スタンレーのCFO（最高財務責任者）であったフィリップ・ダフをCOO（最高業務責任者）としてタイガーに迎え入れた。ダフを採用した目的の一つは、後継計画を明確にして会社を組織化することであった。

一九九八年八月、ロシア危機で六億ドルの損失を出した。さらに一九九八年後半、日本円の急騰によって二〇億ドルを失った。ロバートソンは、グローバルマクロ志向から自分が最も得意な戦略に再び目を向けた。それは銘柄選択であった。そしてバリューアプローチをとった。つまり、好業績銘柄を底値で買うというアプローチである。航空、自動車、製紙などのオールドエコノミー銘柄が割安であると判断したのだ。

マイクロソフトやサムソンの株を所有していたが、ハイテク銘柄は避けていた。SEC（証券取引委員会）の資料によると、一九九九年度末時点でタイガーはUSエアウエーズの二四・八八％、ユナイテッド・アセット・マネジメントの一四・八％、シールド・エアーの七・二％、ベア・スターンズの三・七％を所有していた。ロバートソンはオールドエコノミー銘柄に固執したが、そのパフォーマンスは、うなぎ登りのハイテク銘柄に飛びついた若いマネジャーたちに大きく遅れを取ってしまった。償還の必要に迫られ、ポートフォリオから保有株式を売却しなければならなくなった。悪循環に陥り、保有株式を売却するとパフォーマンスが悪化し、さらに償還することになった。一九九八年八月から二〇〇〇年四月までに、七六億五〇〇〇万ドルが引き揚げられた。[10] 一九九九年一〇月、タイガーは、四半期ごとの償還機会を変更し、二〇〇〇年三月三一日以降は年二回にするということを発表した。

タイガーには約一八〇人の従業員がいた。一九九九年と二〇〇〇年には二五人のアナリストが去り、新たに一五人を採用した。そのときにはある程度の体系ができ上がっていて、中心となる一二人のシニアアナリストが一〇の業界チーム、そして為替債券チームと商品チームを一つずつ形成していた。一九九九年一〇月の年次総会でこれらの重要な変更点について発表したとき、ロバートソンはレバレッジを二・八倍から一・四倍に下げたことを明らかにした。

ところが、二〇〇〇年三月三一日、ロバートソンは引退を表明した。六七歳であった。その時点で六つのヘッジファンドの資産は六〇億ドルにまで減少し、そのうちロバートソンの所有分は一五億ドルであった。ロバートソンは投資家に対して次のようにコメントした。「自分が理解していないマーケットで投資家の皆さまにリスクを負わせることは、本来の目的ではありません。……よく考えた結果、すべての資本を投資家の皆さまにお返しし、タイガーの幕を下ろすことを決意しました」。[11] 発表時、ファンドのパフォーマンスは約一四％のマイナスであった。一九九九年については一九％のマイナスだった。トレーディングを開始してから二〇〇〇年までの年平均パフォーマンスは約二五％であった。

タイガー・マネジメントのネットパフォーマンス（％）

1980年	56.30
1981年	19.40
1982年	42.40
1983年	46.70
1984年	20.20
1985年	51.40
1986年	16.20
1987年	−1.40
1988年	21.60
1989年	49.90
1990年	20.50
1991年	45.60
1992年	26.90
1993年	64.40
1994年	−9.30
1995年	16.00
1996年	38.00
1997年	70.00
1998年	−4.00
1999年	−19.00
2000年	−14.00
年平均利益	24.84

2000年は第１四半期まで

投資家たちは、七五％を現金で、五％をタイガーが保有する株式で受け取った。残りの二〇％については、ロバートソンがメインの五つの保有株式（ＵＳエアウエーズ、ユナイテッド・アセット・マネジメント、エクストラ・コーポレーション、ノルマンディ・マイニング・マネジメント、ジーテック・ホールディングス）を少しずつ売却して現金化した。

ロバートソンは、今でも自分の資金を管理していて、その金額はおよそ一五億ドルから二〇億ドルである。

ロバートソンは、テニス、スキー、ゴルフが大好きである。最近では、ニュージーランドのカウリ・クリフに新しいゴルフコースを作った。慈善事業にも熱心で、一九八九年にはニューヨークにタイガー基金を設立した。これは障害を持った若者とその家族のための非営利団体を支援することを目的とした基金である。このほかにも、ノースカロライナのソールズベリーに自分の父親の名前をつけた慈善基金を設立し、教育社会開発衛生プログラムに三五〇万ドルを寄付した。デューク大学とノースカロライナ大学にもそれぞれ二五〇〇万ドルを寄付した。そしてリンカーン・センターの噴水にも、妻のジョージーに敬意を表して二五〇〇万ドルを寄付した。

ソロスの栄光の軌跡

ソロスのクオンタム帝国も、二〇〇〇年に崩れ始めた。ソロス・ファンド・マネジメントは、二〇〇〇年の三月から四月初めにかけて巨額の損失を被ってしまったのだ。旗艦ファンドであるクオンタムは、設立以来、年利平均で三六％のリターンを上げていたにもかかわらず、その損失によって三二％にまで落ちてしまった。

ロバートソンのようにファンドを清算することはなかったが、規模を大幅に縮小した。また、多くの主要人物も去ってしまった。スタンレー・ドラッケンミラー（四七歳）は、クオンタム・ファンドの最高投資責任者を一二年間務め、ニコラス・ロディティ（五四歳）は、クオータ・ファンドを管理していたが、いずれも去ってしまった。両者の引退は、二〇〇〇年四月二八日に発表された。一四〇億ドルのファンドグループを再編成することをソロスが発表したとき、クオンタム・ファンドの二〇〇〇年度パフォーマンスは二〇％のマイナスであった。投資家たちにはドラッケンミラーが離脱を発表したときに約三〇億ドルを償還した。

ドラッケンミラーの引退発表直後、その他の主なスタッフも離脱を決意した。CEO（最高経営責任者）のダンカン・ヘンネスとCFOのピーター・ストレインジャーも離脱を表明している。一五億ドルの海外株式をロンドンで一〇年間管理してきたスコット・ベッセントは、二〇〇〇年六月三〇日にクオンタムを去り、ベッセント・キャピタルを設立した。一九九〇年より管理責任者を務めていたウォルター・バーロックも、離脱後、オリジン・キャピタル・マネジメントを始めた。カーソン・レビットはピーコット・キャピタルに参加し、マイケル・カーシュはカーシュ・キャピタルを設立した。デビッド・コビッツとシェルドン・カソウィッツは、インダス・キャピタル・マネジメントを設立した。

ソロスが再編成に踏み切った背景には、ファンドが大きくなりすぎたということがあった。さらに、ソロスのファンドの目的が変わってしまったことも理由の一つである。このまま進めていくと、クオンタムはより低リスクの戦略を取るようになるだろう。実際に、ソロスはより保守的なトレーディングアプローチを取り始めていたのだった。「とうとう私も保守的になってしまいました。レバレッジを低くしたいと考えているのだから。……低リスクを求めているのです。三〇％もいらない、一五％のリターンで十分です」[12]

七月一日、ソロスは、クオンタム・ファンドとクオンタム・エマージング・グロース・ファンドを合併し、新たに六五億ドルのファンドであるクオンタム・エンドーメント・ファンドを設立した。このファンドでは、資産の約半分をボラティリティの低いマクロ戦略とアービトラージ戦略に配分し、残りの半分をロングとショートの両方を建てる銘柄選択に充てた。レバレッジを低くして約一五％の安定したリターンを追求している。以前は持ち分のほぼ一〇〇％にレバレッジをかけていたが、現在はそれも約三三％に抑えている。

クオンタム・エンドーメント・ファンドの約六〇％は、ソロスの個人資金である。社内で運用する資産もあれば、社外に配分しているものもある。ベッセントが約一〇億ドルの資本で会社を設立したとき、そのうちの一億五〇〇〇万ドルはソロスが出資したと言われている。[13] その他のマネジャーもソロスからの配分を受けている。例えば、バミューダを拠点としてグローバルマクロ戦略を行っているダレン・デビーは、約二〇億（ソロス・ファンド・マネジメント資産の三分の一）を管理している。デビーのネクサス・ファンドは、一九九九年一〇月にソロスから五億ドルの配分を受け、ソロスと独占提携するようになった。[14]

ジョージの三六歳の息子であるロバート・ソロスは、移行の調整を指揮している。一九九四年、ロバートはプライベートエクイティと不動産を担当していた。一九九六年には、クオンタム・インダストリアル・ホールディングス・ファンドの運営を手伝った。

ドラッケンミラーのサバティカル（休息）

ドラッケンミラーは、一九九八年末からずっと離脱することについてソロスに相談してきた。しかし、一九九九年初めにクオンタム・ファンドのパフォーマンスが二〇％も落ち込み、そのまま去るには忍びない状況になってしまった。

一九九九年前半、クオンタム・ファンドはＩＴ銘柄を空売りするポジションをとっていた。当時、八二億ドルのクオンタム・ファンドを管理していたドラッケンミラーは、シリコンバレーのマネーマネジャー、カーソン・レビットを採用した。一九九九年半ばには、ソロスのファンドはハイテク銘柄を買って、いくつかのオールドエコノミー銘柄を空売りした。新しいポジションのなかには、ダブルクリック、ＪＤＳユニフェーズ、クアルコムなどがあった。その戦略は成功し、クオンタム・ファンドは三五％のプラスで一九九九年を終えることができた。[15]

二〇〇〇年三月半ばにハイテク銘柄の投げ売りが始まっても、ソロス・ファンド・マネジメントはハイテクとバイオを重視していた。そして二〇〇〇年三月一五日、ダウ平均は三二〇ポイント上昇したが、ナスダック指数は一二四ポイントも下げた。その日までは二％の年利益を上げていたが、翌五日間だけで一一％の損失を出してしまった。[16]

詳しい事柄はウォール・ストリート・ジャーナルに書かれているが、インターネットセキュリティ会社のベリサインに対する考え方に食い違いがあり、ドラッケンミラーとソロスの衝突は頂点に達してしまった。ドラッケンミラーの指示によって、三月にはポジションを二倍の六億ドルに増やした。一九九九年にこの銘柄を一株当たり五〇ドルで購入し、二月末には二五八ドルにまで上昇した。その後、四月上旬に一三五ドル、下旬には九六ドルにまで下がってしまった。[17]

四月一八日にドラッケンミラーは辞任し、四月二八日にそのことを発表した。しばらく夏季休暇を取り、今後何をするか決めるつもりだ（巨額の公的資金を運用することはないだろう）と述べた。ドラッケンミラーは、一九八一年に一〇〇万ドルの資産で設立したデュークス・キャピタル・マネジメントを現在も続けている。デュークスの投資家には、母校のボードン・カレッジ、ベレア・カレッジ、デニソン大学などがある。ドラッケンミラーがマネジメントを引き継いだ一九八九年以降の年利益は約三〇％であり、クオンタムに匹敵するほどであった。デュークスの運用資産は、現在、二〇～三〇億ドルであると推定される。

投資のバックグラウンド

一九三〇年、ハンガリーのブタペストで生まれたソロスは、一九四七年にロンドンに渡り、一九五二年にロンドン・スクール・オブ・エコノミクスを卒業した。そして一九五六年、アメリカに移り住んだ。一九五六年から一九五九年にかけて、ニューヨークのF・M・マイヤーでアービトラージャーとして働いた。そこで、新しいやり方のアービトラージを開発した。「インターナルアービトラージ」という手法で、普通株、ワラント債、社債が正式に分離可能になる前に別個に扱う取引である。[18] その後、アーサム証券（一九五九～一九六三）、アーンホールド&S・ブレイシュローダー証券（一九六三～一九七三）に転職した。

ニューヨークに移ったソロスは必然的に、同業者との競争において有利な立場を獲得していた。欧州金融市場について豊富な知識を身につけていたからだ。[19] ウォール街の人たちは欧州投資に関する経験も知識もあまりなく、ロンドンとニューヨークでアービトラージしていたのはほんの一握りだった。アメリカに降り立った瞬間から、ソロスにはその分野のエキスパートとしての活躍が待っていたのだった。

ソロスはアーンホールド&S・ブレイシュローダーを説得し、二つのオフショアファンドを設立して自らそれを管理した。一九六七年にロングオンリーのファンド、ファースト・イーグルを設立し、一九六九年にはヘッジファンドであるダブル・イーグルを設立した。最初のファンドは、二五万ドルの自己資金と知り合いの欧州の富豪たちから集めた六〇〇万ドルで始めた。ダブル・イーグルはカリブ海のキュラソーを拠点としていたが、実際にはニューヨークで運営していた。

一九七〇年、ソロスはジム・ロジャーズと一緒に働き始めた。ロジャーズはアナリスト、ソロスはトレーダーという役割分担を決めていた。

ちょうどそのころ、証券会社に対する法令が施行されることになり（つまりロジャーズもソロスも会社が取引していた株の収益からの歩合で報酬を得ることができなくなった）、二人は自分たちで会社を興した。一九七三年、ソロス・ファンド・マネジメントを設立したのだった。[20]

一九七三年、ダブル・イーグル・ファンドはソロス・ファンドとなり、一九七九年にはクオンタム・ファンドに名称を変更した。この名称は、量子力学におけるワーナー・ハイゼンベルクの不確定性原理に由来している。不確定性原理とは、量子力学において原子より小さい粒子の動きを予測することは不可能だというものである。[21] ファンドは非常に成功していたので、保有株の需給に合わせてプレミアムを設定することができた。プレミアムとディスカウントは、株主のセンチメントを反映する。

しかし、二人は一九八〇年に決別し、ロジャーズは二〇％の持ち分（一四〇〇万ドル相当）とともに去って行った。ソロスの持ち分は八〇％で、五六〇〇万ドル相当に達していた。[22] 一九七九年から一九八一年にかけて、ファンドは（ソロスいわく）好不調を繰り返した。短い空白期間があり、ソロスはファンドをほかのマネジャーに分割委譲した。そのとき彼は、自分の投資理論を実験するために金融市場でリアルタイム実験を行った。この内容は後に『ソロスの錬金術』（総合法令出版）という本のなかで発表している。その後、一九八七年のブラックマンデー、それからまた好不調の繰り返し。そして、一九八九年にスタンレー・ドラッケンミラーがクオンタム・ファンドの最高投資ストラテジストとなり、二〇〇〇年四月までその職務に就いていた。[23]

一九九一年から一九九二年にかけて、ソロスは経営を拡大した。クエーサー・ファンドを一九九一年に設立し、一五人の外部マネジャーに資産を配分した。一九九二年には、新興市場の株式を対象としたクオンタム・エマージング・グロース・ファンドを立ち上げた。さらに一九九二年、ファンド・オブ・ファンズのクオータ・ファンドを設立し、一〇人の外部マネジャーに資産を配分した。

生き残りのスキル

ソロスが成功した秘訣は、「生き残る」スキルを持っているということだった。『ジョージ・ソロス』（七賢出版）のなかで、一九四四年が人生でいちばん幸せな時期だったと述懐している。「奇妙に聞こえるだろうし、怒る人もいるかもしれない。何しろホロコーストの年だからね。（中略）一四歳の子供にとって、これほどエキサイティングな冒険がほかに望めるだろうか。この時期が、私の人生にとって決定的な影響を残した。生き残る術をその道の達人に学んだのだからね。投資家としての私のキャリアにも何らかの関係はあるよ」[24]

「私にとって、脱走捕虜としてロシア革命を生き延び、サバイバル技術を身につけている父をもったことは幸運だった」。[25] 父のティボドアは、ロシア内戦が始まると生き残りを賭けてシベリアを逃げ回った。第一次世界大戦では、オーストリア＝ハンガリー帝国軍の兵士だったが、ロシア軍の捕虜になっていたのだ。生きるためなら、サバイバルのためなら、彼は何でもした。それがいかに不愉快なことであっても。サバイバル、それはジョージ・ソロスの人生にとって、崇高な価値あるものだった。[26]

ソロスの父は、家族のために偽造の身分証明書を手配し、生活する場所、要するに隠れ家ということだが、それも見つけてきた。[27]『ソロス』（早川書房）の著者であるロバート・スレイターは、父が偽造の身分証明書を手に入れ、ジョージはハンガリーの農業省に勤めるキリスト教徒の役人の息子、ヤノス・キイスという人物になり済ましたというソロス自身の回想を詳しく記述している。後にソロスは、父の行動を生きるための方便であったと述べている。ティボドアはジョージに、サバイバルの術について貴重な教訓を与えた。「リスクを冒すことは悪いことではない」「リスクを冒すときはすべてを賭けるな」ということを教えてくれた。また、戦争はジョージにもう一つの教訓を与えた。「現実と認識の間には溝が存在する」ということだ。父に倣い、ジョージも問題を解決するには通常とは違う方法を探すべきだということを学んでいる。[28]

ソロスはヘッジファンドを運用するうえで、若いころのサバイバル訓練が大いに役立ったと振り返っている。「レバレッジを利用した取引はうまくいくと、ものすごい業績を上げることができるが、予想がはずれるとすべてを失うこともある。最も難しいことは、どのレベルのリスクなら安全かという判断である。これには一般的な基準はなく、ケースバイケースで判断しなければならない。最終的には、自分のサバイバル本能に頼るしかない」[29]

投資の特徴の変化

一九九五年に出版された『ジョージ・ソロス』(七賢出版)のなかで、ソロスは、特定の投資スタンスを持たないということについて話している。「状況に合うようにスタイルを変えようとする。クオンタム・ファンドのこれまでの経緯を調べてみれば、何回も性格を変えていることが分かるはずだ。最初の一〇年間に関しては、特にマクロ商品は活用していなかった。その後はマクロ投資が重要なテーマとなった。ところがもっと最近になると、産業資産に投資し始めている。(中略)私はある決まったルールに従って行動しているわけではない。私はゲームのルールの変化をとらえようとしているんだ」[30]

ソロスは、マーケットを動かす大きなテーマを突き止め、ドラッケンミラーとアナリストが銘柄を選別した。ソロスの哲学、戦略、戦術によって、三段論法が形成されていた。[31]スペシャリストのファンドは存在していたが、最高投資責任者は最高のアイデアを借用し、それをクオンタム・ファンドで利用することができた。

また、ソロスは、「不安」に関するアナリストであると自称している。「自分が間違っているんじゃないかと考えるんだ。そうすると、『不安』になる。不安感があるから、いつも状況に敏感でいられるし、自分の間違いをすぐに正せる。[32]（中略）現実の相場の動きが私の予測どおりかどうかをチェックする。もし期待どおりでなければ、私は間違っているわけだ。私の予測と現実の動きが一致しなかったからといって、すぐに持っている株を投げ売りするわけじゃない。もう一度自分の理論をチェックして、何が間違っていたかをきちんと確認する。（中略）確かなのは、私はじっと指をくわえてはいないし、現実と予測の差を無視したりはしない。すぐに批判的なチェックを開始する」[33]

再帰性

『ソロスの錬金術』（総合法令出版）のなかで、ソロスは、「再帰性」というアイデアは市場動向の分析には欠かせないと説明している。意思決定のプロセスを事態の進展に沿って記録するというのが狙いだった。それは自然科学の実験ではなく、いわば錬金術的な実験だった。というのも、実験を行うということ自体が結果に影響を与えるだろうと予想していたからである。[34]

このコンセプトは「不完全理解（imperfect understanding）」という言葉に要約することができる。現実は人々の考え方のなかにも反映される――認識の作用。またその一方で、人々は現実に影響を及ぼすような決断を下すのだが、こうした決断は現実に基づいたものではなく、現実に対する人々の解釈に基づくものとなる——参加の作用。

ソロスは、この二つの作用は反対方向に働いたり、特定の状況においては互いに干渉し合うこともあると説明している。この両者の相互作用が、双方向の「再帰的（reflexive）」なフィードバック作用の形態を取るということなのである。[35]

また、ソロスは、金融市場にはその特徴として市場参加者の認識と物事の実情との乖離が存在していると見ている。時にはこうした乖離を無視することもできる。[36] 通常の状況では、思考と現実との食い違いがそれほど大きくはなく、双方を近づけようとするような力が働いている。その理由は、一つには人々が経験から学ぶことができるからだ。ソロスは、このような状態を「ほぼ均衡状態（near-equilibrium）」と呼んでいる。人々の思考と物事の実情とが互いに大きくかけ離れていて、双方が歩み寄るような傾向がまったく見られない状態は「均衡からはるかに遠い状態（far-from-equilibrium）」と言う。

この状態は二つのカテゴリーに分けられる。まず、動的な不均衡は、一般に広まっているバイアスと一般的なトレンドが相互に強化し合って両者間のギャップがあまりに広がりすぎて、終末的な崩壊を引き起こすというもの。静的な不均衡は、非常に強固で、ドグマ（教義）的な思想と非常に硬直した社会状況が見られる。

ソロスは、動的な不均衡と静的な不均衡を両極端な状態とし、「ほぼ均衡状態」を中間と考えている。通常の状態においては「再帰性」はそれほど重要ではない。「均衡からはるかに遠い状態」に近づいたり、あるいはそれに到達したような場合には「再帰性」が重要な要素となり、好不調の連鎖が生まれることになる。[37]

ソロスはある決まったルールに従ってゲーム（投資）をしているわけではないと語っている。「私はゲームのルールの変化をとらえようとしているんだ。（中略）私が探すのは、不均衡状態だ。そういう状態になると、何らかのシグナルが送られてきて、私を刺激する」[38]

また、自分は見通しの悪いカーブの先を見越していると言う。「私はトレンドが消滅するひそかな兆候を見逃さないように気をつけている。その兆候が見られると、私は群れを離れ、別の投資理論を探し始める。（中略）たいていの場合、トレンドに逆らう動きをすると痛手を被る。それが儲けにつながるのは、市場が転換点に達した場合だけなんだ」[39]

ブラックウエンズデー

ソロスのトレーディングにおいて、いくつかの忘れられない出来事があった。

ソロスは、認識こそすべてであり、誤った認識がマーケットに再帰現象を引き起こすという理論で武装していた。だからこそＥＲＭ（欧州の為替相場メカニズム）危機における重要な誤った認識、つまりいかなる状況下でもドイツ連銀がポンド防衛に回るという誤った期待感を見抜くことができたのだった。

一九九二年の夏、ソロスのファンドがポンドを空売りしたことが世間に知れ渡った。そしてほかの投資家たちもこれに従った。

一九九二年九月一六日水曜日、ソロスの収益は二〇億ドル近くに達した。一〇億ドルはポンドから、残りの一〇億はイタリアとスウェーデンの通貨大混乱と、東京証券取引所から得たものだった。フィナンシャル・タイムズは、ソロスのことを「イングランド銀行を叩き潰した男」と呼んだ。[40]

バレンタインデーの大虐殺

一九九四年二月一四日、ソロスは八〇億ドル分の日本円を空売りして六億ドルの損失を被った。多くのマネジャーは、日本円が下がるだろうと読んでいた。それは、クリントン大統領と細川護熙首相との日米首脳会談で通商摩擦解消に向けて何らかの基本合意が成立し、円安に向かうだろうという考えからだった。アメリカ政府は円高を歓迎していた。これは、通商交渉で日本政府に圧力をかける戦略であった。というのも、日本円が上がれば日本の輸出品の価格は上昇して、国際市場で売ることが困難になるからである。首脳会談は決裂し、日本円は急騰した。[41] 一九九四年一一月にも同じことが起こり、ソロスは四億ドルから六億ドルの損失を出している。

マレーシア

一九九七年八月、マレーシアのマハティール首相は、ソロスの投機を犯罪行為として取り締まるべきだとして、アメリカを非難した。「アメリカはソロスのことを犯罪者だとみなしていない。それは、彼の行動によって被害を受けていないからだ。被害者であるわれわれが黙っていれば、アメリカはこのような価格操作を認め続けるだろう」[42]

マハティールは、ソロスがＡＳＥＡＮ（東南アジア諸国連合）諸国の通貨を投機のえじきにしたとして非難した。つまり、ＡＳＥＡＮがミャンマー（旧ビルマ）を加盟させる――ミャンマーは軍事独裁政権である――報いとして、ソロスがＡＳＥＡＮ諸国の通貨を暴落させたと述べている。ソロスは、ミャンマー軍事政権に対抗する財団を運営しているが、その活動は取引には何の影響も及ぼさないものであると説明している。

哲学者であり、財務家ではない

『ジョージ・ソロス』（七賢出版）のなかでソロスは、自分がマネーマネジャーとして名を刻むことができたことを認めている。「だが、思想に関してはどうだろうな？　自分の思想をまとめてほかの人にきちんと伝えることができるかどうか。それが思想として成立するのかどうか。私にとっていちばん問題なのはその点だし、いちばん不安な点でもあるんだ。私は金を稼ぐにも、また稼いだ金を使うにも、同じ一連の思想に従ってやっている。私にとって有効な思想だったが、だからといって普遍的な正しさがあるということにはならないからね」[43]

また、ソロスは自分のことを単なる投機家ではなく哲学者だと認識している。しかも挫折した哲学者である。「自分の思想を他人に伝え、一般に受け入れてもらうのには失敗した。だから、私は自分のことを『挫折した哲学者』だと思っているんだ」[44]。いつも自分の意見に耳を傾けてもらいたいと願っていたが、ポンド危機の後、有名になってようやくそれが可能になった。[45]

『ジョージ・ソロス』（七賢出版）のなかで、次のようにも述べている。「私が魅力を感じるのは『思想の冒険』だろうな。基本的には、私という存在にとって最も重要な側面は思索することなんだ。（中略）理解することが好きなんだ。（中略）青春時代の大半は、何らかの思想をこねくりまわして過ごしたようなものだ。その後ようやく、思索を通じてよりも行動を通じてのほうがずっと多くを学べるということが分かった。そこで私は『活動的な思索家』になり、思索が行動を決定するうえで重要な役割を果たし、行動が私の思索を向上させるうえで重要な役割を果たすようになっている。こうした思考と行動の相互作用は、私の哲学の、そして私の人生の特徴になったんだ」[46]

この本のほかにも、二つのコンセプト「開かれた社会」と「閉ざされた社会」についても論文を書いている。また、ニュースクール・フォー・ソシアル・リサーチ、オックスフォード大学、ブタペス

クオンタム・ファンドNVのネットパフォーマンス（%）

1969年	29.40
1970年	17.50
1971年	20.30
1972年	42.20
1973年	8.40
1974年	17.50
1975年	27.60
1976年	61.90
1977年	31.20
1978年	55.10
1979年	59.10
1980年	102.60
1981年	22.90
1982年	56.90
1983年	24.90
1984年	9.40
1985年	122.20
1986年	42.10
1987年	14.10
1988年	10.10
1989年	31.60
1990年	29.60
1991年	53.40
1992年	68.60
1993年	63.20
1994年	3.90
1995年	39.00
1996年	1.50
1997年	17.10
1998年	12.40
1999年	35.00
2000年	−15.50
年平均利益	32.12

2000年６月30日、クオンタム・ファンドはクオンタム・エンドーメント・ファンドに名称変更

ト経済大学、エール大学から名誉博士号を付与されている。

組織化への試み

ソロスは、彼の会社を組織化するためにいくつかの試みをしている。一九九八年初め、アナリストの分担を明確にした。それまではアナリストが興味を持った株式を追跡していただけだった。クオンタムの傘下では、最低アカウントとして五〇〇〇万ドルがアナリストに与えられていたのだ。[47]

一九九九年八月一〇日、ソロスはファンドを再編成し、バンカーズ・トラストの財務担当者であったダンカン・ヘンネスをCEOとして迎え入れた。これによって、ドラッケンミラーは管理業務から解放され、トレーディングとクオンタムのパフォーマンス向上に専念することができるようになった。ヘンネスはソロスの下で働き、雇用、解雇、報酬など、事業運営に関する事柄を監督した。二〇〇人の従業員と東京、香港、ロンドンの関連オフィスの監督もヘンネスの仕事であった。[48]

慈善活動

多くのスーパースターたちは巨万の富を築いてから慈善活動にかかわっているが、ソロスの場合はソロス・ファンド・マネジメントを始めた年に基金を設立した。一九六九年にはジョージ・ソロス財団を設立している。

一九七九年には運用資産が一億ドルに達し、個人資産が約二五〇〇万ドルになると、ソロスはもう十分な金を持っていると判断した。自分にとって本当に大切なのは「開かれた社会」というコンセプトなのだという結論に至ったのだ。そして「閉ざされた社会」を開くことを目的として、オープン・ソサエティ・ファンドを設立した。

一九八〇年ごろから、ソロスは慈善活動の一大帝国を築き始めた。最初は、中・東欧諸国を対象として、旧ソビエト勢力圏からの脱却を目指している国々をサポートするために資金を分配した。やがてロシアが混迷すると、ソロスはソビエトの科学界や科学者たちが国の激動にも生き残ることができるように、一億ドルを援助した。財団のネットワークは三〇カ国を網羅し、約一三〇〇人のスタッフが働いている。その目的は、自由なメディア、政治的多元性、人権の保護である。

一九九六年になると、その慈善活動をアメリカにまで拡大した。アメリカにおいてソロスは、国家管理のアンチテーゼ、つまり国家責任の放棄に関心を持っている。麻薬取締法はばかばかしいものだと考えている。そのため、アメリカの「ドラッグ戦争」に対抗するグループ、つまりドラッグ政策についてオープンに討論しようとしているグループに対して、五年間にわたり一五〇〇万ドルを援助した。「多数のドラッグ使用者を違法とすることを含め、意図しない結果が禁止の成功を制限することになってしまう」と述べている。一九九六年、カリフォルニア州とアリゾナ州で医師がマリファナなどの違法ドラッグを処方して患者の苦痛を取り除くことができるようにするため、ソロスは一〇〇万ドルの有権者説得用の資金を援助している。[49]

その他に、センター・オン・クライム、コミュニティーズ・アンド・カルチャー、プロジェクト・デスといった財団も設立し、瀕死状態の人のケアを改善するために二〇〇〇万ドルを費やしている。

これらを総計するとソロスは二〇億ドル以上を慈善活動に分配している。アメリカで二番目に多額の寄付をした慈善活動家とタイム誌にも書かれた。[50]

早期引退：スタインハルトとオデッセイ

ロバートソンとソロスのほかにも、えり抜きのヘッジファンド・マネジャーが引退している。スタインハルト・パートナーズのマイケル・スタインハルトは一九九五年の終わりに引退し、オデッセイ・パートナーズは一九九七年の終わりにファンドを閉じた。

マイケル・スタインハルト（スタインハルト・パートナーズ）

マイケル・スタインハルトがヘッジファンドの世界に足を踏み入れたのは、一九六七年七月一〇日、二六歳のときだった。設立当初、スタインハルト・ファイン・バーコウィッツ&カンパニーの運用資産は七〇〇万ドルだった。主に銘柄選択を行っていた。一九七八年にスタインハルトがサバティカルの長期休暇から戻った後、スタインハルト・パートナーズに名称変更した。

スタインハルトは、アグレッシブな短期トレーダーとして知られている。一九九〇年代には金利のポジションで巨額のリターンを上げた。彼のスタイルは独自のもので、ほかの人とは多少違っている。つまり、一般的なマーケットの見方とは異なる考えを持っているのだ。[51] この逆張り的な考え方は、一九八一年の春のことを例にとって説明すると分かりやすい。債券市場を大きな不幸が襲い、プライムレートは一五％にもなっていた。スタインハルトは五年物のTボンドを購入し始めた。最終的に債券市場は盛り返し、スタインハルトは九七％のプラスでその年を締めくくった。[52]

引退するまで、スタインハルト・パートナーズLP、インスティテューショナル・パートナーズLP、SPインターナショナルSA、スタインハルト・オーバーシーズ・ファンドの四つのファンドを持っていた。一九九五年にファンドを閉じ、その運用資産は二六億ドルであった。ピーク時の資産は四四億ドルもあった。プレスレポートによると、スタインハルトの持ち分は四億ドルであったという。現在六〇歳になったスタインハルトは引退生活を楽しみ、三三年間の経験から業界を広い目で見ている。その洞察力は非常に興味深いものである。

スタインハルトは、「ヘッジファンド業界」は特殊であるという認識を持っている。ヘッジファンドは業界ではなく、マネーマネジメントの一部であると見ている。マネジャーに共通の投資戦略は存在しない。スタインハルトの全盛期には、ヘッジファンドはプライベートなエリートクラブを構成し、そのメンバーは長期にわたって優れたパフォーマンスを実現していた。「私たちは、賞賛されてはいたものの、うさんくさいと思われていました。パフォーマンスは格別に優れていました。……エリート主義で、それでいて論議の的となる集団でした」

スタインハルトは、ヘッジファンドの際立った特徴として、マネジャーが自分のファンドに投資し、長期にわたってトラックレコードを残し、さまざまな経済状況でも成功を収めていた、ということを挙げている。マネジャーは情熱的かつ知的であり、運用資産を増大させることではなく、パフォーマンスを向上させることに意欲をかき立てられていた。また、マネジャーにはアントレプレナーシップがあるが、組織を構築する能力には欠けていた。

スタインハルトは、自分の会社を組織化しようとしたがいつもうまくいかなかったと振り返っている。メリルリンチにクローズドエンド型ファンドを販売しかけていたが、その取引は実現しなかった。また、ドレフュス・コーポレーションから事業の一部を買うというオファーを受けていた。ところが、スタインハルトは、パフォーマンスレコードを残すという目標に集中していたのだった。

現在、スタインハルトはある変化に気付いている。つまり、マネジャーの目的が変わってきているのだ。インセンティブ・フィーが非常に魅力的であるため、新しい人々が業界に集まってきている。現在のマネジャーたちにとっては、資産の成長とフィーが重要なものとなっている。しかしそれで、パフォーマンスは月並みになってしまった。良くもなく悪くもないマネジャーが多くなったのだ。投資家はパフォーマンスが低下するとフィーを支払わなくなる場合がある。また、スタインハルトは、先行きの明るい株式相場ではヘッジのためのショートが難しくなったとみている。

スタインハルトは、優れたパフォーマンスを上げる理由を解明することに多くの時間を費やしてきた。それは、彼は「天賦の才能」であると考えている。スタインハルトは、反復的で継続的な検証によってこの天賦の判断力を生み出すことができた。それが彼の強みだった。一〇代のころから株式相場を見ていたため、経験が豊富だったのだ。スタインハルトの父は、バルミツバ（ユダヤ教の成人式――一三歳）のお祝いに、ペン・ディキシー・セメントとコロンビア・ガス・システムの株をそれぞれ一〇〇株プレゼントした。これが彼の関心に火をつけた。一九歳でペンシルベニア大学ウォートン・スクールを卒業した。

スタインハルトのモチベーションは、動いている株を探してその方向性を認識できるようになることであった。報酬のことは頭になかった。

スタインハルトは、現在におけるテクノロジー業界の重要性について考えるとき、一九六〇年代の電気業界との類似性を見いだしている。当時、多くの電気会社が会社名に〝ｏｎｉｃｓ〟を付けて上場した。「今日の陶酔感はより広い基盤に根付いている」。スタインハルトは、ニューエコノミーとオールドエコノミーの並立は持続せず、最終的には一つのエコノミーに融合されるだろうと予測している。

引退をきっかけにほかの投資家の資金を扱うのをやめた。少額だけを取引し、大部分は約三〇人のマネジャーに配分している。そのマネジャーは、ほとんどはアービトラージで、その他の保守的な取引スタイルを守っている。スタインハルトの目標は、自分が生み出した資本を維持し、良いリターンを得ることである。

また、一九九一年のソロモン・ブラザーズの国債入札スキャンダルでスタインハルトが果たした役割について、四年間も政府と闘争してきた。最終的には、四〇〇〇万ドルを支払って解決した。[53]

スタインハルトはなぜ引退したのだろうか？　一九七八年に長期休暇を取ったが、実はそのときすでに引退を示唆している。しかし自分を駆り立てるものを見つけることができず、また戻ってきた。そのとき、スタインハルトの純資産は七〇〇万ドルであった。ところが一九九五年、何かほかのことをするという目標が生まれた。偉大なマネーマネジャーになることよりも、高潔で崇高な何かを。スタインハルトは、ある投資家から手紙と新しいボートの写真を受け取った。その手紙にはスタインハルトに感謝していると書いてあった。スタインハルトのファンドの利益によって、ボートを手に入れることができたのだという。スタインハルトの自尊心は傷つけられた。自分は偉大なマネーマネジャーとして人々の記憶に残りたいのではない。何かほかのことをしなければならないと感じた。

引退後は、政治、映画の製作、芸術品の収集、ユダヤ人の慈善活動、園芸など、意識的にほかのことに興味を持とうとした。また、自分の生涯についての本も執筆中である（パンローリングから近刊予定）。今いちばんの楽しみは、ニューヨーク州ベッドフォードの五二エーカーの庭で、一風変わった動物――ラクダ、シマウマ、ラマ、カンガルー、サル――を飼育することである。もう政治には興味がなくなり、製作した映画も大した利益にはならなかった。

スタインハルトのオフィスは、五本足のメノラー（大燭台）、チャリティボックス、トーラーのマントルなど、ユダヤ教の収集物でいっぱいである。彼自身は無神論者であるが、これらを所有することで宗教が自分に何らかの意味を持つのではないか、と考えていた。しかし何も起こらなかった。そして、スタインハルトの関心は、ユダヤ人の教育を促進することに向いている。また、ユダヤ人の人口――アメリカに居住するユダヤ人が永遠に途絶えることがないように専心している。大きな関心事の一つとして、Ｍａｋｏｒ（ヘブライ語で「泉」という意味）が挙げられる。これはニューヨークのウエストサイドにある文化センターで、ユダヤ人が集まる場所である。二〇〇一年二月初めに、スタインハルトは九二番街にＭａｋｏｒを寄贈した。

このほかの活動として、一九九六年からニューヨーク大学投資委員会の議長を務めている。この基金は本来「反株式」であったが、株式を見直す動きもあり、ヘッジファンドにも投資をしている。

オデッセイ・パートナーズ

一九九七年二月、三〇億ドルの資産を有していたオデッセイ・パートナーズは資金を顧客に返還し、一九九七年末にファンドを閉じた。レオン・レビとジャック・ナッシュは、巨額の資産を運用したり、投資したりすることが難しくなったと語っている。[54] 一九八二年の設立以来、約二八％の年平均リターンを上げていた。引退時、マクロのビジョンを持っていたレオン・レビは七一歳、トレーディングを行っていたジャック・ナッシュは六七歳だった。

二人が初めて出会ったのは、一九五〇年代オッペンハイマー&カンパニーでのことだった。後にオッペンハイマーの会長になったナッシュは、LBO(レバレッジド・バイアウト=対象企業の資産を担保とした借入金による買収)のパイオニアであった。レビはオッペンハイマー・グループのパートナー、調査責任者、そしてミューチュアルファンドであるオッペンハイマー・グループの役員会の議長を務めていた。一九八二年、オッペンハイマーは売却され、二人は一億六〇〇〇万ドルでオデッセイ・パートナーズを設立した。その資金には、オッペンハイマーの売却から得た五〇〇〇万ドルも含まれていた。プライベートな合併仲介が、オデッセイの中心ビジネスとなった。

レビとナッシュ、そしてその家族は、オデッセイ・パートナーズに約四億八〇〇〇万ドルを投資していた。

第2章

引退の真相

Unofficial Reasons For Retirement

ヘッジファンドの引退や規模縮小についてはさまざまな理由が公式に発表されているが、公表されていない理由がほかにもあると考えられる。意識的な理由もあれば、潜在意識的な理由もある。主なものから挙げると、インセンティブ・フィー（成功報酬）とハイウオーターマーク（成功報酬支払いの基準値）の問題、資産が上限に達したこと、短期パフォーマンスの重視、後継問題とインフラの不備、テクノロジー銘柄のボラティリティによるマーケットの失望感、偉大なマネーマネジャー以外の何かを待望すること、年齢の問題やこの世界に長く居すぎたこと、グローバルマクロのマネジャーに対する環境の問題などがある。

インセンティブ・フィーとハイウオーターマーク

ヘッジファンドのインセンティブ・フィー構造では、パフォーマンスが落ちるとハイウオーターマークが作動する。ある年にヘッジファンド・マネジャーが損失を出すと、そのマネジャーはそれを取り戻すまではインセンティブ・フィーを受け取ることができない。インセンティブ・フィーは、多くのヘッジファンド・マネジャーにとって報酬の役割を果たしている。一九九九年と二〇〇〇年に、タイガーはそれぞれ第1四半期末までに一九％と一四％のダウンとなってしまったが、それを相殺するには少なくとも四三・六％のリターンを上げなければならなかった。ソロスのクオンタム・ファンドは、四月末までに二〇％ダウンしていた。

莫大な諸経費はパフォーマンスの悪化を倍増させる。例えば、タイガー・マネジメントのオフィスだけで年間四五〇〇万ドルの営業費がかかっていた年があった。[1] ニューヨークの本部と世界各国のオフィスには約一八〇人の従業員がいた。ソロスに関しては、二〇〇〇年初めにはニューヨークだけで二四〇人、その他世界各国に三〇〇人の従業員を抱えていた。[2]

上限に達した資産

一人のマネジャーの運用資産が多くなると、優れたリターンを実現するのが難しくなる。大きくなりすぎてしまったファンドもあった。せいぜい、一〇〇億ドルが上限だと言われていた。グローバルマクロのファンドとは、オポチュニスティック（臨機応変）かつグローバルに株式、債券、為替、先物市場に機会を探すファンドであり、そのキャパシティを拡大させるためにさまざまなビジネスを付加したため「コングロマリット」と称されていた。戦略を分散化しないとキャパシティは低下する。

タイガーはやはり基本的に銘柄選択だった、という評価もある。ファンドがあまりにも大きく、一九九八年のピーク時には二二〇億ドルの資産を抱えていた。そして、一九九八年一〇月にトラブルに陥ってしまった。ソロスの運用資産も、一九九八年八月のピーク時には約二二〇億ドルもあった。

多くのヘッジファンドは、運用資産が少なくファンドの回転率が高かった初期のころに最高のパフォーマンスを生み出しているという分析結果もある。[3]

どのマネジャーにとっても、資産が多すぎることは問題である。このことはミューチュアルファンドのマネジャーにも当てはまる。『インデックス・ファンドの時代』（東洋経済新報社）で、ジョン・ボーグルは、「新しい投資家に対してファンドを閉鎖した（ファンドの追加募集を停止した）経験がない、あるいはそれぞれのファンドの投資目的があるにもかかわらず、投資結果をほかのファンドと差別化することができなくなるくらいにファンドの規模が成長していくのを喜んで見ているような、大規模な投信会社は避けるべきである」と指摘している。[4]「規模が過大になると、投資がうまくいくあらゆる可能性をつぶしてしまいかねない。過去の記録から明らかなことであるが、だめになってしまった大多数のファンドは、規模が小さいときに最もうまくいっていた」[5]

ボーグルは、ファンドのリターンとS&P五〇〇インデックスを比較したデータによって、このことを裏付け、最も大きな五つの積極運用型株式ファンドを例にとって調べている。一九七八年から一九九八年までの期間に、これらのファンドは総計で五億ドルから三七〇億ドルへと成長したが、パフォーマンスは一様に悪化した。このパターンを「平均回帰傾向」と結論付けた。一九七八年初めから一九八二年末にかけて、これらのファンドはベンチマークに年間一〇％も打ち勝って、S&P五〇〇平均に対して非常に優秀なパフォーマンスを続けていた。このような素晴らしいパフォーマンスを実現できたのは、市場の時価総額一〇億ドルにつき平均資産規模が五〇万ドルという比較的小規模な時期であった。これらのファンドは、巨大な規模に達することによってその優位性を失ってしまったのである。一九九四年初頭以降、市場の時価総額一〇億ドルにつき相対資産は三五〇万ドルに達し、これらの五つのファンドはＳ＆Ｐ五〇〇平均に年間四％以上も後れを取ることになった。別の言葉で言えば、ファンドの相対的な資産規模が七倍になる間に、相対的パフォーマンスは年間一四％以上も実質的に悪化したということができる。[6]

ウォーレン・バフェットについても同じことが言える。「時価総額が一〇〇〇万ドル未満の株式で運用していた一九五〇年代全体を通して、私個人のリターンは年平均六〇％以上であった。われわれの現在の資産規模では年平均三〇〇ベーシスポイント、つまり市場平均を三％上回ることも夢のような話である」[7]

ファンドがあまりにも大きくなると、目標とするリターンとリスクに見合う市場機会を見つけるのが難しくなる。ソロスとロバートソンは、これまでに二五％を超えるリターンを達成してきた株式、債券、為替、商品で、バリュー（割安）の機会を探していた。

分散投資するために、マネジャーはポートフォリオ全体における一つのポジションを最大五％にするというように上限を定めることがある。一社の株式を一〇％以上保有しようと考える企業はほとんどない。圧倒的なシェアを占めると、マーケットの流動性を妨げることになるからだ。

ファンドが大きくなりすぎると、ウォール街での注目度も高くなってしまう。大きなファンドは、新しいポジションをとっているというサインを残す。マネジャーが一定の持ち分を保有する場合には届け出をしなければならないため、その届け出を見れば、グループの持ち分について正確な数字を見つけ出すことできる。そしてほかの投資家は、それを見たりコピーしたりすることができるのだ。

回転の速いファンドほど簡単にポジションを脱することができるのだが、ソロスとタイガーは規模が大きくなりすぎたために、激しい攻撃を受けてしまった。日本円・米ドルのキャリートレードの問題は、この点を明確に表している。ソロスとロバートソンは、過去数年間にわたってキャリートレードによって多くの利益を生み出してきたが、一九九八年後半から一九九九年前半にかけては、このことが問題を引き起こしてしまった。ソロスは、一九九九年二月の円・ドルのトレードで損失を出した。タイガーも、一九九八年一〇月に約二〇億ドルの損失を出してしまった。投資家筋によると、タイガーは、円と日本株をショートした一九九九年一月にも損失を出したという。日本のマーケットはすぐに立ち直ったため、深刻な問題を抱えることになってしまった。

別の問題点として、資産が増えるとサブポートフォリオ・マネジャーが管理責任を負うことになってしまうということも挙げられる。サブポートフォリオ・マネジャーは経験が浅い場合が多く、有名なマネジャーよりも報酬が少ない。

短期パフォーマンスの重視

ヘッジファンドがあまりに大きくなると、ホットマネー（国際短期投機資金）の投資家やターンスタイルの投資家（参入と撤退が素早い投資家）の割合が多くなる。投資家たちが撤退したがっていたため、タイガーは、一九九八年八月から二〇〇〇年四月までの間に七七億ドルも償還しなければならなくなった。そのためには、価格が低迷しているときには人気の高い銘柄を売るしかなかった。

タイガーのスポークスマンによると、ロバートソンがビジネスをやめた最大の理由は、短期のリターンと四半期のリターンが重視されすぎたことであるという。「四半期ごとのパフォーマンスが好調でなくなると、ホットマネーの投資家の多くが去ってしまいました。アセットマネジャーは、四半期ごとに評価されてしまうのです」。[8] 長期的視野を持つマネジャーはやりたいようにできなくなり、四半期ごとのパフォーマンスにプレッシャーを感じるようになってしまった。

後継問題とインフラ

スタインハルト・パートナーズのマイケル・スタインハルトによると、エリート・マネジャー・クラブを見分ける特徴はアントレプレナーシップであるという。優れたリターンを実現する能力があったとしても、組織を作る能力のあるマネジャーはいない。この件についてスタインハルトは、ブルース・コフナー、レオン・クーパーマン、ジム・レイトナーと何度も討論を繰り広げている。[9]
企業を組織化したいなら、永遠に一人の人物を中心にして展開することは無理である。
ロバートソンは、後継者を育成していないという非難を浴びていた。しかし実際のところは、タイガーでは多くの優秀なヘッジファンド・マネジャーを育成してきたのだ。そのなかには、リー・エーンズワリー（マベリック）、ラリー・ボウマン（スピンネーカー・テクノロジー）、トーマス・ブラウン

（セカンド・カーブ・キャピタル）、ボブ・カー（ジョーホー・キャピタル）、デビッド・ガーステンハーバー（アルゴノート）、ジョン・グリフィン（ブルー・リッジ・キャピタル）、アンドレアス・ハルボルセン、ブライアン・オルソン、デビッド・オット（いずれもバイキング・グローバル・インベスターズ）、ジェームズ・ライル（ミルバンク・キャピタル）、スティーブン・マンデル（ローン・パイン・キャピタル）、デビッド・ソーンダーズ（K2アドバイザーズ）、アーニー・スナイダー（ディアフィールド・マネジメント）といった面々がいた（表2・1参照）。

優秀なヘッジファンド・マネジャーが去ってしまった理由として、多くの権限を求めたこと、人に従うよりも人の先頭に立ちたかったこと、より多くの報酬が得られる可能性を求めたこと、優れたパフォーマンスに見合った評価を得たかったこと、キャリアを変えたかったことなどが挙げられる。また、パフォーマンスがマイナスの時期には主要人物が去っていくことが考えられる。というのも、ハイウオーターマークが作動するということは、しばらくはボーナスがもらえないということを意味しているからである。金銭的な要因から船を乗り換える者もいた。

意思決定が一人に集中しすぎると、才能のあるアナリストやポートフォリオ・マネジャーは、決定権や権限がないことに不満を持つようになる。一九九九年までは、ロバートソンは投資権限を有する資本の一五％でさえもシニアアナリストに管理させていなかった。

当初、ソロスはドラッケンミラーの自主行動を認めるつもりはなかった。ドラッケンミラーがクオンタムに参加して一年が過ぎたころ、両者は初めて公の場で言い争いをした。ドラッケンミラーは債

表2.1　独立したヘッジファンド・マネジャー

マネジャー	辞めた会社	設立した会社	時期
アレキサンダー・アデア	ザ・パラディン・グループ	クアトロ・インベスターズ	1998
リー・エーンズリー	タイガー・マネジメント	マベリック・キャピタル	1993
スティーブン・アルフィエーリ	チャンセラー	スタンフィールド・キャピタル・パートナーズ	1998
マーク・バーダー	タイガー・マネジメント	キキャップ・マネジメント	2000
マーク・ベーカー	グローバルベスト・マネジメント	バリューベスト	1995
ジャック・バリー	クリントン・グループ	ビーコンヒル・アセット・マネジメント	1997
バリー・ボーサノ	タイガー・マネジメント	アルゴノート	2000
デビッド・バーマン	キングドン・キャピタル	バーマン・キャピタル	1995
スコット・ベッセント	ソロス・ファンド・マネジメント	ベッセント・キャピタル・マネジメント	2000
ラリー・ボウマン	タイガー・マネジメント	スピンネーカー・テクノロジー	1995
トーマス・ブラウン	タイガー・マネジメント	セカンド・カーブ・キャピタル	2000
フィリップ・ブルゲール	オメガ・アドバイザーズ	ユーロベスト・キャピタル・パートナーズ	1996
ジーン・フランソワ・ビューセレット	ブキャナン・パートナーズ	コンチェルト・リサーチ	1994
ウォルター・バーロック	ソロス・ファンド・マネジメント	オリジン・インベストメント・パートナーズ	2000
ジム・キャプラ	ムーア・キャピタル	キャプラ・アセット・マネジメント	1995
ボブ・カー	タイガー・マネジメント	ジョーホー・キャピタル	1995
ティム・クラーク	ツバイクーディメンナ・アソシエーツ	カトナー・インターナショナル・ファンド	1995
ジェフリー・コーヘン	アルパイン・アソシエーツ	シルバラード・キャピタル・マネジメント	1997
スコット・クリードン	BNP／クーパー・ネフ	クリードン・キャピタル・マネジメント	1995
チャック・デビッドソン	スタインハルト・パートナーズ	ウェックスフォード・キャピタル	1995

マネジャー	辞めた会社	設立した会社	時期
ジョン・デ・ラ・ヘイ	タイガー・マネジメント	トスカファンド	2000
ネラ・デモニチ	エートス・パートナーズ	アリージャンス	1995
マイケル・ダーチン	タイガー・マネジメント	ジェットキャップ・パートナーズ	2000
グレン・デュシャイ	アーズリー・アドバイザリー・パートナーズ	パランティア・キャピタル	-
パトリック・アール	タイガー・マネジメント	キキャップ・マネジメント	2000
ロバート・エリス	タイガー・マネジメント	キャットクイル・キャピタル・マネジメント	2000
アラン・フルニエ	アパルーサ・マネジメント	ペナント・キャピタル・マネジメント	2000
デビッド・ガーステンハーバー	タイガー・マネジメント	アルゴノート	1993
ゴーセ・ウダヤン	オメガ・アドバイザーズ	エルドン・キャピタル	1995
ジョン・グッドマン	スタインハルト・パートナーズ	コンセントリック・キャピタル	1995
ジョン・グリフィン	タイガー・マネジメント	ブルー・リッジ・キャピタル	1996
アンドレアス・ハルボルセン	タイガー・マネジメント	バイキング・グローバル・インベスターズ	1999
マーチン・ヒューズ	タイガー・マネジメント	トスカファンド	2000
ジョン・アーウィン	クリントン・グループ	ビーコンヒル・アセット・マネジメント	1997
アンドルー・ジェーコブソン	コロンブス・サークル・インベスター	アクシオム・インターナショナル・インベスターズ	-
クリストファー・ジャンセン	チャンセラー	スタンフィールド・キャピタル・パートナーズ	1998
アンドルー・カプラン	ザ・パラディン・グループ	クアトロ・インベスターズ	1998
マイケル・カーシュ	ソロス・ファンド・マネジメント	カーシュ・キャピタル・マネジメント	2000
シェルドン・カソウィッツ	ソロス・ファンド・マネジメント	インダス・キャピタル・パートナーズ	2000
デビッド・コービィッツ	ソロス・ファンド・マネジメント	インダス・キャピタル・パートナーズ	2000

マネジャー	辞めた会社	設立した会社	時期
クリス・クリスティニック	タイガー・マネジメント	キキャップ・マネジメント	2000
ジョン・ラタンツィオ	スタインハルト・パートナーズ	ラタンツィオ・グループ	1995
ジョン・レビンソン	リンチ&マイヤー	ウエストウエー・キャピタル	1995
ジェームズ・ライル	タイガー・マネジメント	ミルバンク・キャピタル	1997
カーティス・マックンガイエン	ＳＣファンダメンタル・バリュー	アイボリー・アセット・マネジメント	1999
スティーブン・マンデル	タイガー・マネジメント	ローン・パイン・キャピタル	1998
ケン・マーシャル	カバナント・キャピタル・マネジメント	オクタゴン・インターナショナル	-
アミー・ミネラ	デルテック・アセット・マネジメント	カーディナル・キャピタル・マネジメント	-
マーク・ミスズキーウィック	クリントン・グループ	ビーコンヒル・アセット・マネジメント	1997
デビッド・モリソン	タイガー・マネジメント	（名称未定）	2000
ルイ・ナポリ	ザ・パラディン・グループ	クアトロ・インベスターズ	1998
ゲイブ・ネカムキン	ソロス・ファンド・マネジメント	サテライト・アセット・マネジメント	1999
バリー・ニューバーガー	ケルナー・ディレオ	エイブリー・キャピタル	1996
フィリップ・ニューマン	パーク・プレース・キャピタル	ラガッツィ・ニューマン	1997
ジャニス・ニコルズ	チャンセラー	スタンフィールド・キャピタル・パートナーズ	1998
トーマス・ニーデルメイエ	テトン・パートナーズ	リバティ・スクエア・アセット・マネジメント	1998
ブライアン・オルソン	タイガー・マネジメント	バイキング・グローバル・インベスターズ	1999
デビッド・オット	タイガー・マネジメント	バイキング・グローバル・インベスターズ	1999
ミッシェル・ラガッツィ	パーク・プレース・キャピタル	ラガッツィ・ニューマン	1997

マネジャー	辞めた会社	設立した会社	時期
ロバート・ライフ	ソロス・ファンド・マネジメント	センチュリオン・インベストメント・グループ	1995
ラージ・ラージャラトナム	ニーダム&カンパニー	ガリオン・グループ	1997
カイル・ローゼン	ストローム・ヘッジキャップ・ファンド	ローゼン・キャピタル・マネジメント	1999
リーフ・ローゼンブラート	ソロス・ファンド・マネジメント	サテライト・アセット・マネジメント	1999
デビッド・ソーンダーズ	タイガー・マネジメント	K２アドバイザーズ	1994
ジョージ・シュルツ	MDサス	シュルツ・アセット・マネジメント	1998
スティーブン・セルフェルド	パロマ・パートナーズ	コス・コブ・パートナーズ	-
アーニー・スナイダー	タイガー・マネジメント	ディアフィールド・パートナーズ	1993
マーク・ソンニーノ	ソロス・ファンド・マネジメント	サテライト・アセット・マネジメント	1999
ハンナ・ストラッサー	デルテック・アセット・マネジメント	カーディナル・キャピタル・マネジメント	1995
マーク・ストローム	ケーン・アンダーソン	ストローム・ススキンド	1992
ブライアン・スウェーン	ザ・パラディン・グループ	クアトロ・インベスターズ	1998
ジェフリー・シモンズ	スタインハルト・パートナーズ	トレース・キャピタル	1996
セツ・トバイアス	ＪＲＯアソシエーツ	サークルT	1996
アショク・バスバニ	アパルーサ・マネジメント	スカンダ・ファンド	1998
クレア・ウォルトン	ウォルトン・インベストメンツ	リバティ・スクエア・アセット・マネジメント	2000
アーネスト・ワーリン	スタインハルト・パートナーズ	ハイビュー・キャピタル	1995＊
アン・ヨベイジ	デルテック・アセット・マネジメント	カーディナル・キャピタル・マネジメント	1995

＊ トレーディング停止

券のポジションを持っていた。[10] しかし、ドラッケンミラーに相談せずにソロスはそれを売ってしまったのだ。ソロスがドラッケンミラーの背後で動いたのは、これが初めてだった。そのためドラッケンミラーは激怒した。結局、ソロスが冷静になり、勝手なことはしないとドラッケンミラーに約束した。

東欧諸国では劇的な状況が展開し始めていた。共産主義政権が次々と打倒されていた。ベルリンの壁も崩壊した。ソロスは毎日これらの展開を追っていた。一九八九年の夏、ソロスはファンド運営のすべてを切り盛りしてくれるようにドラッケンミラーに指示した。「私はコーチとなり、彼が選手となった」[11]

ソロスは、一九八九年にクオンタム・ファンドをドラッケンミラーに運営させたとき、一時的な後継者とした。そして自分は慈善活動に専念した。ドラッケンミラーの時代は一一年間続いた。しかし、それ以前には、ジム・マークスやアラン・ラファエルなどの名前も後継者として挙がっていた。

二〇〇〇年にドラッケンミラーが離脱する前にも、ソロスのファンドでは次々と多くの人が辞めていった。例えば、リーフ・ローゼンブラート、マーク・ソンニーノ、ゲイブ・ネカムキンは、ソロス・ファンド・マネジメントで一一年間働き、特別な状況での投資チームを主宰していたが、一九九九年中ごろ、離脱してサテライト・アセット・マネジメントを立ち上げることを発表した。

一九八九年以降ソロスはドラッケンミラーを仲間として迎えていたが、いざという段になったとき、息子のロバートに保守的なファンドへの移行を任せた。ロバートは、転換期の調整役を果たした。

マーケットのボラティリティとニューテクノロジーへの移行

ヘッジファンドのスーパースターにとって、もはやゲームは楽しいものではなくなってしまった。マーケットには失望感が漂っていたし、テクノロジー銘柄は予測するのが難しかった。マーケット、特にテクノロジー銘柄は変動的で、二〇〇〇年三月には、ナスダックが一日で六％以上変動した日が六回もあった。

「ボラティリティ」という新しい現象は、主に多額の公的投機（情報に接していないパフォーマンスの追求とモメンタムの追求）によって引き起こされていた。株式市場は、合理性やファンダメンタルに矛盾して変動することがよくある。そのため、マーケットが発するメッセージに懐疑的なマネジャーも出てきた。また、空売りも難しくなってしまった。

古い世代にとって、テクノロジーはアキレス腱である。ソロスとロバートソンはテクノロジー銘柄に痛めつけられ、さらにそれに移行したが、結果は損害を被ってしまった。バリュー投資家であるソロスは、テクノロジー銘柄に参入するのが遅れたうえに、長く保有しすぎた。ロバートソンはテクノロジー銘柄を避けていたため、ビジネスチャンスを逃してしまった。

しかし、テクノロジーの問題は、その銘柄をトレーディングするというだけでは片付けられない。多方面から発信される情報を利用する能力という面もある。ニューテクノロジーによって情報が広く普及するようになり、ヘッジファンド・マネジャーの強みを奪う結果となったのだ。

「古いタイプのヘッジファンド・マネジャーはニューテクノロジーを学ぼうとはしなかったため、終焉を迎えてしまったり、生き残る道が妨げられてしまったりしたのでしょう。新しいマーケットを受け入れ、情報テクノロジーに順応し、厳しいリスク・コントロールを浸透させることができる者が生き残るでしょう」と、スーパースターマネジャーの一人は指摘している。

マーケットや重要な地位に長く居すぎたこと

莫大な富を築いていたにもかかわらず、マネジャーたちの状況は、なぜ悪化してしまったのだろうか？　このことは、若いドラッケンミラーにも当てはまった。あるヘッジファンドのスーパースターは、クオンタムだけでなく自分のビジネスも行うのはドラッケンミラーにとって荷が重すぎたのではないかと推測している。ドラッケンミラーは、ソロスがテクノロジーのポジションを長くとりすぎていることにいら立ち始めていた。しかし、ソロスは厳しかった。「うまくいっているときになぜ手放すのか？　なぜそんなことを考えるのか？　その必要はない！」というやり取りがあったと想像できる。そして一九九九年初め、ドラッケンミラーはソロス・ファンド・マネジャーの座を降りる意志を示した。

二〇〇〇年、ロバートソンは六七歳、ソロスは六九歳であった。「私がいなくなっても存在するものを残したいのです」と、ソロスはウォール・ストリート・ジャーナルのインタビューに答えている。[12]マイケル・スタインハルトも同じことを言っている。「私は、偉大なマネーマネジャーとして人々の記憶に残りたいのではありません。もっと大切なことで名を残したいのです」。慈善活動や著述活動は、ソロスやスタインハルトの空虚な気持ちを埋めるものだったのだろう。

スーパースターマネジャーたちは年を取ると、より保守的になるようである。つまり、レバレッジやリスクを好まなくなる。ソロスは次のように語っている。「三〇％もいらない、一五％のリターンで十分です」。[13]また、ソロスは外部のマネジャーに相当の資産を配分することで、リスクを分散している。スタインハルトも同じ考えを持っていた。引退後はその巨額の資産を管理せず、三〇人のマネジャーに配分した。しかもそのほとんどは、ヘッジファンド・マネジャーではなく、保守的なマネジャーだった。

グローバルマクロにとって困難な環境

ロバートソンやソロスの置かれた状況から、グローバルマクロ戦略は持続的なリターンを上げることが難しくなってしまった、ということが読み取れる。

金融市場は近年大きく変動したが、ヘッジファンド・マネジャーには目立った変化はなかった。かつて、多額の資産を保有してレバレッジを多用するグローバルマクロ・マネジャーは、世界の為替、債券、株式市場において莫大でリスキーな投資を行ってきた。現在、その非効率性を見つけることは難しくなっている。

明白なマクロトレンド――一九九二年のポンド危機、一九九三年のERM（為替相場メカニズム）危機、一九九四～一九九五年のメキシコ債務危機、一九九七年のアジア通貨危機、一九九八年のロシア危機など――を見つけることはもっと難しい。規模がメリットではなく障害となっているような、流動性の低いマーケットに機会が存在する傾向がある。G10諸国（アメリカ、日本、ドイツ、イギリス、フランス、イタリア、オーストラリア、スイス、カナダ、スペイン）以外の国での流動性が低下すると、流動性プレミアムは見劣りすることになった。

グローバリゼーションは、マーケットの非効率性を急速に奪っている。ユーロを導入したことで、欧州通貨をアービトラージしていたマクロトレーダーの収益機会は縮小した。国際的なイールドカーブ・クロスカレンシーは、グローバルマクロ・マネジャーにとって中心的なトレードであった。流動性は、今後もグローバルマクロ・マネジャーたちを悩ませ続けることになるだろう。証券会社は、ヘッジファンド・マネジャーが多くのリスクを冒すことをあまり歓迎していない。そのことが流動性を阻害してきたのである。

債券と為替の機会が縮小されると、グローバルマクロ・マネジャーは株式にシフトした。インターネットが普及すると、だれでも膨大な情報を入手することができるようになるため、ヘッジファンド・マネジャーの優位性はなくなってしまう。大規模なミューチュアルファンド・マネジャーのほうが、ヘッジファンド・マネジャーよりも情報を入手しやすい場合もある。

現在、小規模で専門化したファンドが強みを持つようになってきている。例えば、一九九九年度のベストパフォーマンスには、セクターファンドなどの特定ファンドが名を連ねている。グループとして見ると七六％を占めている。テクノロジー・セクターファンドに至っては、一〇二・九％も上昇している。[14] ポジションの回転が速いため、トレーディングの機会を活用しやすい。また、特定分野のスペシャリストであることが多い。投資家（特に機関投資家やファンド・オブ・ファンズを利用している投資家）は透明性を求めている。マネジャーがどのようにポートフォリオを構築するのかを知りたいと考える。また、マネジャーのスタイルを理解したいと考える。グローバルマクロのマネジャーは、透明性に欠ける傾向があるからだ。投資家のほうとしてはリスク・マネジメントのメカニズムを理解したいのだが、グローバルマクロのマネジャーの多くはこの情報を隠そうとする。

現在の環境では、グローバルマクロ戦略はうまく機能していない。経済の不安定性（不安定な金利や為替など）がマーケットに再び影響を及ぼすと、グローバルマクロの機会も再び現れるだろう。しかし、グローバルマクロのマネジャーにとって、環境はますます厳しいものとなるだろう。

ヘッジファンド業界に与える影響

二〇〇〇年に最大のヘッジファンド・マネジャーがファンドを清算したり問題を抱えたりした一方

で、多数のヘッジファンドが設立されて健全な規模に成長している。実際のところ、これらの大規模なファンドのマネジャーが多くの問題を抱えると、辞任が相次ぐようになる。これはシステム固有のパターンであり、今後も同じことが繰り広げられるだろう。

大規模なファンドからマネジャーの離脱者が相次いでいるため、若いマネジャーたちは先輩たちから何らかのレッスンを学んでいるだろうということが期待される。新しい世代は、後継、インフラ、組織化の必要性を認識している。そのため、新しい組織のほとんどが、スターを中心とした構造ではなく、チームを中心とした構造を目指している。専門ごとにチームを編成し、シニアポートフォリオ・マネジャーはそのポジションに責任を持ち、パフォーマンスに応じて報酬が与えられるようになっている。

辞めた者たちは、巨大になりすぎたために攻撃された先人たちの姿を見てきた。そのため、規模が小さく専門化されたマルチファンドが多くを占めるようになっている。

ミューチュアルファンドの世界でも、同じようなことが起こっている。多くのミューチュアルファンドが、チームを編成する方式を採用している。モーニングスターのCEO（最高経営責任者）だったドン・フィリップスは、ミューチュアルファンドも専門化へ向かっていると述べている。「マネジャーにとって、長期的思考から短期的思考にギアを入れ替えることは大変なことです」。そして、この数年間にミューチュアルファンドがどのようにして特化する方向に向かうようになったかを説明している。すべての人を対象とするのではなく、グロース（成長）とバリュー（割安）をうまくまとめようとしている。二人のマネジャーが一つのファンドを扱っているが、それぞれがスペシャリストなのである。

大規模なマクロトレーダーがファンドを清算したり規模を縮小したことは、マクロ経済のトレンドに大きなポジションをとる時代が一時的に終わったことを意味している。そして、大規模なヘッジファンドが閉鎖されると、さらに機会が広がることになる。

テクノロジーへのポートフォリオ配分、数量化スキル、ならびに情報テクノロジーは、ヘッジファンド・マネジャーが銘柄を選択したり情報を活用したりするうえで、ますます重要なものとなるだろう。

チャレンジ

現在、ヘッジファンド業界ではいくつかの難題を抱えている。まず、継承を確立したヘッジファンド・マネジメント会社は一社しかないという問題がある。唯一、カンバーランド・アソシエーツが三代続いている。スーパースターマネジャーたちが次の世代にも継承できるかどうかは、先になってみないと分からない。スペシャリストのチームを編成し、その会社のカルチャーを浸透させ、キャリア開発を重視するように、多くのマネジャーがこれら課題に取り組んできた。六〇数人のヘッジファンド・マネジャーが、投資のキャリアを積んでからヘッジファンドを立ち上げているが、ビジネスを計画するときに、後継や撤退の重要性については考えていなかった。

二つ目の問題は、マーケットの状況がさらに難しいものになっても生き残る能力があるかどうかということである。本書で取り上げているようなエリート集団だけでなく、ヘッジファンド業界全体を見回してみると、若いマネジャーは、経験したマーケットサイクルの種類が少なく、どちらかと言えば良好なマーケットに直面してきている。評価方法によって異なるが、強気相場は五、一八、二六年のいずれかのサイクルで訪れている。一九九〇年代の強気相場ではヘッジのためのショートが負担となった。

三つ目の問題は、ファンドが限界に達した時期をマネジャーが認識するということである。一定の資産規模に達すると、パフォーマンスは低下し始める。ファンドが大きくなると、自分のコアコンピテンシー以外の分野にも手を広げたいという衝動に駆られてしまう。ファンドの資産が増大すると、誤ったトレードから抜け出すことが難しくなってしまう。さらに、トレードや意思決定も散漫になってしまう。

二〇〇〇年は移行の時期であった。マーケットはだましの多い、予測不可能な状況になっている。つまり、経験の浅いヘッジファンド・マネジャーにとっては困難な状況と言えよう。したがって、売り持ち――若いマネジャーにはその経験がないかもしれない――の重要性が高まる。さらに、さまざまなマーケットセクターが現れて株式市場はますます複雑になり、ヘッジすることが困難になることが考えられる。

現在、新たに登場したマネジャーや若いマネジャーたちは、優れたリターンを実現することではなく、インセンティブ・フィーを得ることと、相当量の運用資産を有することにモチベーションを見いだしていると思われる。このような態度は長期的に考えるとマイナスに働く。厳しいマーケット状況が続けば、何らかの業界再編が起こる可能性は高い。

第3章

ヘッジファンド業界の概要

Overview Of The Hedge Fund Industry

前章では、二〇〇〇年前半にジョージ・ソロスとジュリアン・ロバートソンの周辺で起こった出来事について説明したが、この章では、さまざまなヘッジファンドとヘッジファンド業界の概要について考える。ヘッジファンド・マネジャーの特徴、ヘッジファンドの成長の原動力、さまざまなトレーディング戦略、最近の業界に対する悪評、そして規制案について説明する。

誤った呼び名

「ヘッジファンド」というのは誤った呼称である。ヘッジファンドのマネジャーとは何か？　ヘッジファンドに共通の特性とは何か？　一九四九年にアルフレッド・ウィンズロー・ジョーンズがヘッジファンドを始めたころは、株式のポジションをヘッジすることを目的としていた。現在はさまざまなスタイルが見られ、大きなリスクを冒すマネジャーも存在する。ヘッジの程度もさまざまであり、まったくヘッジをしないこともある。

ヘッジファンドという言葉が誤称であることを分かっているのに、便宜上、それを使用しているマネジャーは多い。このほかに、エッジファンド、絶対リターンファンド、ハイブリッド商品、オルタナティブ証券、プライベート投資パートナーシップなどの名称も使われている。

名称が何であれ、その目的は絶対リターンを確保すること、つまり、どのようなマーケット状態でも優れたパフォーマンスを実現することである。ヘッジファンド・マネジャーはベンチマークと比較することを好まない。ベンチマークはあくまでも相対的なパフォーマンスだからである。ベンチマークを使用するのは、何らかのベンチマークを求める投資家をなだめるときぐらいだろう。下落リスクに対応するということも、ほかのタイプのマネジャーと違う点である。

現在、四五〇〇〜六五〇〇のヘッジファンドが存在し、合計で三五〇〇億ドルから四五〇〇億ドルの資産を扱っている。ヘッジファンド業界の資産は集中度が高い。平均規模は約一億三〇〇〇万ドルであるが、一〇億ドル以上の資産を保有しているヘッジファンド・マネジャーは約五五である（表3・1参照）。これに対し、一〇〇〇万ドル以下のマネジャーは約二〇〇〇である。

これらの数字は正確とは言いがたい。というのも、ヘッジファンドには法的な定義がないからである。ヘッジファンド業界の規模については共通の合意はなく、一般的に、力強い成長を示しているかどうかという点で評価される。狭義の解釈に基づくと、以下の見積もりから、ヘッジファンドは一九九〇年代を通して力強い成長を示していることが分かる。[1]

一九九六年　一〇〇〇億ドル
一九九七年　一四五〇億ドル
一九九八年　一七五〇億ドル
一九九九年　二〇五〇億ドル

表3.1　運用資産が10億ドル超のヘッジファンド・マネジャー（2000年12月現在）

ファンド名	資産推定（10億ドル）
ピーコット・キャピタル	13.0
ムーア・キャピタル・マネジメント	8.0
マベリック・キャピタル	6.0
ソロス・ファンド・マネジメント	5.6
シタデル・インベストメント・グループ	5.0
ガリオン・グループ	5.0
ツバイクーディメンナ・アソシエーツ	5.0
キャクストン・コーポレーション	4.5
キングドン・キャピタル・マネジメント	4.4
バイニック・アセット・マネジメント(引退を表明)	4.2
レッドウッド・グループ	3.5
オクージフ・キャピタル・マネジメント	3.5
マーシャル・ワース・アセット・マネジメント	3.1
ドゥーケン・アセット・マネジメント	3.0
ＧＬＧ	2.5
ペリー・コーポレーション	2.5
オメガ・アドバイザーズ	2.4
キャンベル＆カンパニー	2.2
タイガー・マネジメント(引退を表明)	2.0
ＳＡＣキャピタル・マネジメント	2.0
エリオット・アソシエーツ	1.9
スペクトラム・アセット・マネジメント	1.9
カールソン・キャピタル	1.8
オービス・インベストメント・マネジメント	1.7
スターク・インベストメンツ	1.7
パロマ・パートナーズ	1.6
ワイス・ペック・グリーア・ファーバー	1.6
アパルーサ・マネジメント	1.6
エベレスト・キャピタル	1.5
ジェム・キャピタル・マネジメント	1.5
アンターマン	1.5
スローン・ロビンソン・インベストメント・マネジメント	1.4
ハイブリッジ・キャピタル・マネジメント	1.4
クリントン・グループ	1.4
ファースト・クワドラント	1.4
アライアンス・キャピタル	1.3
ザ・サイプレス・ファンズ	1.3
エセックス・インベストメント・マネジメント	1.3
エリントン・キャピタル・マネジメント	1.3
ＣＤＣインベストメンツ	1.2
ジョン・Ｗ・ヘンリー＆カンパニー	1.2
ＦＬＡ（フォーストマン・レフ・アソシエーツ）	1.2
クワンティテーティブ・フィナンシャル・ストラテジーズ	1.2
Ⅲアソシエーツ	1.2
アーンホールド＆Ｓ・ブレイシュローダー	1.1
ヴォルテール・アセット・マネジメント	1.1
ダン・キャピタル	1.1
ＩＮＶＥＳＣＯ	1.1
ビル・コリンズ	1.1
ハルシオン／スリフカ	1.0
マーク・アセット・マネジメント	1.0
ロッツオフ・キャピタル・マネジメント	1.0
エジャトン	1.0

注＝すべてのマネジャーがファンドの資産を公表しているわけではない。よって、この表は、推定も含めてさまざまな資料に基づいて作成したものである

ヘッジファンドについて法的定義がないことから、さまざまな定義が存在している。例えば、商品ファンドや為替取引や新興市場などを含める人もいる。また、レバレッジを多用するロングオンリーのファンドも含める人もいる。

オルタナティブ投資の分野では、ハイブリッド商品が増大してきている。ヘッジファンド・マネジャーのなかには、長期ロックアップといったプライベートエクイティの特徴を組み入れている人もいる。一方で、ヘッジファンドの特徴を組み入れているプライベートエクイティのマネジャーもいる。

さらに、ヘッジファンドには情報開示義務がない。ＳＥＣ（証券取引委員会）に行ってもアメリカで登録されているヘッジファンドの数を知ることはできない。ただし、一つでも先物を取引していたら、そのヘッジファンドはＣＦＴＣ（商品先物取引委員会）に登録しなければならない。

モチベーションとなるインセンティブ・フィー

インセンティブ・フィー（成功報酬）の構造は、重要なカギを握っている。マネジャーは、運用資産の一定割合ではなくパフォーマンスに応じて報酬を得る。ミューチュアルファンドでは〇・五％のマネジメント・フィー（運用報酬）だけでインセンティブ・フィーを受け取ることはできないが、ヘッジファンドでは一％のマネジメント・フィーと二〇％のインセンティブ・フィーを受け取ることができるため、優秀なマネジャーがヘッジファンドに集まるのだ。具体的に説明すると、最初の持ち分として一億ドルを運用しているマネジャーがいるとする。ヘッジファンド・マネジャーは、パフォーマンスに関係なく毎年一億ドルの一％、つまり一〇〇万ドルを得ることができる。これは固定である。一方、ミューチュアルファンド・マネジャーは、五〇万ドルのマネジメント・フィー（ヘッジファンドの半分）しか得ることができない。さらに、双方のマネジャーともその年に二〇％のプラスを出したとする。ミューチュアルファンド・マネジャーにはボーナスがない。しかし、ヘッジファンド・マネジャーは、二〇％のインセンティブ・フィー、つまり四〇〇万ドルを受け取り、総額で五〇〇万ドルの報酬を手にしたことになる。

ヘッジファンド・マネジャーに有利な要素はほかにもある。自分の純資産の大部分をファンドに預け、投資家の資産と一緒に管理することができる。ほかのタイプのマネジャーではこのようなことはできない。したがって、ファンドが好調であれば個人的にも裕福になるということだ。

ヘッジファンド・マネジャーに共通の特徴（すべてに当てはまるというわけではない）としては、レバレッジを利用すること、そして複数のアセットクラスを取引することも挙げられる。ロックアップ期間（その間は、投資家は資金を引き出すことができない）やハイウオーターマーク（マネジャーは前の損失を埋め合わせるまではインセンティブ・フィーを得ることができない）が定められていることが多い。ヘッジファンドの最低投資額はさまざまであるが、五〇万ドルから一〇〇万ドルが一般的である。

インセンティブ・フィーの存在は、ほかのファンド・マネジャーがヘッジファンドの世界に参入する動機となっている。ミューチュアルファンド・マネジャー以外にも、エコノミストやディーラーがヘッジファンド分野に足を踏み入れている。ゴールドマン・サックスや大和証券やスイス銀行も、自社ファンドを運用し、バンカーズ・トラストやＤＬＪでは、ファンド・オブ・ファンズのアプローチをとっている。

フィデリティでは、多数のミューチュアルファンド・マネジャーがヘッジファンドの世界へ逃げてしまった。ジェフリー・バイニック、メアリー・イングリッシュ、マイケル・ゴードン、マーク・コーフマン、アンドルー・カプラン、マット・グレックなどもそうである。エリン・サリバンは、資産一七〇億ドルのフィデリティ・アグレッシブ・グロース・ファンドを運用し、一九九九年には一〇三％のリターンを上げていたが、二〇〇〇年の初めにスフェリック・キャピタルというヘッジファンドを設立した。

成功した例といえば、ジェフリー・バイニックが挙げられるだろう。フィデリティのマゼラン・ファンドを運用していたが、一九九六年にバイニック・アセット・マネジメントを設立し、すぐに一〇億ドルを調達した。しかし、二〇〇〇年一〇月二六日になって、四二億ドルの資産を年末までに投資家に返還することを発表した。その理由は、ジェフリーと二人のプリンシパル（役員）――マイケル・ゴードンとマーク・ホステッター――が個人の利益を追求したいというものだった。五年間のパフォーマンスは、以下のとおり素晴らしいものであった。

一九九六年　一三％
一九九七年　九五％
一九九八年　三六％
一九九九年　二九％
二〇〇〇年（一〇月まで）　五七％

ミューチュアルファンド・マネジャーにも利点はある。巨額な資産の運用経験がある、銘柄選択能力がある、ウォール街との関係が深いので新規株式公募へ参加できる、巨大な資産がパフォーマンスに影響を与えることを認識しているので進んで資産に上限を設ける――などである。

バイニックは成功したが、すべてのミューチュアルファンド・マネジャーがこのようにうまくいったり、ヘッジファンド業界に残ることができたわけではない。

かつてミューチュアルファンド・マネジャーだった人たちは、ショートの経験がない、レバレッジにも慣れていない、デリバティブの経験がない、大企業の資本力がないとうまくいかなくなる、といった問題に直面するだろう。決定的な問題としては、「S&Pを上回る（ミューチュアルファンド）」という考え方と、「絶対リターンを追及する（ヘッジファンド）」という考え方の違いに戸惑ってしまう。

一方、投資銀行のディーラーからヘッジファンド・マネジャーに転身する人も多い。ゴールドマン

・サックスを辞めた組には、ロバート・アルバートソン、クリフ・アスネス、アンドルー・ボザート、レオン・クーパーマン、ロデリック・ジャック、マーセル・ジョンセン、ケント・マッカーシー、ダン・オク、エリンチ・オザダ、アンソニー・スカラムーチ、デビッド・テッパーがいる。モルガン・スタンレーの出身者には、フィリップ・バーク、リチャード・クーンズ、ピーター・オグデンがいる。ソロモン・ブラザーズの出身者には、ジョン・メリウェザー（LTCM社の創設者）、マイケル・バルボア、ティム・アーウィン、アリスター・カー、プラビーン・メヘロートラー、ニコラス・ステファノ、ピーター・トーマス、アルフレッド・ビエガス、ムスタファ・ジダがいる。最近の例としては、フリートボストン・フィナンシャル・コーポレーションの最高投資責任者であったトム・オニールは、三億五〇〇〇万ドルのヘッジファンド、ナビゲーターに全力を注ぐことを決めた（表3・2参照）。

エコノミストでは、ソロモン・ブラザーズのチーフ・エコノミストであったヘンリー・コーフマンが、チェース銀行のエコノミスト（その前はケミカル・バンクのエコノミスト）であったチャック・レーバーマンと一緒に、一九九六年にヘッジファンド（ストラテジック・インベストメント・マネジメント）を設立している。しかし、一九九八年に運用停止に追い込まれてしまった。

機関投資家は、社内で最高のトレーダーを引きとめること、マーケットの低迷をうまく利用すること、そしてヘッジファンドについて考えていない客にも商品を提供することを目的として、社内ヘッジファンドに着手している。アライアンス・キャピタル、バンク・オブ・アメリカ、バンカーズ・トラスト、シティバンク、ステート・ストリート・グローバル・アドバイザーズ、モントゴメリー・アセット・マネジメント、サンフォード・バーンスタイン、ウェリントン・キャピタル・マネジメント、そして最近ではドリーハウス・キャピタル・マネジメントなどが、社内ヘッジファンドを始めている。その他に、学校法人のトレーダーがヘッジファンド・マネジャーになった、という面白いケースもある。ハーバード・マネジメント・カンパニーのジョナサン・ジェイコブズは、一九九八年にヘッジファンド（ハイフィールド・キャピタル）を設立した。そのとき、ハーバードから五億ドルの資産配分を受けている。

一九九〇年代半ばから後半にかけての強気相場、そして二〇〇〇年の変動的な相場の時期に、ヘッジファンドは急激に増えている（良いファンドもあれば、そうでないものもある）。その主な要因はインセンティブ・フィーである。その他の要因については、次の項目で説明する。

強い成長への原動力（一九九四〜二〇〇〇年）

グローバルマクロ・マネジャーの神秘性と成功によって、この時期はヘッジファンドが大きく成長した。ジュリアン・ロバートソンやジョージ・ソロスのような人物がつまずいたときでさえ、キーパーソンは辞めて、自分でヘッジファンドを立ち上げるという勢いがあった。従来型の投資と相関性がないこと、従来型の投資から分散化したこと、短期と長期のパフォーマンスに魅力があること、グローバルマーケットが拡大していること、情報をタイムリーに入手できることなどはすべて、ヘッジフ

表3.2　ミューチュアル・ファンドや投資銀行から独立したマネジャー

マネジャー	辞めた会社	設立した会社	時期
ミューチュアルファンド			
パトリック・アダムス	バーガー・ファンズ	チョイス・キャピタル・マネジメント	2000
クリス・ボイド＊	グロース・インベスターズ・ファンド・アット・アメリカ・センチュリー	リーウッド・キャピタル・マネジメント	1997
ジョン・ブレナン	ＭＦＳインベストメント・マネジメント	シリウス・キャピタル・マネジメント	1999
デビッド・エリソン	フィデリティ	フリードマン・ビリングス・ラムジー	1996
メアリー・イングリッシュ	フィデリティ	サード・ミレニアム・ベンチャーズ	1997
ジェフ・ファインバーグ	フィデリティ	ＪＬＦインベストメンツ	-
クリス・フェリペ	ＭＦＳインベストメント・マネジメント	シリウス・キャピタル・マネジメント	1999
デレク・フェルスケ＊	トゥエンティース・センチュリー	リーウッド・キャピタル・マネジメント	1997
マイケル・ゴードン	フィデリティ	バイニック・アセット・マネジメント	1996
マシュー・グレック	フィデリティ	トーマス・ワイセル	2000
アンドルー・カプラン	フィデリティ	ピーコット・キャピタル	2000
デビッド・マーカス	フランクリン	マークストン・キャピタル・グループ	2000
トム・オニール	フリート・ボストン	ナビゲーター	2000
ブライアン・ポスナー	ウォーバーグ・ピンカス	ハイグローブ・パートナーズ	2000
ケビン・リチャードソン	フィデリティ	チューダー・インベストメント・コーポレーション	1997
エリン・サリバン	フィデリティ	スフェリック・キャピタル	2000
ジェフリー・バイニック	フィデリティ	バイニック・アセット・マネジメント	1996
投資銀行			
ロバート・アルバートソン	ゴールドマン・サックス	パイロット・フィナンシャル	1999

マネジャー	辞めた会社	設立した会社	時期
ブライアン・アシュフォード・ラッセル	ヘンダーソン・インベスターズ	(名称未定)	2000
クリフ・アスネス	ゴールドマン・サックス	AQRキャピタル・マネジメント	1998
ミルトン・オルト	プルーデンシャル証券	オルト・グレーザー&カンパニー	1998
スティーブン・バコブルジェフ	INVESCO	リアルト・キャピタル・マネジメント	1995
マイケル・バルボア	ソロモン・ブラザーズ	VZBパートナーズ	1995
アレックス・バルフォア	INGベアリングス	フーリンカザン・ファンド	1998
ピーター・バーナード	JPモルガン	IFM	1994
アンドルー・ボザード	ゴールドマン・サックス	オスカー・キャピタル・マネジメント	1996
フィリップ・バーク	モルガン・スタンレー	アパッチ・キャピタル・マネジメント	-
ポール・チェーン	リーマン・ブラザーズ	ローン・ボルフ・アセット・マネジメント	1997
ジャック・チェン	J&Wセリグマン	(名称未定)	2000
スティーブン・コーヘン	グルンタル	SACキャピタル・マネジメント	1992
リチャード・クーンズ	モルガン・スタンレー	スカンダ・ファンド	1998
レオン・クーパーマン	ゴールドマン・サックス	オメガ・アドバイザーズ	1992
ロバート・コットン	クレディ・スイス・ファースト・ボストン	サス&コットン	1994
マリオ・コボ	メリル・リンチ	コロンブス・アドバイザーズ	1995
トーマス・クツィトロン	ロイヤル・バンク・インベストメント・マネジメント	ブラックベリー・キャピタル・マネジメント	2000
ジョー・ダニエル	ドレスナー銀行	クリティカル・インフラストラクチャー・ファンド	1998
クリス・イングリッシュ	メリル・リンチ	IFM	1994
クレア・フリン	ドイチェ・アセット・マネジメント	(名称未定)	2000
ポール・フレイカー	ブラウン・ブラザーズ・ハリマン	(名称未定)	2000
ジェレミー・フロマー	バンカーズ・トラスト	ガード・ヒル・キャピタル	1995

マネジャー	辞めた会社	設立した会社	時期
スティーブン・ゴードン	サンドラー・オニール&パートナーズ	ジェネシス・フィナンシャル・パートナーズ	1995
レイモンド・グワン	JPモルガン	レラティブ・バリュー・アセット・マネジメント	1998
ジェレミー・ハーマン	JPモルガン	フェロックス・キャピタル・マネジメント	2000
ロバート・ハッチンソン	シュローダー・インベストメント・マネジメント	ハッチンソン・ベッチーニ・アセット・マネジメント	2000
ティム・アーウィン	ソロモン・ブラザーズ・バーニー	アーウィン・マネジメント	1999
ロデリック・ジャック	ゴールドマン・サックス	アデルフィ・キャピタル	1997
マーセル・ジョンセン	ゴールドマン・サックス	アデルフィ・キャピタル	1997
スコット・ケラー	バンカーズ・トラスト	ガード・ヒル・キャピタル	1995
アリスター・カー	ソロモン・ブラザーズ	ビーバー・クリーク	1998
エミリオ・ラマー	メリル・リンチ	コロンブス・アドバイザーズ	1995
ディーン・マチャド	バンカーズ・トラスト	ガード・ヒル・キャピタル	1995
ケント・マッカーシー	ゴールドマン・サックス	KCMキャピタル	1995
コンスタンティン・メギリス	JPモルガン	レラティブバリュー・アセット・マネジメント	1998
プラビーン・メヘロートラー	ソロモン・ブラザーズ	クレスト・キャピタル・マネジメント	1995
ジョン・メリーウェザー	ソロモン・ブラザーズ	LTCM／JWM	1993
デーモン・メッツァカッパ	ラザール・フレアズ	メッツァカッパ・ベーレンス	1999
スティーブ・モブス	ドイチェ・モルガン・グレンフェル	メディチ・キャピタル	1997
ダニエル・オク	ゴールドマン・サックス	オクージフ・キャピタル・マネジメント	1994
ピーター・オグデン	モルガン・スタンレー	MCオーガニゼーション	-
エンリッチ・オザダ	ゴールドマン・サックス	ファロス・ファンド	1996

マネジャー	辞めた会社	設立した会社	時期
ローレンス・ペン	リーマン・ブラザーズ	エリントン・キャピタル・マネジメント	1995
ビンセント・ロッシ	ファースト・ボストン	ターンベリー・キャピタル	1996
ハンス・ヨルク・ルドルフ	クレディスイス・ファースト・ボストン	MCオーガニゼーション	-
トーマス・サンデル	ベアー・ステアンズ	サンデル・アセット・マネジメント	1997
アンソニー・スカラムッチ	ゴールドマン・サックス	オスカー・キャピタル・マネジメント	1996
ニール・サス	クレディスイス・ファースト・ボストン	サス&コットン	1994
ニコラス・ステファノ	ソロモン・ブラザーズ	ビーバー・クリーク	1998
ジョー・スウィーニー	ソロモン・ブラザーズ	カスケード・パートナーズ	1995
デビッド・テッパー	ゴールドマン・サックス	アパルーサ・マネジメント	1993
ピーター・トーマス	ソロモン・ブラザーズ	クレスト・キャピタル・マネジメント	1995
ガブリエル・トルキンスキー	メリル・リンチ	コロンブス・アドバイザーズ	1995
グレッグ・バン・キプニス＊	ジェフェリーズ&Co	インビクタス・パートナーズ	1998
バンニ・ベッチーニ	シュローダー・インベストメント・マネジメント	ハッチンソン・ベッチーニ・アセット・マネジメント	2000
アルフレッド・ビエガス	ソロモン・ブラザーズ	VZBパートナーズ	1995
マイケル・ビラノス	キダー・ピーボディー	エリントン・キャピタル・マネジメント	1995
マーク・ウォルドロン	JPモルガン	エマージェント・キャピタル・インベストメント・マネジメント	1998
マーチン・ウッドコック	スミス・バーニー	ミルブルック・キャピタル	1997
ティム・ウリー	ヘンダーソン・インベスターズ	(名称未定)	2000
ダニエル・ユン	リーマン・ブラザーズ	エマージェント・キャピタル・インベストメント・マネジメント	1998
ムスタファ・ジダ	ソロモン・ブラザーズ	VZBパートナーズ	1995

＊現在は取引をしていない

アンド業界が急速に成長した要因である。

プラスの面を見ると、ヘッジファンドには神秘性があった。というのも、ジョージ・ソロス、ジュリアン・ロバートソン、マイケル・スタインハルトといったグローバルマクロ・マネジャーたちが、長年にわたって素晴らしいトラックレコードを収めていたからである。このような人物のパフォーマンスをきっかけに、ヘッジファンド業界に対する注目が高まってきた。そしてその活動を見て、さまざまな道を歩んできたトップ・マネジャーたちも刺激を受けた。トップの座にいたグローバルマクロ・マネジャーのパフォーマンスが衰え始めると、キーパーソンたちはそこを辞めて独自のヘッジファンドを立ち上げた。

一九九五年の終わりにマイケル・スタインハルトが引退すると、彼の下で働いていた多くのスタッフが辞め、自分で会社を設立した。チャック・デビッドソンはウエックスフォード・キャピタルを設立した。スタインハルトのヘッドトレーダーを一七年間務めていたジョン・ラタンツィオも、自分で会社を興した。アーネスト・ワーリンはハイビュー・キャピタルを、ジョン・グッドマンはコンセントリック・キャピタルをそれぞれ設立した（表２・１参照）。

一九九四年は短期金利が低かったため、ヘッジファンドは急成長した。これを機に投資家はハイリスクハイリターンを求めるようになった。借入金のコストが低いため、レバレッジを利用して収益を増大させることができたからだ。参入の障壁が低いことも、アントレプレナーたちを魅了した。

ヘッジファンドの活動の拠点はアメリカ（特にニューヨーク）であったが、ほかの地域にも広がっていった。急増したヘッジファンド・マネジャーたちは、サンフランシスコ、シカゴ、アトランタ、ボストンなどに住んでいた。

欧州では、一九九七年に多くのヘッジファンド・マネジャーが姿を現し始めた。その多くは、ロングオンリーの銀行のトレーダーやファンド・マネジャー出身者であった。欧州で銀行の統廃合があったこと、内国歳入業務規則（税法）が緩和されたこと、ロンドンにアメリカのヘッジファンドが登場したこと、洗練された欧州の投資家が地元で運用されるオルタナティブ投資を求めたことなど、いくつもの要因があった。[2]その他に、ユーロの誕生、統合、合併や買収の活発化、垣根の低下、アントレプレナー精神の増大、税制改革、規制緩和、グローバリゼーション、ニューテクノロジーによる生産性の向上、欧州株式市場の魅力などの要因も考えられる。[3]

現在、欧州には約三〇〇人のマネジャーが存在し、約五〇〇億ドルの資産を扱っている。その多くは、欧州マーケットに重点を置いたロング／ショートエクイティのマネジャーである。なかにはリスク・アービトラージのマネジャーもいて、レバレッジを多用せずに地域に根付いた専門知識を生かしている。投資家は、マネジャーが初期のころに好業績を収めるものと考えている。そして、そのようなマネジャーはアメリカのマネジャーとは異なる見解で異なる取引をする傾向があるため、新興の欧州マネジャーに対する投資家の関心は高い。欧州のマネジャーは、典型的な米投資家のポートフォリオに分散化をもたらしている。

一般的に、欧州のマネジャーは資産をすぐに増大させた。ＧＬＧ、マーシャル・ワース、エジアトンなどは、現在、一〇億ドルを超える資産を有している。さらに、欧州のヘッジファンド・マネジャーは資金を素早く調達していて、新規投資を受け付けていないことが多い。二〇〇〇年だけでも、シャルルマーニュ、ランズダウン・ヨーロピアン・エクイティ・ファンド、クロス・アセット・マネジメントが新規投資を受け付けていない。

デクシア・アセット・マネジメント、CPR（カンパニ・パリジェンヌ・デ・エスカンテ）、SEB　SA、CSFB（クレディ・スイス・ファースト・ボストン）など、欧州の多数の銀行がヘッジファンドを設立している。欧州の資産運用会社も同様であり、HSBC（香港上海銀行）、ヘンダーソン・インベストメンツ、ガートモア・インベストメント・マネジメント、ジュピター・シュレーダー、マーキュリー・アセット・マネジメントなどが設立されている。

目的

ヘッジファンドは、株式や債券といった従来型の投資とも相関性がない。株価が下がった場合、ヘッジファンドは上昇することもあれば下がることもある。また、変わらないこともある。そこには逆相関関係もなく、株式市場が低迷するとヘッジファンドが上昇するというわけでもない。

投資家のポートフォリオの五～一〇％をヘッジファンドで運用すると、投資家はポートフォリオを分散化することができる。これは、株式相場と債券相場が好調でない、横ばい、あるいはちゃぶついているときには特に有効である。

ヘッジファンド・マネジャーの目的は、いかなるマーケット状況でも優れたリターンを実現することである。ヘッジファンドは、強気相場で株式市場を上回ることを目指しているのではない。むしろ、横ばい、マイナス、あるいはちゃぶついたマーケットでその強みを発揮する。これまでの一〇年間、アメリカは強気相場であった。一般的に、ほとんどのヘッジファンドが株式相場に数%の後れをとっていた。というのも、下落リスクから守るために、オプションや先物でヘッジしているからである。これは保険の費用に似ていて、強気相場でも支払わなければならない。

しかし、二〇〇〇年のようにマーケットが低迷したり株式市場がちゃぶついたときこそ、真のヘッジファンドにとって最高の環境であると言える。

一九九〇年代の強気相場では、パフォーマンスゲームに取り残されたくないと考えるヘッジファンド・マネジャーは、ヘッジをはずして株式市場のリスクにさらされてしまうだろうと考えられていた。株価が低下している時期にマネジャーのパフォーマンスを見て、このことが真実かどうかを調べることができた。

例えば、一九九九年二月にS&Pが三・一%下げたとき、ヘッジファンドの七八%がS&Pを上回り、四四%がプラスの結果を残していた。[4]

二〇〇〇年四月にS&Pが三%下落したときにも、ヘッジファンドの三分の二がS&Pを上回り、四一%がプラスであった。[5]

二〇〇〇年一一月にＳ＆Ｐが七・九％下落したときにも、ヘッジファンドの八〇％がＳ＆Ｐを上回った。[6]

一九九八年八月にＳ＆Ｐが一四・五％下落したときには、ヘッジファンドの七五％がＳ＆Ｐを上回り、二三％がプラスであった。このときは多くの投資家が、なぜヘッジファンドのパフォーマンスがもっと目立たないのかと疑問を投げかけている。[7]

これらのことを調べるとき、タイムフレームについても考慮しなければならない。一九九八年八月や二〇〇〇年四月というように、一カ月単位であれば株式相場や債券相場と相関関係のないポートフォリオを構築することもできるが、ほとんどのポートフォリオは最低でも三年間の分散投資を目指している。言い換えると、ある月を調査しただけでは、実際に相関関係が存在しないと判断することはできない。

パフォーマンス

短期でも長期でも、ほとんどの戦略でパフォーマンスは良好であった。一九九四～一九九九年について見ると、ほとんどのヘッジファンド戦略が、六年のうち四年は二桁のリターンを上げていた。イベント・ドリブン、マーケットニュートラル、グローバルマクロ、グローバル・エスタブリッシュド、そしてファンド・オブ・ファンズなどの戦略があった。なかでも、グローバル・エスタブリッシュドのリターンは二〇～三〇%もあった。

短期で見ると、二〇〇〇年も優れた年であった。[8] ショート・セラーズ、マーケットニュートラル、イベント・ドリブン、ファンド・オブ・ファンズは、いずれも一〇～一八%のリターンであり、下がったものは一つもなかった。

A・W・ジョーンズのスタイルからほかのスタイルへ

社会学者であり、元フォーチュン誌のジャーナリストであったアルフレッド・ウィンズロー・ジョーンズは、一九四九年に初めてヘッジファンド（A・W・ジョーンズ&カンパニー）に着手した人物である。彼は、ショートポジションとロングポジションをとってヘッジする、というアイデアを思いついた。マーケットが低迷するとショートがマーケットを下回り、株価が上がるとロングがマーケットを上回るのを見て、この考えが正しいことを認識した。ジョーンズの目的は、株価の低迷時に強くなると見込まれる株をロング（買い）して、弱くなると見込まれる株をショート（空売り）することで、マーケットリスクを抑えることであった。マーケットリスクは避けられたが、ファンドとマネジャーの運命は銘柄の選別に大きく左右された。

ジョーンズは、レバレッジと空売りを組み合わせてマーケットの下落をヘッジした。そのファンドは、マーケットタイミングや非効率性ではなく、ロングとショートの銘柄選択で運用されていた。債券、商品、為替、デリバティブには投資しなかった。マーケットの強さを予測して、ポートフォリオのネットエクスポージャーを増大させたり減少させたりした。

一〇〇〇ドルの資本があるとすると、レバレッジを利用して一一〇〇ドルで株式を買い、四〇〇ドルで空売りする。この場合、純投資額は一五〇〇ドル（一一〇〇ドル＋四〇〇ドル）、つまり資本の一五〇％となる。ネットエクスポージャーは七〇〇ドル（一一〇〇ドル－四〇〇ドル）であり、このポートフォリオは七〇％のネットロングとなる。[9]

ジョーンズが一九六〇年代の強気相場で成功を収めたことで、ほかにもヘッジファンドを始める人が出てきた。この時期には、小規模なヘッジファンドのグループが、A・W・ジョーンズのモデルにならってロングとショートのポジションをとっていた。しかし一九七三～一九七四年の弱気相場で、多くのヘッジファンドが運用を停止してしまった。その後、一九八九年後半から一九九〇年代前半は、ヘッジファンドのコンセプトが再び人気を集めた。ヘッジファンドは、さまざまなリターン／リスクの特徴を持つ戦略も含むようになった。

現在、A・W・ジョーンズのモデルに従っているヘッジファンドはほとんど見られない。それとは異なる戦略が展開されていて、そのタイプは一様ではない。それぞれが異なるリターン／リスクを目的としているため、パフォーマンスのパターンも異なる。ここで、いくつかのスタイルをピックアップして説明しよう。

「イベント・ドリブン」型のファンドでは、「イベント」がキーワードとなる。イベントは特殊な状況で生じたり、価格変動を利用する機会を創造したりする。これは次の四つのカテゴリーに分けられる。

一．「リスク・アービトラージ」は、被買収企業の株式を買って買収企業の株式を売るときに発生する。タイム・ワーナーを買い持ちしてアメリカ・オンライン（ＡＯＬ）を売り持ちする、というポジションがこれに当てはまる。主なリスクは取引リスク（つまり、取引が先送りされた場合）である。スターク・インベストメンツとオクージフは、リスク・アービトラージを中心に運用されている。

二．「ディストレス（破産証券）」戦略は、破綻、再編、リストラ企業の株式に集中するものである。エリオット・アソシエーツやシタデルのポートフォリオの大半がこの戦略で占められている。

三．「レギュレーションＤ」は、私募市場で資金を調達している小型株や超小型株の上場企業へ投資するものである。

四．「ハイイールド」（「ジャンクボンド」とも呼ばれる）とは、値上がりの余地がある企業の低格付け確定利付き証券のことである。デビッド・テッパーのアパルーサ・マネジメントは、ハイイールドがメインである。

「債券」戦略は、金利と期日が固定されている国債と社債、ならびにそのデリバティブに基づいている。ショートとロングのアービトラージもこれに当てはまる。

「ファンド・オブ・ファンズ」は、分散化を目的として複数のファンドに資産を配分する戦略である。投資家は、各マネジャーに直接配分した場合よりも低い最低投資金額で複数のマネジャーに配分できる。投資家は、基本となるファンドについて最高手数料の一～三％の手数料を支払う。

「グローバルエマージング」ファンドは、ロシア、中国、インド、南米などの新興市場に投資するファンドである。通常は、株式や債券のいずれかを中心としている。空売りを認めていなかったり、先物やデリバティブでヘッジできない新興市場が多いため、ロングオンリーの戦略をとっていることが多い。一九九八年のロシア危機の影響で最悪のパフォーマンスを記録したが、一九九九年には最高のパフォーマンスを記録した。

「グローバル・エスタブリッシュド」ファンドは、日本、アメリカ、欧州といった確立されたマーケットに投資することを対象としている。マベリック・キャピタルなどがこれに当てはまる。

「グローバルマクロ」のマネジャーは、株式、債券、為替などの商品を利用して世界中で臨機応変に取引をしている。そのポジションは、マーケットの方向性に対するマネジャーの考え方を反映している。ジュリアン・ロバートソンのタイガー・マネジメントやジョージ・ソロスのクオンタム・ファンドなどがこの戦略である。

「ロング／ショート・エクイティ」はジョーンズのモデルと言うことができる。マーケットニュートラルを目的としているのではなく、むしろ方向性を持った投資をすることを目的としている。マネジャーはバリュー（割安）からグロース（成長）へ、小型株から中型・大型株へ、ネットロングからネットショートのポジションへとシフトする。

「商品ファンド」のマネジャーは、金融市場、商品市場、為替市場に投資する。マネジャーのスタイルは、システマティック（つまり、価格とマーケットの特性に基づいて取引する）または裁量的（つまり、判断に基づいて取引する）のいずれかである。ジョン・W・ヘンリー&カンパニーは、システマティック・スタイルの商品ファンドである。

「マーケットニュートラル」のマネジャーは、マーケットリスクを除去または中立化して、月に一〜一・五%のリターンを上げるように努力する。ロング／ショート戦略、転換社債アービトラージ、スタティスティカル・アービトラージ、買収アービトラージによって、このリターンを実現する。マーケットニュートラルは保守的な戦略とされている。業界、業種や時価総額は、マネジャーがコントロールしようとするエクスポージャーの一つである。レバレッジを利用してリターンを大きくすることもできる。サズマンのパロマ・パートナーズでは、さまざまなマーケットニュートラル戦略をとっている。

「セクターファンド」は、テクノロジー、金融機関、ヘルスケアなど、特定の業種を対象としたファンドである。ラージ・ラージャラトナムのガリオン・グループは、テクノロジーとヘルスケアに集中している。

「ショート・セラーズ」は、株価が下がるときにとるポジションである。ヘッジファンドは、株式を借り入れてそれを売る（低い価格で買い戻すことを期待している）。

ベンチマーク

ヘッジファンドに対する機関投資家の関心が高まると、ベンチマークの数も急増した。機関投資家は、従来型マネジャーのパフォーマンスを判断するときにベンチマークを使用しているため、オルタナティブ投資についても同じことをするのは当然の流れである。

しかし、ヘッジファンド・マネジャーには、相対的マネジャーではなく絶対的マネジャーであるという自覚がある。例えば、あるマネジャーが「毎年一二～一五％のリターンを実現する」と宣言したとする。株式市場の動向とは別の話であり、これがそのマネジャーのパフォーマンス目標なのである。一方、ミューチュアルファンドなどの相対的マネジャーは、自分のパフォーマンスとベンチマークとを比較する。

いずれにしても、ベンチマークを使用することには多くの問題がある。第一に、ヘッジファンド・マネジャーは、パフォーマンスの数字を報告する義務がない。したがって、大規模ファンドのマネジャー（世間の注目を集めたくないかもしれないし、投資を受け付けていないかもしれない）の数字はインデックスに含まれていない。このように、代表的なインデックスとされているものにさえ、多額の資産が含まれていないのである。第二に、提出されている数字は監査されていないことが多く、単なる推測でしかない。今後は変わる可能性もある。提出されたパフォーマンスの数字が正しいという保証もない。第三に、インデックスは、グロスに基づいていることもあればネットに基づいていることもあり、基準がばらばらである。第四に、パフォーマンスの良くないマネジャーがタイムリーに数字を報告しなかったりあるいはまったく報告しないというのは、けっして珍しいことではない。その結果、ベンチマークが誇張されているということも考えられる。事業から撤退したり事業がうまくいっていないマネジャーのパフォーマンスは含まれていないため、結果が偏る傾向がある。最後に、マネジャーが利用するレバレッジの程度もそのポートフォリオ構成もさまざまであるのに、このことは典型的なベンチマークに反映されていない。いろいろなマネジャーを寄せ集めて比較するというのは、りんごとオレンジを比べるのと同じように無理な話なのである。

多種多様なベンチマークがあるということは、それぞれ異なる目的を持っていて、異なる方法で算出されているということである。金額加重型のものもあれば、等加重型のものもある。総合的なものもあれば、代表的なものもある。場面ごとに異なるベンチマークを使用するのではなく、一つのベンチマークを使用してそれに忠実に判断することが最も良い方法である。

ベンチマークにはいろいろな欠点もあるが、パフォーマンスの指針となるという点で役に立つ。絶対的真実とみなすことは危険であるが、パフォーマンスや比較という考えを必要としている人にとっては有効である。特定の戦略やマーケットについて考えている投資家は、カスタマイズしたベンチマークを使用するのがよいだろう。

ベンチマークを追うことを意図した投資待機ヘッジファンドを設立している企業もある。そのようなファンドには、投資家が利用しやすい、マネジャーが調査する必要がなく投資家のコストを節約できる、常に良いパフォーマンスを提供できるマネジャーを見つけるという問題が生じなくてすむ、マネジャーの失敗や崩壊を回避できる――といった利点がある。ファンド・オブ・ファンズがベストのマネジャーを選んでマーケットを上回ることを目的としているのに対し、インデックス・ファンドは、マーケット・リターンを生み出すことを目的としている。

さまざまな撤退戦略

古い世代のヘッジファンド・マネジャーは後継計画について問題を抱えていたが、現在は、投資持ち株会社を設立するという興味深い傾向が見られる。この投資持ち株会社というのは一九六〇年代にミューチュアルファンドが設立した会社に似ていて、これを「部分撤退戦略」と考えるヘッジファンド・マネジャーもいる。アセット・アライアンス、XLキャピタル、キャピタルZ、バリュー・アセット・マネジメントは投資持ち株会社である。

アセット・アライアンスは、一般的に、五〇〇〇万ドルから五億ドルの資産を持つオルタナティブ投資マネジャーの約五〇％の持ち分を購入している。これまでに、ビーコンヒル・アセット・マネジメント、ブリコラー・キャピタル・マネジメント、JMGキャピタル・マネジメント、リバティ・コーナー・アセット・マネジメント、メトロポリタン・キャピタル・マネジャーズ、マイルストーン・

グローバル・アドバイザーズ、パシフィック・アセット・マネジメント、シルバラード・キャピタル・マネジメント、トラスト・アドバイザーズ、ウェセックス・アセット・マネジメントを購入し、最近では二〇〇一年にP／Eインベストメンツとゾラ・キャピタル・マネジメントの持ち分を購入している。

XLキャピタルは、バミューダを拠点として保険、再保険、金融商品を扱う会社であるが、一九九九年までに、MKPキャピタル・マネジメント、ハイフィールズ・キャピタル・マネジメント、パレート・パートナーズの少数株主持ち分を獲得した。そして二〇〇〇年七月には、アゴラ・キャピタル・マネジメントの少数株主持ち分を獲得した。

その他の例としては、キャピタルZというベンチャー企業がある。一九九八年以来、オルタナティブ投資向けに一五億ドルの資金を調達している。キャピタルZは、五つのヘッジファンドと一一のプライベートエクイティ・ファンドを支援している。ヘッジファンドのなかには、ガルテアやクアトロ・インベスターズもある。二〇～五〇％の持ち分を獲得し、二〇〇〇万～五〇〇〇万ドルの範囲で投資している。

バリュー・アセット・マネジメントは、一九九八年にグローブナー・キャピタルの七〇％を購入した。ウッド・ガンディ帝国銀行が管理するコンソリデーティッド・アドバイザーズは、一九九七年六月にKDパートナーズ（ケルナー・ディレオ）の少数株主持ち分を獲得している。

二〇〇〇年中ごろ、ファンド・オブ・ファンズのセクターでは多くの合併が実施され、撤退戦略に変化が生じた。ニューヨーク銀行は、二四億ドルの資産を有するアイビー・アセット・マネジメントを購入するという契約を締結した。この銀行は、オルタナティブ投資やヘッジファンドに投資しようとしている資産家や機関投資家の要求に応じて取引を行っていた。

二〇〇〇年八月三一日、スイスを拠点とするED&Fマンが、シカゴのファンド・オブ・ファンズであるグレンウッド・インベストメンツを購入した。グレンウッドには五億七〇〇〇万ドルの資産と八億五〇〇〇万ドルの商品があり、マン・グレンウッドというジョイント・ベンチャーを設立した。マンは、現金で一億一〇〇〇万ドルを支払った。

ハルシオン／アラン・B・スリフカ・マネジメント社は、ベーカー・ナイ・アドバイザーズと一緒にジョイント・ベンチャーを立ち上げた。このハルシオン・キャピタル・マネジメントは、二億ドルの資産を扱う予定である。流通チャンネルを拡充して製品ラインを開発するということがモチベーションとなっていた。ハルシオンのオフショア事業の大部分は機関投資家から資金調達していたが、アメリカのヘッジファンドは資産家がほとんどであった。ジョイント・ベンチャーでは、ハルシオンがベーカー・ナイに対してコンサルティングとリサーチ・サービスを提供していた。

悪い評判

過去数年間にはいくつかの大失敗があり、ヘッジファンドが不利な状況に置かれたこともあった。

最近の例から年代をさかのぼって説明しよう。

マイケル・バーガーのマンハッタン・ファンド——二〇〇〇年

最も新しいのは、二〇〇〇年一月のマイケル・バーガーのマンハッタン・キャピタル・マネジメントによる違反である。このファンドは、ショートバイアスのファンド（つまり、空売りを主としたロング／ショートの米国株式ファンド）であった。バーガーはファンドの財務状況について、監査人であるデロイト・アンド・トゥシェに対して虚偽の報告をしていた。申し立てによると、バーガーは、架空の会計報告を作成し、一九九六年九月以降のパフォーマンスと資産を誇張し、二八〇〇万ドルの資産を四億二六〇〇万ドルと報告していた。バーガーは各関係者に対して、この数字はポートフォリオ全体を表していないため、無視するよう説明していた。デロイト・アンド・トゥシェが会計士報告書の承認を撤回すると、バーガーに解雇されしまった。

二〇〇〇年八月、バーガーは、四億ドルを超える損失を出した二件の証券詐欺について、三〇〇以上の投資家から告発された。告発は、一月にＳＥＣが起こした民事訴訟を再現している。多数の投資家も、損失を回復するために民事訴訟を起こした。バーガーは証券詐欺を認め、三月に判決（一〇年以下の禁固刑と一二五万ドル以下の罰金）が下されることになっている。

ロングターム・キャピタル・マネジメント（LTCM）——一九九八年

LTCMは、一九九七年の終わりに七〇億ドルの資産を清算し、二人のノーベル経済学賞受賞者ロバート・マートンとマイロン・ショールズをアドバイザーとしていたが、一九九八年に破綻を迎えてしまった。一九九八年九月二二日と二三日に、一四の銀行と証券会社による救出劇が演じられ、新たに三六億五〇〇〇万ドルの資金が注入された。その年の五月、LTCMが六・七％の損失を出したときに問題が表面化し始めていた。六月には損失が一〇・一％にふくらみ、その時点までの年間損失は一五％になった。さらに巨額の損失を出し続け、八月の損失は四四％、年間損失は五二％までになった。最後の五カ月間の損失は、なんと九二％だった。[10]

LTCMは、グローバル・アービトラージがメインのファンドであった。例えば、米国ジャンクボンドと、米財務省証券または高格付け社債を取引していた。五年物のジャンクボンドは、リスクが高いため、五年物のTボンドを二％上回る利益を生み出している。グローバル・アービトラージャーは、イールド・スプレッドが二％よりも拡大すると再び縮小するだろう、と説明する。同様の取引例としては、イタリア国債と米Tボンド、あるいは米モーゲージと米財務省証券の取引などがある。

このような取引をしていたLTCMに、何が起こったのだろうか？　LTCMの考えでは、さまざまな国債のペアとその他の信用証券の間でスプレッドが縮小するはずであった。ところが、その反対の結果になってしまった。つまり、スプレッドが拡大したのだ。

一九九八年六月には、債券間のスプレッドが拡大し始めた。LTCMのモデル予測とは正反対であった。過去のモデルに頼っていたLTCMは、リスクは減少するだろうと踏んでいた。しかし、反対の方向へと進んでいった。後に明らかになったことであるが、LTCMのモデルは一九九二年以前にはさかのぼっていなかった。[11]一九九八年八月一七日にロシア政府が債務不履行を宣言したことも原因の一つであったが、レバレッジを多用したこともトラブルに拍車をかけた。レバレッジが一〇〇：一（デリバティブのポジションは含まれていない）だったこともあった。[12]新興市場の混乱から、流動性への世界的逃避が予測された。投資家は最も安全な債券を求めた。一九九八年七月、投資家はジャンクボンドから逃れ、財務省証券へとシフトしていった。利回りは、ジャンクボンドでは高く財務省証券では低かった。そこでは収斂ではなく乖離が見られ、財務省証券と転換社債の信用スプレッドは広がった。世界中で安全な低利回り債券が買われ、リスクのある高利回り債券が売られた。そして、スプレッドはますます広がってしまった。

流動性への世界的逃避によって、マーケットのほかの投資家も清算を余儀なくされた。やがてクレジットクランチへと発展し、マージンコール（追証金の請求）が発生するようになった。マージンコールの限界近くで取引するハイレバレッジのファンドは、マージンコールを受けた。銀行と証券会社はナーバスになり、利益率が高い預金を要求して基準を変更した。

二〇〇〇年にLTCM問題を振り返ったとき、創設者のジョン・メリウェザーは、ファンドが拡大しすぎてリスクが高くなってしまったと説明している。ＬＴＣＭのトレーダーたちは、ほかの人も同じ投資をしていることに気付いていなかった。危機の局面で売ろうとして急ハンドルを切っていたのだ。[13]

ＬＴＣＭは一九九九年末にトレーディングを停止し、二〇〇〇年初めには静かに資金を引き揚げた。そして最終的に、一三億ドルを投資家に戻した。

その後、メリウェザーは、レラティブバリュー・オポチュニティ・ファンドであるＪＷＭパートナーズを設立した。現在、メリウェザーとエリック・ローゼンフェルド（ＬＴＣＭの代理人）、そしてＬＴＣＭのパートナー数人が、コネティカット州グリニッチの元ＬＴＣＭのオフィスを使用してファンドを運用している。ＪＷＭの資金調達目標は一〇億ドルであったが、二〇〇〇年八月末時点で三億五〇〇〇万～四億ドルの資金を調達している。やはり同じ戦略（債券と株式によるレラティブバリュー戦略）をとっている。このファンドはレラティブバリュー・オポチュニティ・ファンドⅡと呼ばれている。前のファンドを堅実にした、という触れ込みである。レバレッジは一二：一～一八：一と低く、最低投資金額は五〇〇万ドルである。

ビクター・ニーダーホッファー――一九九七年

一九九七年一〇月二七日、逆張り投資家であるニーダーホッファーは、Ｓ＆Ｐ五〇〇オプションを取引しながらハイレバレッジ取引を実施した。ダウが五五四ポイント下げたとき、S&Pインデックス先物プットの巨額なショートポジションについて、決済ブローカーであるレフコから五〇〇〇万ドルのマージンコールを受けた。そしてマーケット急落後、清算を余儀なくされた。

ニーダーホッファーは変動の激しいトレーダーであり、八月に五一%ダウンしたかと思ったら九月には二八%アップし、一〇月末には運用を停止してしまった。ファンドの投資家には有限責任があった。

デビッド・アスキン――一九九四年

デビッド・アスキンのグラニータ・ファンズは、モーゲージバック証券（MBS）で六億ドルの取引を行っていたが、一九九四年に崩壊してしまった。一九九四年二月、FRB（連邦準備制度理事会）が五年ぶりに金利を引き上げた。金利が上がるとモーゲージ・プリペイメントは下がる。アスキンの債券の価値も下がってしまった。そこで、アスキンは二月のポートフォリオを独自に予測し、一・七%の損失になると判断した。しかし、後に二八%の損失であることが判明した。ファンドは破産を申し立て、キダー・ピーボディーとリーマン・ブラザーズが訴訟を起こした。同時に、民事訴訟も数件起こされている。

投資家が学ぶレッスン

このように多くの問題が起こったにもかかわらず、投資家はマネジャーを慎重に選べばリスクを上回る報酬が得られると考えている。

これらの問題を踏まえて、投資家は何が間違っているのかを認識し、デューデリジェンス（評価）の努力をするようになった。これは、ヘッジファンド業界にとって非常に良いことである。

投資家は戦略を理解し、マネジャーが自分のスタイルでトレーディングをしているのか、それとも専門以外の分野にそれてしまっているのかを判断するよう努力する。一九九八年のロシア危機のとき、投資家は、表向きは新興市場ファンドではないマネジャーがロシア志向のポジションをとっているということに気付いた。

現在、マネジャーが本当にヘッジしているのか、それともそう言っているだけなのかということを投資家が判断するのがますます難しくなってきている。ロングオンリーでは、株式相場の低迷を逃れることはできない。ということは、ロングオンリーのマネジャーは本当のヘッジファンド・マネジャーではない。二〇％のインセンティブ・フィーをうまく利用しようとしているだけなのだ。

ここで、透明性がキーとなる。投資家は、マーケットの非流動性について知ろうとする。どのような商品を取引しているのか？　どの程度の流動性があるのか？　流動性の低い商品がどのように時価評価される（つまり価格設定される）のかということも知りたがる——これは社外で実施するべきことであり、しかも数カ所で実施する必要がある。一定のアプローチが適用されているのかを明確にしようとする。さらには、プロセスについて詳細を説明した文書の公式が実際に適用されているのか、ということをも明確にしたがる。

そこで、投資家は、マネジャーがポジションを引き揚げる能力を数量的に評価しようとする。一般的な経験則では、ロング／ショートのヘッジファンドについては一～二日、転換社債アービトラージ・ファンドについては一週間、ディストレスファンドについては三週間を要する。基準として売り気配と買い気配のスプレッドを調べる投資家もいる。スプレッドが小さいほど、株式の流動性は高くなる。

投資家は、キャパシティを超える危険性のあるファンドに対して慎重になる。ＬＴＣＭは、一九九七年末には七〇億ドル近くまで達していて、パフォーマンスを維持するために三〇億ドルを払い戻した。すでにキャパシティを超えてしまったのだ。一九九七年、資産規模がピークに達したとき、スプレッドは縮小し、トレーディングの機会が少なくなってしまった。ライバル銀行などがアービトラージ取引に参入してきたため、スプレッドが縮小してしまったのだ。程度はいろいろあるものの、ウォール街のほぼすべての投資銀行がこのゲームに参加していた。[14] 欧州共通の通貨の登場によって、欧州での金融緩和が収斂された。境界がなくなったため、イタリアとドイツの債券のスプレッドも縮小された。[15]

このように取引機会が縮小したため、LTCMは一九九四年に投資した分については利益を戻し、それ以降に投資した分についてはすべての金額（元本と利益）を戻した。[16] さらに、専門分野から逸脱して、ブラジルやロシアの債券とデンマークのモーゲージに手を出した。すると、投資が方向性を持つようになり、ヘッジの一部を放棄し、エクイティに深く入り込むようになり、結局は規模に対する感覚を失うことになってしまった。[17]

こうなると、投資家は、非相関性について理解しようとする。一九九八年のある発言が有名である。「弱気相場で低下していくのは、資産クラス間の相関性だけです」。[18] 混乱の時期には、通常であれば相関性のないものにも相関性が生じることがあるのだ。新興市場の例を見ると、東欧、南米、そしてアジア間のスプレッドは、すべて度を越してしまっていた。

バックオフィスの重要性はさらに高まった。投資家はバックオフィスの層の厚さと流動性について知る必要があり、各マネジャーとそのプライムブローカーや会計士との関係について質問する。トラブルが予測される部分では、プライムブローカーと会計士が最初に警告サインを受け取る。マネジメント・チームの層の厚さについては、もっと厳密に調査する。優秀なキーパーソンが少なくとも一人は存在する必要がある。チェックを実施してバランスを保つシニアマネジメント・チームが存在する必要がある。

さらには、ほかの投資家についての関心も高まってきている。名前を知る必要はないが、投資家はほかの投資家の洗練度合いを知る必要がある。

その他に、透明性と流動性が確保される運用口座にも関心を持つようになってきている。特にボラティリティが低く、利益幅も九～一三％と低い新商品が投資家の関心を集めている。投資家は、さまざまなレベルのリスクから選択することができる。保証が大きい商品や保険年金商品のように、先物や空売りでヘッジされるロングオンリーのファンドが開発されている。

規制案

LTCMの破綻後、アメリカでは規制案が作成された。FRB、財務省、SEC、CFTCの代表者で構成される大統領のワーキンググループは、一九九九年四月、ヘッジファンドのレバレッジとリスクを四半期レポートで開示することを促す文書を発表した。これは直接的な規制を推奨するものではないが、ヘッジファンドに貸し付けをする銀行や登録デリバティブ・ディーラーを規制によって監視することを要求していた。

調査によると、SECにはヘッジファンドに対する直接的管轄権はないが、業界独自の基準を開発する必要がある、としている。その結果、G12が設立された。

一九九九年六月、G12の基準が発表された。そのなかで、取引している相手との間やディーラーと顧客間で情報を共有することを主張している。その他に、マーケットの流動性と信用リスクについてレバレッジを評価すること、信用リスクの見積り技術を向上させること、ディーラーやレギュレータに対してリスクを開示することなども要求している。

大統領のワーキンググループとG12との大きな相違点は、情報をレギュレータにのみ開示するか（G12）、一般に開示するかという点である。

GAO（会計検査院）は、大統領のワーキンググループを批判している。GAOは、FRBと同様にSECとCFTCにも銀行を規制する権限を付与したらよいと考えている。

議会でも規制提案が多数提出されている。ベーカー法案として知られているヘッジファンド開示法（HR二九二四）では、資産三〇億ドルを超えるヘッジファンドはFRBに四半期レポートを提出するように提案している。このレポートには、ファンドの資産、デリバティブポジション、レバレッジ比率などを詳しく記載しなければならない。この提案の問題点は、最大のヘッジファンドにしか影響しないということである。また、コンプライアンスと情報収集のコストがその情報の価値よりも大きくなるのではないかという批判もある。一九九九年九月二三日、この提案は、まず下院農業委員会に、次にリスク管理小委員会に回された。しかし、第一〇七回連邦議会にこの法案を提出する計画はない。

二〇〇〇年一〇月、下院議会では金融市場と銀行制度のリスクを削減するための法案を通過させた。この法案は、ヘッジファンドの方針や業務についてではなく、金融制度でドミノ効果による崩壊を防ぐことについて定めたものであり、破産裁判所で保護される投資企業や銀行に対するデリバティブ契約の評価方法に重点を置いている。現在は、デリバティブ取引による損失の総価値が使用されているが、新しい法案では、正味価値（このほうがずっと小さい）の使用を認めている。提案されている方法を利用すると、破産手続きを迅速化することができる。

二〇〇〇年二月半ば、五つの大規模ヘッジファンドから成るグループ（ソロス・ファンド・マネジメント、ムーア・キャピタル・マネジメント、チューダー・インベストメント・コーポレーション、キャクストン・コーポレーション、キングドン・キャピタル）は、大統領のワーキンググループの要請に応じて独自のガイドラインを発表した。そのガイドラインには、ポートフォリオ・マネジャーとは独立したリスク監視制度を確立すること、ならびに、定期的なストレステスト（市況の変化がポートフォリオにどのような影響を及ぼすか判断する、リスクの評価を開発・監視する、証券の借し手や取引相手に定期的にレポートを提出する）をマネジャーが実施することが盛り込まれている。ガイドラインは、借り入れを制限したり、リスクの管理方法を推奨するものではない。また、規模の小さいファンドには当てはまらないような勧告もあるかもしれない。ファンドの規模、性質、複雑度、戦略、財源はそれぞれ異なるため、マネジャーは、各自のビジネスモデルに合ったものを適用しなければならない。

アメリカ以外でも規制案が作成されている。一九九九年一月、スイスのバーゼルにあるＢＩＳ（国際決済銀行）では、銀行に対して厳しい基準（貸付制限を設けること、投資家のリスクついてファンドからより有効な情報を集めることなど）を提案している。一九九八年後半から一九九九年にかけて、銀行は信用を貸し渋るようになり、透明性、開示、追加報告要件、デリバティブの監視、ヘッジファンド投資家に対する基準の改正を要求した。

二〇〇〇年一月二六日、ＢＩＳは、競争によるプレッシャーから銀行は経営を切り詰め、新しい信用基準を混合して採用するようになった、という観測を発表している。

第2部
スーパースターマネジャー

Part Two
The Superstar Managers

第4章

スーパースターの特徴

Common Threads Among The Superstar Managers

ヘッジファンド業界は、プライベートなエリートクラブから開かれた業界へと移行してきたが、それでもやはり、エリートのなかのエリートであるヘッジファンド・マネジャーには、ほかの人とは違った特徴が見られる。

最も輝いているマネジャーは、自分の行動に対して情熱を持っている。けっしてお金が目的で行動しているのではない。むしろ、さまざまな投資クラスのマーケットや関係について理解するという知性と感情を要する課題に取り組もうとしている。第一の目的は、多種多様なマーケットで優れたパフォーマンスを上げることであり、最大規模の運用資産を得ることではない。そのため、マネジャーは新規投資を受け付けていないことが多い。あるいは、償還のためだけに資産を受け入れたり、戦略的投資家だけを引き受けるマネジャーもいる。

インタビューを実施した時点で、マネジャーたちは一〇億ドルを超える運用資産を有していた。彼らはそのファンド最大の投資家であり、長期にわたるトラックレコードがあり、さまざまな経済状況で成功を収めており、長期的に見てS&Pを上回るパフォーマンスを上げている。厳しい時期もあったが、それを乗り越えてさらに強くなっている。常に何かを学んでいる。つまり、自分たちはマーケットよりもスマートではないということをしっかり認識しているのだ。下落リスクに対処するということはこのビジネスの重要部分であり、利用するレバレッジ、ポジションごとのリスクの割合、分散化の程度、ポートフォリオのポジション数もこれによって左右される。また、マネジャーは情報の流れを活用することの重要性も認識している。

マネジャーは、これまで展開してきたビジネスを組織化しようとしている。インフラを構築し、カルチャーを創造しようとしている。重要なスタッフには意思決定権を付与しようとしている。多くの場合、組織はスペシャリストのチームを中心として構成されている。

機関投資家からの配分はかなり多く、安定した長期資産の基盤となっている。

手法や戦略などの細かい点はマネジャーによって違うが、本章では共通のテーマについて説明する。それぞれのテーマをどの程度重視しているかはマネジャーごとに異なる。したがって、ある人に際立った特徴が見られた場合は、その点について詳しく説明する。

最高の輝きを見せるマネジャー

マネジャーたちにインタビューをしてみると、その人物と資質にただただ驚かされる。ケン・グリフィンは、大学二年生のときにヘッジファンドを始めた。三二歳になった今、その運用資産は五〇億ドルにまで上り、なんと三五〇人の従業員を抱えている。レオン・クーパーマンは情報収集に余念がなく、ＣＥＯ（最高経営責任者）や役員と打ち合わせをしながら、私のインタビューにも答えてくれた。ブルース・コフナーは、あらゆるところから出てくる情報を分析する。自分が購入したタンカーでさえ情報源にしてしまう。ラージ・ラージャラトナムは、ガリオン・グループのクオーターバック（司令塔）として、ガリオン・テクノロジーとニューメディアの両ファンドを休まず管理し、会社のミーティングに数人のアナリストを伴い、一日に二、三社の責任者と会い、月のうち一週間はカリフォルニア州の会社を二五社ほど訪問し、代理を立てずに自ら投資家に会う。なかでも、パロマのS・ドナルド・サズマンは特に印象が強く、時代に先んじているように思われる。一九八〇年代の初めごろからマーケットニュートラル戦略に注目し、マネジャーではなく、投資家がリスクを管理する内部マネーマネジメント・チームを設立した。

エーンズリー、オク、ラージャラトナムの三人は、ヘッジファンド業界がマイナスであった一九九四年と一九九八年でも旗艦ファンドがマイナスにはならなかった。しかも、そのパフォーマンスは非常に良好であった。

カンバーランド・アソシエーツは三〇年の業績を誇り、すでに三代目に入っている。これは、ヘッジファンド業界では珍しい離れ業である。

ここで、スーパースターマネジャーから受けた印象をいくつか挙げてみようと思う。

自分のすることが好き

真っ先に挙げられる特徴は、「自分のすることが好き」ということである。これは最も重要なモチベーションである。自分のすることが好きで、一致協力して最高のものを手に入れるのだ。クーパーマンがその最も分かりやすい例である。なんと、週に九〇時間も働いている。仕事をうまく遂行させることに情熱を注ぎ、だれも知らないことを見つけると満足感が得られるのだ。会社のあらゆることにかかわる。サズマンも、プロ意識と仕事に対するプライドを持っている。

キングドンも仕事に対する情熱に刺激されている一人である。知性と感情を要する課題に取り組もうという気持ちが働くのだ。コフナー、シンガー、スタークも同じ考えで、投資をすることとパズルを解くことは似ていると言う。

グリフィンは、競争に刺激されるタイプである。投資とテニスのゲームに共通点を見いだしている。エーンズリー、ヘンリー、ラージャラトナム、テッパーにも同じことが当てはまる。

マネジャーの多くは、自分のすることが好きでなくなったら、そのときが辞めるタイミングだと話す。ちなみに、ロバートソンは、巨万の富を築いてもほかの人がリタイアしても、ファンド・マネジャーをずっと続け、実際に撤退したのは六七歳のときであった。

お金を得ることは重要なモチベーションではない。キングドンも話しているように、お金は点数を記録する手段に過ぎない。ロバートソンは、トレーディングは楽しいビジネスであり（ただし厳しい状況ではそんな風に考えられなかっただろうが）、自分は（おそらくほかの人も）自由を求めて働いているのだと話していた。スマートな人と一緒に仕事をすることは楽しいことである。グリフィンも自分を刺激するようなスマートな人を集めてチームを作っている。コフナーも、スマートな人たちのコミュニティーを作り、四六時中ディスカッションを繰り広げている。オクはベストチームを作ることにモチベーションを感じている。

一〇億ドル超の資産

最適なキャパシティやビジネスの拡大方法についてはそれぞれ異なる見解を持っているが、どのマネジャーもインタビューを実施した時点で一〇億ドルを超える資産を有していた。世界中で約五五のマネジャーしかこの範疇に入らないため、このことだけでもエリートのマネジャーであると証明できる。ウィルコックス、ヘンリー、テッパー、シンガー、サズマン、スターク、クーパーマンは、一〇億～二五億ドルの資産を集めている。オクの年末の資産は三五億ドルであった。ラージャラトナム、コフナー、キングドン、エーンズリー、グリフィンに至っては、四五億ドルを超えていた。

新規募集の停止

マネジャーの多くは、新しい投資を受け付けていない。あるいは、投資家への償還のために戦略的投資家を受け付けるマネジャーもいる。つまり、資産を増大させることが重要なのではなく、さまざまなマーケット環境で優れたパフォーマンスを上げることが重要なのだということを意味している。最大のヘッジファンドになることが目的なのではない。キングドンも話しているように、資産規模が気になることもあるかもしれないが、それが目標なのではない。

コフナーは、最大運用資産に達したと感じた時点で資産を投資家に返還する。一九九五年、この状況では資産が手に余ると考え、資産の三分の二を投資家に返還している。今後も適宜同様のことを実施するだろうと話す。

テッパーは、二〇〇〇年中ごろアパルーサを一〇億ドルに縮小し、得意とする戦略、つまりディストレスとハイイールド債に返ることに決めた。そして約五〇万ドルを投資家に返還する予定である。ファンドがベスト・パフォーマンスを実現できるのは、一〇億ドル程度だと考えているからである。

一方、スタークは、自分のコアスタイル、つまり転換社債アービトラージでは、キャパシティ（運用限度）を固定する必要はないと考えている。キャパシティはマーケットや環境によって変わるというのが彼の考えである。マーケットで十分な取引機会が得られない場合、資金を投入するというのは正しい考えではない。そうでない場合は、最大のアービトラージ・ファンドの資金を超えることもある。

長年にわたり、成長をコントロールする策を講じてきたマネジャーもいる。つまり、新しい戦略に着手し、イニシアティブをとってきたのである。グリフィン、コフナー、オク、スターク、サズマンにとって、キャパシティの増大は重要な問題であった。コフナーは、組織が生き残るためには取引機会に合わせて変化しなければならないと考えていた。グリフィンは、商品開発について常に考えていなければ長く生き残るのは難しいということを認識していた。

成長をコントロールするため、資産がパフォーマンスに及ぼす影響を量的に測定する研究を行ってきたマネジャーもいる。例えば、エーンズリーは、マベリックのパフォーマンスと、取引が行われなかったと仮定した場合のパフォーマンスとを毎月比較している。さらに、毎日の終値と売買高加重平均価格を見て、取引結果について考察している。ＪＷＨもスリッページについて調べ、マーケットでのポジション取りに及ぼす影響を調査している。

自己資金の割合

マネジャーは、自分の資産もそのファンドに注ぎ込んでいる。これは、自分の能力に自信を持っているということである。また、マネジャーの純資産はファンドのパフォーマンスとの相関性が高い、ということでもある。その投資額はさまざまであるが、結果はたいてい同じである。

キングドンは、自分の純資産すべてをファンドに預けている。スタークは約九五％、オクは約八〇％を投資している。

シンガーとその家族、そしてプリンシパル（役員）は、ファンド最大の投資家である。一方、グリフィンとシタデルの専門家たちは、ファンド第二の投資家である。

キャクストンのプリンシパルの資産は、現在、ファンド全体の三〇％を下回っている。クーパーマンは、ゼネラルパートナーの資産はファンド全体の一二％であると言う。パロマ、アパルーサ、カンバーランドのプリンシパル（カンバーランドの場合は退職者も含む）の資産は、それぞれ一〇％程度である。スタークとスタッフの資産は、運用資産の八・三％でしかない。エーンズリーは、マベリックのプリンシパルと関連団体の資産は四億ドル、総資産の七％であると見積もっている。ガリオンのパートナーと従業員は三億ドルを投資していて、それは総資産の六％にあたる。ヘンリーは、自分の投資額は三五〇〇万～七五〇〇万ドル、総資産の二・九～六・三％程度であると見積もっている。

従業員は個人のアカウントを持ってはならないという方針を定めている会社もある。それは健全性を確保し、フロントランニングを避けるためである。ガリオンとエリオット・アソシエーツの方針がそうである。シタデルでは包括的な個人取引方針を定めていて、従業員がシタデルのアカウントやポートフォリオの有価証券を取引できないようにしている。どの従業員についても、トレーディングには事前の承認を必要としている。

トラックレコード

どのマネジャーも、さまざまなマーケット状況で常に優れたパフォーマンスを上げてきたというトラックレコードを誇っている。本書でのインタビューは、ヘッジファンド・マネジャーとして七年以上のトラックレコードを残しているマネジャーだけを対象とした。カンバーランドについては、一九七〇年にまでさかのぼることができる。シンガーは一九七七年、ヘンリーとサズマンは一九八一年、コフナーとキングドンは一九八三年にそれぞれファンドを創設している。

パフォーマンスレコードが長いということは、一九九〇年と二〇〇〇年（S&Pの評価では株式市場が低迷した年であった）、一九九四年と一九九八年（ヘッジファンド業界にとって厳しい年であった）なども含めてさまざまな景気サイクルでいろいろな経験を積んできたということを意味する。マネジャーたちは、長い期間にわたって常に優れたリターンを上げてきた。

パフォーマンスは、さまざまなマーケット状況でも良好であった。年複利平均は、一四％（S&Pをわずかに上回る）から三四％である。スタイルもパフォーマンス目標もそれぞれ異なるため、マネジャー同士を比較するのは妥当とは言えない。S&Pをベンチマークに、またはラッセル二〇〇〇と合わせたものをベンチマークに使用するマネジャーもいれば、ベンチマークをまったく使用しないマネジャーもいる。レバレッジの利用やボラティリティを考慮すると、リターンを比較するのはますます困難になる。さらに、スタイルが違うと環境から受ける影響も異なる。

単なる指針として補足すると、シンガーとサズマンの年複利平均は一四～一五％、クーパーマン、カンバーランド、スターク、オク、キングドン、エーンズリーは一七～二五％、テッパー、コフナー、ヘンリー、グリフィンは二五～三〇％、ラージャラトナムは約三四％である。

一貫性

興味深いことに、ほとんどのトラックレコードに一貫性と秩序が見られる（表4・1参照）。エーンズリー（一九九三年）、ラージャラトナム（一九九二年）、オク（一九九四年）はトレーディングを始めて以来マイナスになった年はない。シンガー、スターク、グリフィン、テッパーはそれぞれ一九七七年、一九八七年、一九九〇年、一九九三年に開始してから一度だけマイナスを経験している。どのマネジャーもたいていは二桁の年間リターンを上げている。

非相関性

ヘッジファンドは、株式市場が横ばいや、ちゃぶついたり、または低迷のときでも優れたパフォーマンスを上げると考えられている。このことを検証するために、一九九〇年、一九九四年、二〇〇〇年について調べてみた。

株式市場が低迷した一九九〇年（S&Pは三・一%のマイナス）について調べると、スーパースターのヘッジファンド・マネジャーのほとんどは無傷であったことが分かる。一人を除き、すべてのマネジャーがプラスの結果を残している。ジョン・ヘンリーは八三・六%、コフナーは三九・四%、キングドンは二〇%、シンガーは一三・四%、サズマンは一一・三%、スタークは六・四%のプラスであった。カンバーランドのみが一八・八%のマイナスであった。その他のマネジャーは、まだファンドを立ち上げていなかった。

一九九四年、S&Pは一・三%しか上昇しなかった。ヘッジファンド業界全体の結果も良くなかっ

ラージャラトナム	シンガー	スターク	サズマン	テッパー	ウィルコックス	S&P
ガリオン・テクノロジー・ファンド	エリオット・アソシエーツ	スターク・インベストメンツ	パロマ・パートナーズ	テッパー・アパルーサ・マネジメント	カンバーランド・パートナーズ	(配当を再投資)
					34.70	3.93
					26.00	14.56
					10.70	18.90
					-2.20	-14.77
					4.10	-26.39
					45.20	37.16
					38.40	23.57
	6.70				13.90	-7.42
	9.90				20.20	6.38
	16.60				38.40	18.20
	22.60				40.70	32.27
	23.40		7.80		11.70	-5.01
	17.60		17.41		34.50	21.50
	22.10		18.77		29.70	22.30
	16.40		13.46		7.30	6.30
	22.50		25.09		41.70	32.10
	10.70		16.51		18.40	18.70
	6.60	22.44	25.75		-3.50	4.90
	13.40	26.78	16.69		21.00	16.60
	23.80	15.41	20.73		26.40	31.80
	13.40	6.40	11.32		-18.80	-3.10
	12.40	20.22	19.31		37.50	3.05
33.20	15.10	21.63	11.01		24.10	7.61
21.10	21.60	39.75	15.45	57.62	31.10	10.08
29.30	0.00	10.36	-5.41	19.03	-6.40	1.31
56.10	18.30	42.89	11.66	42.06	21.40	37.58
34.80	19.00	27.30	19.87	78.46	17.90	22.96
6.60	12.10	19.35	17.33	29.54	32.00	33.36
30.50	-7.00	-7.88	-20.95	-29.19	-3.00	28.58
96.30	18.10	25.89	30.45	60.89	35.00	21.04
16.00	24.00	28.80	27.00	0.03	0.05	-9.10
33.98	14.71	20.71	14.34	27.59	19.04	12.01

表4．1　スーパースターたちのネット・パフォーマンス

	エーンズリー	クーパーマン	グリフィン	ヘンリー	キングドン	コフナー	オク
	ヘッジ・エクイティ戦略	オメガ・キャピタル・パートナーズ	ロングスト・ランニング・ファンド	金融先物と貴金属のプログラム	キングドン・キャピタル・マネジメント	エセックス	オクージフ・キャピタル・マネジメント
1970							
1971							
1972							
1973							
1974							
1975							
1976							
1977							
1978							
1979							
1980							
1981							
1982							
1983					44.70		
1984				9.90	-18.30		
1985				20.70	101.60	17.33	
1986				61.50	5.20	56.16	
1987				252.40	0.00	92.76	
1988				4.00	23.60	-0.85	
1989				34.60	50.10	54.53	
1990				83.60	20.00	39.43	
1991			43.00	61.90	41.40	23.28	
1992		18.47	40.70	-10.90	22.50	22.89	
1993	22.57	62.96	23.50	46.80	38.30	40.41	
1994	6.82	-24.57	-4.30	-5.30	-2.20	-2.19	28.49
1995	24.47	25.68	36.30	38.50	31.10	16.24	23.53
1996	44.66	36.74	23.00	29.70	15.40	21.30	27.36
1997	20.08	26.97	27.60	15.20	28.10	36.99	26.65
1998	21.84	-5.43	30.50	7.20	7.00	17.16	11.15
1999	25.83	24.12	45.20	-18.70	37.40	24.43	18.80
2000	27.40	13.80	52.00	12.90	11.60	33.40	20.50
年複利リターン	23.83	17.42	30.80	29.33	22.99	29.02	22.02

たが、スーパースターの結果はまちまちであった。一三人のうち五人がプラスで一人が横ばいであった。ラージャラトナムが二九・三％、オクが二八・五％、テッパーが一九・〇％、スタークが一〇・四％、エーンズリーが六・八％のプラス、シンガーが横ばいであった。

一方、七人がマイナスを記録した。クーパーマンが二四・六％、カンバーランドが六・四％、サズマンが五・四％、ヘンリーが五・三％、グリフィンが四・三％、キングドンとコフナーが二・二％の損失を出した。一九九四年のトラックレコードが芳しくなかった理由として、信用の縮小とさまざまな資産クラスのクロスの相関性が考えられる。債券市場が低迷している時期は、損失がかさんだことでライバルが資金の引き揚げを余儀なくされたため、転換社債の価値が減少した。

二〇〇〇年のS&Pは九・一％のマイナスだったにもかかわらず、一三人のマネジャーのうち一二人がプラスで、マイナスは一人だけ（マイナス〇・五％）だった。しかも、七人のマネジャーが二〇％を超えるリターンを上げていた。グリフィンは五二％、コフナーは三三・四％、スタークは二八・八％、エーンズリーは二七・四％、サズマンは二七・〇％、シンガーは二四・〇％、オクは二〇・五％のプラスであった。ラージャラトナム、クーパーマン、ヘンリー、キングドンは、一一～一六％のプラスで、テッパーとウィルコックスはほぼ横ばいであった。

一九九八年にも興味深い現象が起こった。S&Pがきわめて好調で、二八・六％も上昇した。そのような年は、ヘッジファンドも好調であると考えるのが普通だが、下落に備えてヘッジをするポジションに費用がかかり、株式市場の急騰に後れをとってしまった。一三人のマネジャーのうち、プラスは七人だけであった。ラージャラトナムとグリフィンは三〇・五％、エーンズリーは二一・八％、コフナーは一七・二％、オクは一一・二％、ヘンリーは七・二％、キングドンは七・〇％の上昇であった。

一方、残りの六人は悲惨な状況だった。テッパーは、ロシアの市場に流動性があるとの誤った考えを持っていたため、二九・二％もマイナスになってしまった。スプレッドの拡大を期待していたサズマンも約二一％のマイナスであった。スターク・インベストメンツは七・九％、シンガーは七・〇％、クーパーマンは五・四％、カンバーランドは三・〇％のマイナスをそれぞれ記録した。

全体で見ると、オクとラージャラトナムが一九九四年と一九九八年と二〇〇〇年に二桁のプラス、エーンズリーは三年とも上昇したが二桁プラスだったのは一九九八年と二〇〇〇年のみ。この三人は、一九九〇年にはまだトレーディングをしていなかった。一九九四年と一九九八年のいずれかがプラスとなっているマネジャーは七人だった。

テクノロジー情報

マネジャーのほとんどは、テクノロジー情報、つまり入ってくる情報を有効に活用することの重要性を認識している。テクノロジーを受け入れることはマネジャーの強みになる。

オクは、情報の流れとその管理を重視している。フロントエンドでは、アナリスト、トレーダー、ポートフォリオ・マネジャーがテクノロジーを活用している。バックオフィスでは、ポジションやポートフォリオの監視、リアルタイムでのリスクの追跡などに利用している。オクの考えは、世界はよりいっそう統合が進みより複雑になるため、ヘッジや分析の能力が競争上の強みとなるような複雑な証券を扱うことができるというものである。

スターク、グリフィン、コフナーもテクノロジーを活用している。スタークは、株式、オプション、転換社債を扱っているが、それぞれのヘッジ比率は異なる。そのため、効果的なリスク・マネジメント・ツールと選別ツールが必要となる。

グリフィンは、シリコンバレーにオフィスを構え、一二五人の従業員を抱えている。そして、市場供給、リスク・マネジメント、そしてフロントオフィスが意思決定するときのデータなどをバックアップするために、数十ものサーバーを使用している。シカゴの従業員のほぼ半数が、システムやテクノロジーの専門家である。定量分析のグループが、独自の数学モデルを開発し、それを向上させている。そのモデルは、ポートフォリオ管理、取引のストレステスト、ポートフォリオのストレステストのツールとして役立っている。さらに、情報システムのグループがコードを書き込んでそれをメンテナンスし、最新のシステムを維持している。投資・取引のグループは、数学的・統計的方法、独自の評価技法、ファンダメンタル分析によって、投資機会を見極めている。

カルチャー

ほとんどの組織が、独自のカルチャーを展開している。キャクストン、シタデル、カンバーランド、エリオット・アソシエーツ、ガリオン・グループ、キングドン・キャピタル、マベリック、オクージフ、スターク・インベストメンツでは、チームワークという共通のカルチャーが見られる。個人が強いパーソナリティーを持ち、それがチームのカルチャーを形成している。「チームは個々の構成要素より強力です。この会社の物語は私についてのものではありません。長年にわたり、強力で層の厚いチームを一緒に作り上げてきたのです」とオクは述べている。このテーマについては、多くのマネジャーが賛同している。

クーパーマン、ラージャラトナム、シンガーは、それぞれのカルチャーについて、強い倫理的価値観が浸透していると説明している。クーパーマンのカルチャーは、「情熱的」「要求が厳しい」「リサーチ・ドリブン型」である。シンガーは、エリオット・アソシエーツの特徴は任務に多くの資源を投入することだと話す。努力、つまり人的資源を要する分野に集中している。ラージャラトナムは、ビジネスとは成績表を毎日受け取るようなものだと考えている。

数は少ないが、忍耐を重視するカルチャーもある。そのようなマネジャーは、マーケットについて長期的見解を持ち、ポジションも長期保有することが多い。キングドン、ヘンリー、クーパーマン、ウィルコックスが忍耐を重視している。キングドンは、一九九〇年は最も厳しい年であったと振り返っている。マーケットに対して弱気だったので一％しか投資しなかったが、それは現金を持ってただ見ているだけたっだ。その年が終わってみれば、二〇％のプラスになっていた。ヘンリーは、パフォーマンスが悪い時期ほどマネジャーにとって忍耐が最も重要な資質であると考えている。何年間も同じポジションを維持するというのは、ヘンリーにとって珍しいことではない。クーパーマンは、最低でも二年間はポートフォリオの大部分をホールドしようと考えている。

このほかにもさまざまなカルチャーがある。グリフィンは、シタデルのカルチャーは「変化を受け入れる文化」であると説明している。新しい戦略を採用すると新たなリスクが生じる。その結果、学習、共有、チームワークに重点を置くようになる。従業員のほとんどが三〇代である。

キングドンは、自分は内に秘めた情熱を持っていると言う。お互いが競争するのではなくマーケットと競争し、自分のポジションに責任を負う。ポートフォリオ・マネジャーには採用候補者を拒否する権利があるため、そのようなカルチャーが維持されるのである。

スタークのカルチャーは「慎重な文化」である。うわさに左右されて投資することはない。正式な発表があるのを待ってから投資する。すぐには新しい戦略に飛びつかず、常にヘッジをしている。

カンバーランドのポートフォリオマネジメント構造では、ギブアンドテイク、チャレンジ、ディベート、そして歩み寄りを促進している。カンバーランドのポートフォリオ・マネジャーは相互に依存した状態にある。そのようなカルチャーがあるため、会社は三代も続いているのである。ウィルコックスは、「見識が蓄積された組織」（つまり、現在のプリンシパルと退職したプリンシパルが今でも密接に関係している）であると説明する。一九七〇年当時の七人のリミテッドパートナーのうち、三人が今でも会社に関与している。

企業文化を強化し、そして企業の組織化を促進するため、ほとんどの企業が、業界、地域、トレーディング戦略、状況の種類などで分類されたチームやスペシャリストを中心として築き上げられている。エーンズリー、クーパーマン、カンバーランド、グリフィン、キングドン、コフナー、オク、ラージャラトナム、シンガー、スタークがこのタイプである。

スペシャリストを擁して分散化した組織は、才能のある従業員をスタッフの一員として置いておく。主要スタッフは意思決定の権限と責任をある程度持ち、単なる使用人ではない。また、その会社の株式も保有している。このような環境は会社を組織化するのに健全であるといえる（つまり、後継計画が確実に実行されるのだ）。

カンバーランドには五人のポートフォリオ・マネジャーがいて、それぞれが資本の二〇％を直接運用している。資本の八〇％はほかのパートナーが運用しているということになる。そのため、各マネジャーは相互に依存している。

テッパーのグループは、責任をあまり明確にしていない自由な組織である。トレーディングアプローチ（コンピューター化された長期トレンドフォロー・システムを用いた先物取引プログラム）の違いに従って、ジョン・W・ヘンリー＆カンパニー（ＪＷＨ）は系列別に組織化されている。

極端な例としては、パロマが挙げられる。サズマンの文化は、独立したマネジャーをベースとした「アントレプレナーシップ」である。また、「大家族的な雰囲気」があり、装いも態度もカジュアルである。サズマンは、マネジャーの生産性が最大になるような環境を望んでいる。

ほとんどの企業では、会社と部署の両方の収益性が給与体系の基準になっている。キングドン・キャピタルでは、ポートフォリオ・マネジャーは各自のポジションに責任を持っているが、権限は分担されている。各ポートフォリオ・マネジャーの報酬は、各自のポジションのパフォーマンスとボーナスプール（その年の会社全体のパフォーマンスに基づく）によって決定される。アパルーサでは、ファンドの収益性も部署のパフォーマンスも勘案している。

マベリックでは、部署の責任者が決定権と権限を有している。ファンド全体の収益性と各部署の貢献度によって責任者の報酬は決まるが、ファンド収益性のウエートのほうが大きい。

ガリオンでは、企業収益だけでなく、会社にプラスとなるリサーチや専門知識を年間でどの程度増やしたかということも考慮して、アナリストの報酬が決定される。

一方、シタデル、カンバーランド、オクージフ、スターク・インベストメンツでは、企業全体のパフォーマンスが給与を左右している。スタークの説明によると、一部のポートフォリオがほかのポートフォリオより良い結果を残す年もあるかもしれないが、良い仕事をしているのなら給与はどちらもまったく同じである。「厳しいマーケットでも優れた仕事をすることはできます。それでも損は出てしまうのです」

キャクストンでは、個々のパフォーマンスのウエートが大きいが、グループのパフォーマンスもある程度考慮している。オメガでは、ポートフォリオ・マネジャーと部署の責任者はそのポジションに対して重い責任を負っている。そして、独立採算の結果で報酬が決まる。二〜三年間で能力を実証できない場合は、離職を余儀なくされる。パロマでは、特定のハードルを越えたマネジャーがインセンティブ・フィーを受け取っている。

サバイバル、誠意、損失、レッスン

「サバイバル」は重要なモチベーションとなる。長い期間にわたり、マネジャーはさまざまな逆境に遭遇してきた。損失を出し、それでも生き残り、そして困難からいろいろなことを学んだ。キングドンのキーワードである「回復力」は、マネジャーが逆境やクライアントの離脱にどのように対処するか、ということを表している。マネジャーたちはこれまでにたくさんのミスを犯してきているが、ある一つの状況が特に心に残っているものである。また、困難からレッスンを学ぶことも大切である。

カンバーランドにとって、一九九〇年は忘れられない年であった。ウィルコックスいわく、優れた分析を行ったのだが、狼狽したハイイールド債市場は流動性が低下してしまった。その年の終わりには償還の問題に直面してしまい、マーケットが切迫しているにもかかわらず資金を調達しなければならなくなった。そのとき、ポートフォリオの流動性を重視する必要性を学んだ。

ヘンリーは、長期プログラムである金融先物と貴金属において一九九二年に約一一%のマイナスを記録した。この経験から、リスク・コントロールを厳しくしてレバレッジを低くすることを心がけるようになった。

クーパーマンは、アメリカ以外の債券(一九九四年)とロシア債券(一九九八年)に注力していたことが心に残っている。この失敗から、ポートフォリオには新興市場や流動性の低い商品を組み入れないことにしている。

ラージャラトナムにとって忘れられない時期は、一九九七年第4四半期のアジア危機であった。それ以来、マクロの問題に時間をかけるようにしている。ファンドが一カ月で四~五%ダウンすると、ポジションを減らしている。

スタークは、一九九八年に唯一マイナスを出し、ファンダメンタルズを正しく判断していても短期的に流動性の問題が発生すると、アービトラージの価格を左右することもあるということを学んでいる。またこの年は、(戦略的にも地理的にも)分散化を強化した年でもあった。クレジットによるポートフォリオ構成要素を重視するようになった。また、格付けの低い商品でないとしても、あらゆる環境で投資適格商品を利用するようになった。アセットスワップとデフォルトプロテクトの範囲も拡大した。

一九九八年以降、サズマンは、自分でコントロールできない場合には資本を投下しない、ということを学んだ。

マネジャーは、過ちを犯す可能性があるということを自覚している。コフナーは、「知的誠実性」を信奉しており、自分が知らない事柄について誠実に取り組まなければならないと強調している。つまり、常に正しくあるということよりも有効な戦略を見つけて採用することのほうが重要だと考えているのだ。そして、自分は正しくない、むしろ間違っている、と常々言っている。このことを、画家が何度も色を重ねて絵を描くことに例えて説明している。正しい筆使いとか間違った筆使いというものは存在しない。少しずつ色を重ねて絵を仕上げていくのだ。また、アイデアは絶えずテストされているため、常に損失があることも覚悟している。それでも、予想よりも損失が膨らむのはいつか、あるいはリスク水準を超えるのはいつか、ということを考慮している。

グリフィンも、損失について同様の考えを持っている。つまり、毎日の業務において損失は生じるものだと考えている。このようなプロセス・ドリブン型の企業では、従業員はミスから学習することができる。キングドンは、投資する前に間違っているのではないかと疑ってみると言う。

リスク・マネジメント

マネジャーは、下落リスクをコントロールすることを真っ先に考える。ＬＴＣＭの破綻に関連して、大統領のワーキンググループはガイドラインを発表するよう要請した。二〇〇〇年二月、それに応じて発表した五つの大規模ヘッジファンド・マネジャーのなかに、キングドンとコフナーも含まれている。

具体的なリスク・マネジメント手段としては、戦略分散化、ポジションごとの最大配分、ポートフォリオのポジション数、レバレッジ比率、ストレステスト、迅速な配分削減などがある。

分散化

マネジャーがリスクを管理するうえで、分散化は重要な方法である。グリフィン、ヘンリー、コフナー、オク、スターク、サズマンは、マルチストラテジーを採用している。マネジャーは、地理的にも分散されている。例えば、サズマンは、分散化を促進するため戦略ごとに多数のマネジャーを割り振っている。

ポジションやセクターごとの最大配分

分散化を確実に進めるため、マネジャーは、トレードおよびセクターの最大配分を定めることがある。オクのポートフォリオにおけるポジションの最大配分は一％である。コフナーは、ファンドの持ち分の二％以上を一つのアイデアに賭けるようなことはしない。スタークの最大配分は、転換社債アービトラージで三％、リスク・アービトラージで二％である。ラージャラトナムの場合、一つのポジションがポートフォリオの五％以上を占めることはない（調整前に七％にまでなることはある）。サズマンについては、正式に書面で定めているわけではないが、どのマネジャー配分もポートフォリオの五％を超えることはない。

エーンズリーのポートフォリオでは、二〇％以上を占めるセクターはない。また、一つのセクターのネットエクスポージャーは一〇％を超えない。ロングはネットエクイティの五％、ショートはネットエクイティの三％を超えない。クーパーマンは、マクロへの配分割合を最大五％に制限している。オクも、現金による株式公開買い付けの割合に制限を設けている。

ポートフォリオのポジション数

ポートフォリオの平均ポジション数はさまざまであり、テッパーとヘンリーは約五〇、サズマンは二五〇〇以上、コフナーに至っては数千である。クーパーマン、カンバーランド、ラージャラトナムは九〇～一〇〇、シンガー、キングドン、エーンズリーは二〇〇～二五〇のポジションを持っている。スタークについては四〇〇～六〇〇の幅がある。ポジション数が多くなると、一つのポジションに対するポートフォリオの依存度が低くなる。

レバレッジ

レバレッジは借入金であり、マーケットリスク、信用リスク、流動性リスクなどの変化によってポートフォリオの価値が変わるときのピッチ（敏捷性）に影響を及ぼす要因となる。レバレッジの利用は、トレーディング・スタイルによって異なる。レバレッジを利用しないマネジャーもいる。ラージャラトナムとカンバーランドはレバレッジを利用していない。キングドンは、この一三年間レバレッジを利用していない。

エーンズリーのレバレッジ比率は二・五：一である。オクは、転換社債アービトラージについてのみ三：一の比率で利用している。テッパーは、ボラティリティが低く安全な状況において約三：一の比率で利用している。現在、サズマンのレバレッジ比率は三・五：一であるが、一九九八年の八：一から見るとかなり低くなっている。クーパーマンは、一九九六年以降レバレッジ比率を大幅に減らしていて、三・五：一を超えたことはない（たいていの場合はもっと低い）。

アービトラージ取引におけるスタークのレバレッジ比率は、一・五：一〜七：一の幅がある。マクロ環境が不安定な状況になったり、アービトラージのミスプライスが緩和されると、レバレッジを下方修正している。一方、グリフィンが自己申告したレバレッジ比率は三：一〜七：一である。マクロリスクを軽減させようとしているため、この数字には納得している。また、アービトラージによる見返りを小さくする場合もある。シンガーは、現時点ではレバレッジを制限することが最も有効なリスク・マネジメントであると考えている。レバレッジ比率は低く、一・三：一～一・五：一（ただし、債券アービトラージは除く）である。債券アービトラージを含めるとレバレッジ比率は二〇：一に跳ね上がるが、ほかのヘッジファンドと同水準である。この戦略は長年変わっていない。

コフナーは、数字こそ明確にしていないがレバレッジを慎重に利用している。

ヘンリーは、レバレッジを調整していて、正味運用資産の三倍ないし六倍になることもある。マーケットが変動的な時期やマイナスの時期に比率を低くして、強気の時期には高くする。商品ファンドにおけるレバレッジは、株式におけるレバレッジとは異なる。「証拠金引き上げ」と「取引サイズの価値」という違いがある。したがって、マネジャーがコントロールする金額の違いに表れている。

その他の要因

その他のリスク・マネジメント技法には、ストレステスト、小規模ポジション取り、あるいは状況がさえない場合の迅速な配分削減などがある。

コフナーは、ほかのマネジャーと比べて小規模のポジションを取っていて、ポートフォリオのストレステストを毎日実施している。

オクは、状況が魅力的でなくなるとすぐに配分を削減している。また、ポジションの流動性についても常に考慮している。

キングドンのルール一は損失を少なく抑えること、ルール二はルール一を忘れないことである。その他に、損失を投資に変えようとしないことというルールも定めている。ある銘柄を購入してもそれを保有する根拠がなくなった場合、売却する。テクニカルな要因として買値を一五％下回った銘柄については手仕舞いをする。

シンガーは、集団行動の影響を少なくするため、自分と同じスプレッドの人を見つけ、そのモチベーションを判断する。プレーヤーが多すぎると、落とし穴に陥ってしまう危険性がある。また、できるだけ株式市場との相関性をなくそうとしている。

機関投資家の参加

機関投資家は、マネジャーの投資家基盤の重要な部分を占めている。長期的に考えた場合、機関投資家の資産があるとマネジャーの資産基盤は安定する。

オクージフでは、機関投資家が基盤となっている。グリフィンの顧客基盤の約四〇％が機関投資家である。クーパーマンの顧客の約四〇％が非課税団体、スタークの顧客の約三分の一も機関投資家である。ウィルコックスの見積もりでは、カンバーランドの顧客の二五％がアメリカの非課税団体である。数字は明確にしていないが、キングドンの学校法人基金の割合は増大傾向にあるという。サズマンは、保険会社がメインの投資家である。

一般的にマネジャーは顧客名を開示したがらないため、私たちは、NACUBO（National Association of College and University Business Officers）の一九九九年度投資配分調査を参照した。その結果、多くのマネジャーが学校法人基金を受け取っていることが分かった。

エーンズリーは、カーネギーメロン大学、キングズ・カレッジ、ミシガン大学、チャペル・ヒルのノースカロライナ大学、ホイットマン・カレッジ、オーバーリン・カレッジ、バッサー・カレッジ、バーモント大学、南メソジスト大学、そしてテキサス・システム大学から資産配分を受けていた。オクは、アマースト・カレッジ、カーネギーメロン大学、コルゲート大学、ミドルベリー・カレッジ、イェシバ大学、そしてミシガン大学からの資産配分がある。キングドンは、ボードン・カレッジ、コルビー・カレッジ、ニューヨーク州立大学ストーニー・ブルック校、イェシバ大学、そしてサウス大学からの資産配分がある。クーパーマンはクラーク大学とフランクリン・アンド・マーシャル・カレッジとレンセラール科学技術専門学校、テッパーはミドルベリー・カレッジとデビッドソン・カレッジ、グリフィンはオーバーリン・カレッジ、シンガーはバッサー・カレッジが、それぞれ投資家となっている。

その他の共通の特徴

インタビューを実施したマネジャーたちには（全員に当てはまるわけではないが）、多くの共通の特徴が見られる。例えば、多くのマネジャーが若いころ（しかも一〇代）から投資に興味を持っていた。このエリート集団のほとんどが、アイビーリーグを卒業していたり、MBA（経営学修士）を修得したりしている。

また、アプローチにおいてオポチュニスティック（臨機応変）型の傾向が見られる。つまり、投資に有利な状況や地理的に有利な場所を求めて、自由に行動している。数人ではあるが、困難に直面した後で自分のコアコンピテンシー（得意分野）に戻ったマネジャーもいる。ファンダメンタル研究は成功に結び付くことが多い。マネジャーの役割は、組織のコーディネーターや監督官、あるいはリスクや資本の配分者へと移っていった。投資委員会を設置している企業も多い。興味深いことに、マネジャーのなかにはほかのヘッジファンド・マネジャーに選択的に資産を配分している人もいた。

ニューヨークを拠点としたマネジャーが多い。第二オフィスがある場合は、ロンドンがほとんどである。最低投資金額は平均的なヘッジファンド・マネジャーより高く、約五〇万ドルである。資産のロックアップは一年以上であることが多い。

フリーの時間には、チャレンジできる事柄を探している。スポーツのゲームに勝つこと、技術を身につけることといったテーマを掲げている。また、慈善活動、公共問題の改革、少数ではあるが音楽や政治に関心があるというマネジャーもいた。

きっかけ

一〇代のときに初めて投資や株式に触れたマネジャーが数人いた。テッパーは、一〇歳か一一歳のときに投資にかかわったと話している。キングドンとクーパーマンは、バルミツバのお祝いに株式を受け取っている。エーンズリーは、高校の投資クラブに参加していた。スタークは、高校時代のある夏休みに、ワラントとリスク・アービトラージの仕事を手伝った（「リスク・アービトラージ」は、マネジャーが被買収企業の株式を買って買収企業の株式を売るときに発生する）。グリフィンは一七歳のときにオプションで利益を出して、それに触発された。マーケットメーカーの利益のほうが自分の利益よりも多いことを知り、オプションのプライシング戦略に興味を持った。サズマンは、カレッジの学生だったころ、夏休みに証券会社でアルバイトをして初めて投資を経験した。

アイビーリーグとMBAのバックグラウンド

一三人のマネジャーのうち、ハーバード大学卒業生が五人（大学はコフナーとグリフィン、大学院はシンガーとスタークとキングドン）いた。

ペンシルベニア大学ウォートン・スクールの出身は二人（ＭＢＡはラージャラトナム、大学はオク）であった。

合計すると、ＭＢＡ修了者が六人いる。エーンズリーはバージニア大学を卒業してノースカロライナ大学大学院へ進んだ。クーパーマンはニューヨーク市立大学ハンター校からコロンビア大学ビジネススクールへ、テッパーはピッツバーグ大学からカーネギーメロン・ビジネススクールへ進んだ。サズマンはニューヨーク大学卒業後にＭＢＡを修得している。そして、前述のように、キングドンはハーバード、ラージャラトナムはウォートンでそれぞれＭＢＡを修得している。

オポチュニスティック対コアコンピテンシー

マネジャーのほとんどは、ポートフォリオの最適化についてオポチュニスティックに考えている。つまり、有利な取引機会があるときに資金を配分している。セクターやポジション配分について制限することはあっても、前もって特定の投資カテゴリーに決めているということはない。エーンズリー、コフナー、オク、シンガー、スターク、サズマン、テッパーがこれに当てはまる。

このようなマネジャーは取引機会を求めて迅速に移行している。シンガーは、最初は転換社債アービトラージ（転換社債を購入し、同時に同じ発行体の株を空売りすること）を重視していたが、一九八七年の暴落後、株式市場との相関性が高すぎてヘッジするのが困難であることに気付いた。現在は、オポチュニスティック・アプローチで転換社債を扱うと同時に、ディストレス証券（イベント・ドリブン型の戦略で、経営不振に陥ったり破綻した企業に投資する）とアービトラージを中心としている。グリフィンも、最初は転換社債アービトラージを中心としていた。マーケットが変化しても生き残って取引機会を見つけるためには、新しい戦略と商品を追加しなければならなかった。現在、レラティブバリューとイベント・ドリブンを中心とした取引を行っている。同様にコフナーも、当初は先物、商品、為替が中心であったが、オポチュニスティックに展開させている。

その他のマネジャーは、オポチュニスティックのスタイルを取りつつも慎重に行動している。スタークは、当初は転換社債アービトラージ、その後リスク・アービトラージを行っていたが、数年前から第三者割当（プライベート・プレイスメント）も扱うようになった。現在は、ハイイールド・アービトラージ（上昇余地のある会社の低格付け債券間のアービトラージ）と転換構造アービトラージなど、その他のアービトラージについても考えている。同様に、オクの本来のコアビジネスは、買収アービトラージ、転換社債アービトラージ、イベント・ドリブン型リストラクチャリングであったが、一九九九年にはディストレスクレジットにも着手した。

一般的な分野での取引を続けているマネジャーもいる。例えば、ラージャラトナムはテクノロジーを中心としている。そのなかで、バイオテクノロジー、インターネット、通信（電子、音声、データ）、ヘルスケア（薬品、医療機器、バイオテクノロジー、ヘルスケアＩＴ）というように幅を広げている。ヘンリーは先物取引を中心としていて、投資家を株式市場の危険にさらすようなことはしない。ただし、先物取引の範囲内であれば、取引機会のある市場を求めている。

サズマンのコアコンピテンシーは、マーケットニュートラルである。ただしそのなかで、転換社債アービトラージ、買収／イベント・アービトラージ（被買収企業の株式購入と買収側企業の株式空売りを同時に行い、取引が成立するように方向性をもって投資する）、スタティスティカル・アービトラージ、ボラティリティ・アービトラージなど、環境の変化に応じて行動している。現在はスタティスティカル・アービトラージに注目していて、この分野でいろいろなアプローチをするマネジャーを採用すれば、会社のキャパシティも大きくなるだろうと考えている。

本来のスタイルを維持しているマネジャーは数人しかいない。カンバーランドはバリュー（割安）の銘柄選択をしている。キングドンは、金利、貴金属、為替リスクも多少扱っているが、基本はグローバルの銘柄選択を行っている。

コアコンピテンシーに戻ったマネジャーもいる。テッパーは、コアコンピテンシーであったディストレスやジャンクボンドからほかの分野に移ったが、結局は初心に返った。クーパーマンもコアコンピテンシーである先進国（主にアメリカと西欧）の普通株式に戻った。

ファンダメンタル研究（定性分析対定量分析）

ヘンリーを除き、どのマネジャーもファンダメンタル研究を重視している。ヘンリーはコンピューターによって長期トレンドを追うことに特化している。その哲学は、投資判断に必要な情報はファンダメンタルズではなく、市場価格そのものであるという前提に基づいている。

その他のマネジャーは、一般的にファンダメンタルの情報を重視しているが、それぞれに相違がある。エーンズリー、クーパーマン、カンバーランド、コフナー、オクは、まさにファンダメンタル重視の代表格である。オクいわく、オクージフのコンピューターは分析とモデル作成にしか使用していない。コンピューターは単なる道具であって、意思決定は人間が行っている。

キングドンの強みは徹底的なファンダメンタル研究であるが、評価やテクニカルも重視している。ラージャラトナムは、ガリオンではファンダメンタル研究を重視しているがトレーディングも同じように重視していると言う。コアのポジションを中心としたトレーディングを積極的に行っている。同じウエートでデュアルフォーカスしているのだ。テッパーも、ポジションを中心としてトレーディングを行っている一人である。

シンガー、スターク、グリフィンは、定性分析だけでなく定量分析も重視している。シンガーは、定量分析のスキルはあるが、それを専門にしているわけではない。また、企業のことを知り、企業に親しくなる。つまり、量と質を組み合わせて活用しているのだ。

サズマンは、取引機会によって配分の割合を決めている。コンピューターで各投資についての期待収益率と予測されるリスクをはじき出す。そして、取引機会を分析してシミュレーションを行う。それでも、判断のオーバーレイ（手を加えること）が非常に重要となる。

まったくのブラックボックス（コンピューター化されたプログラム）を一方の端とすると、スタークのやり方は定性判断とブラックボックスの間に位置していると言う。モデルによっているべき場所を理解し、それを質的に調整する。量的な事柄も勘案するが、それだけでは判断しない。人間の意見も加味してヘッジと分析を調整する。つまり、定質分析と定量分析をミックスさせてポートフォリオの最適化を図るのだ。また、戦略のリスクと期待収益率についてグローバルに調べる。転換社債アービトラージの場合には、理論上のミスプライス、次に転換社債の信用度、そして原証券（株）のファンダメンタルズについて調べる。戦略と地理的分散化について全体的なポートフォリオ分析を適用し、ポジションのリスクのバランスを図る。

ボトムアップ対トップダウン

クーパーマンは、銘柄を選出するときにボトムアップのアプローチに従う。ある企業の価値を判断するとき、経済上、財政上、評価上のデータポイントを一〇〇種類以上調べる。エーンズリー、オク、カンバーランド、ラージャラトナムも、ボトムアップ派である。企業を訪問し、経営陣と話し、キャッシュフローを分析する。スタークは自分のアプローチについて、信用調査とマーケット知識に基づくボトムアップであると述べている。サズマンもボトムアップである。部下は、特定のマーケットとその機会について非常に詳しい。意思決定は取引ごとに実施する。

これに対し、コフナーはトップダウン志向である。経済や環境について全体的な判断を下し、それから特定の取引機会を追求していく。

キングドンは、トップダウンとボトムアップの両方である。ポートフォリオ構成や産業集中度について判断するときはトップダウン分析、一方、個々の銘柄調査で取引機会を明らかにするときはボトムアップ分析を実施する。

税効果

マネジャーたちは、税効果についてはそれほど重要視していないようである。ファンダメンタルズで行動方針を判断していることが多い。年末などには税を気にすることもあるが、税効果に左右されているわけではない。ポートフォリオにおいて巨額のトレーディングが行われているため、当然、アービトラージなどの戦略は税効果的ではない。

ただし、例外もある。シンガーのアメリカファンドでは税の最適化を実現している。というのも、長期的な利益を目標としているからである。クーパーマンは、節税対策として三年間のロックアップを定めるファンドを計画している。エーンズリーも税効果について考慮していて、普通の年には利益の半分以上が含み益になるという。

コーディネーター、監督官

組織を立ち上げたころは一人のキーパーソンが主に意思決定をしていたかもしれないが、その人物の役割はチームの監督官やコーディネーターへと変わっていくことが多い。この役割には、リスク・マネジメントや資産配分も含まれている。これがキーパーソンのメインの職務になることもある。キングドンは、どのように投資するかを判断する。グリフィンは、コーディネーター、ストラテジスト、リスクマネジャー、資産配分者の役割を担っている。コフナーは、戦略、リスク・コントロール、リスク配分の考案に多くの時間を費やし、ビジネスをどのように成長させていくか、構造をどのように展開していくかということを考える。シンガーはシニア・リスクマネジャーであり、ポジションの規模について意見を述べ、すべてのポジションに責任を負っている。

エーンズリーの役割の中心は、資産配分とリスク・コントロールを実施すること、そして組織の共鳴板の役割を果たすことである。エーンズリーの意見はポジションの規模に影響を及ぼす。分析が徹底的に実施され、関連するすべての情報が有効に使用されるための手段を講じるということに責任を負っている。

サズマンは、自分の役目はいろいろなところで取引機会を探す「最高臨機応変責任者」であると述べている。投資機会を見つけると、戦略を実行する人物を採用する。また、リスクマネジャーとしての役目もある。これは、資産配分の対象となるマネジャーとは独立した存在である。

このほかにも、ポートフォリオを活発にするためにコーディネーターや監督官の役割が遂行されることもある。オク、ラージャラトナム、スターク、ウィルコックスなどがそうである。

オクは、ポートフォリオの決定に深く関与していて、投資プロセスに注目している。アービトラージ／リストラクチャリングの部門の責任者であると同時に、マネジメントのメンバーとして、キャパシティや企業としての能力などの幅広い問題にも関与している。

ラージャラトナムは、マネージング・ゼネラルパートナーとポートフォリオ・マネジャーである。自分自身のことをチームのクオーターバックだと考えている。会社のあらゆることに関与し、会社のミーティングに数人のアナリストを引き連れ、週に二、三社の責任者と会い、月のうち一週間はカリフォルニア州の会社を二五社ほど訪問し、代理を立てずに自ら投資家に会うのだ。

スタークは、転換社債アービトラージの分野を指揮している。自分の時間のうち八〇～八五％程度を投資マネジャーとしての業務に費やす。さらに、スタークとそのパートナーは、資産配分全体にも責任を負っている。このほかにポートフォリオ・マネジャーの共鳴板の役割も果たしている。

ウィルコックスは、六割程度の時間をさまざまな会社の経営幹部、アナリスト、業界関係者との交流に充てている。二割はマネジメント業務に費やしている。

クーパーマンは、投資に対する関心が高い。銘柄の選別に積極的に直接関与している。一九九九年五月にスティーブン・アインホルンを副会長として迎えたため、彼に仕事を任せて自分はより多くの会社を訪問することができると話している。

テッパーも積極関与型であり、ポジション・サイズについて意思決定をする中心人物である。

ヘンリーは、一九八六年にセミリタイアしている。日常的なビジネスは遂行していないが、マーケットの調査に多くの時間を費やしている。

マネジャーの多くは、指導者としての役割も果たしている。特にシンガーとキングドンにはその傾向が強い。部下を訓練しようとする場合には、責任と意思決定を部下に任せる。つまり、その人物が正しく考えることができるように導くのである。エーンズリー、オク、スタークも、優秀なチームを育てている。ヘンリーは、自分のことを「子供の成長を見守る親」のようだと述べている。ルールと手順を書き出し、従業員がそれを守っているかどうか監視する。トレーダーを呼び出し、「これをしろ」と命令するのではなく、「今は何をしているのか?」と質問する。

投資委員会

スーパースターマネジャーの多くが投資委員会を設置している。これは、シニアレベルの諮問グループであり、主にトレーディング方針の評価と監督を行う。マーケットの見通し、流動性、キャパシティ、パフォーマンスサイクルなどを話し合う。その開催頻度はさまざまである。また、これはカルチャーの浸透にも役立っている。

クーパーマンの投資委員会は、週一回開催される。マクロトレンドについて話し合い、人気のなくなった資産クラスを見極める。

グリフィンのミーティングは、株式市場のボラティリティによって開催頻度が変わる。例えば、一九九八年にボラティリティが高かったときは、一日一回は開催されていた。二〇〇〇年は週に一回程度である。

ヘンリー、キングドン、オク、スターク、テッパーも、投資委員会を設置している。

一方、エーンズリー、カンバーランド、コフナー、ラージャラトナム、シンガー、サズマンは、投資委員会を持たない。エーンズリーは、コンセンサスの危険性について指摘している。面白くて刺激的なアイデアが排除されてしまうかもしれないからだ。また、スタッフには、専門の業種以外のことに目を向けるのではなく、個別銘柄に注目してもらいたいと考えている。

カンバーランドの経営管理委員会では、ポートフォリオ・マネジャーに対してリスクの上限を定めている（セクターアロケーションではない）。

クーパーマン、ガリオン、キングドンは、マーケットの動向や展開について話し合うためのミーティングを毎日開催している。

ほかのヘッジファンド・マネジャーへの配分

数人のマネジャーは、専門知識をもとにほかのマネジャーを選び、資産を配分している。そうすることでポートフォリオを分散し、リターンの可能性を増大させ、新しいアイデアを見つけ、さまざまな関係を構築することができるからだ。キングドンは、三％未満を十数人のマネジャーに配分している。エーンズリーは、資産の一％未満をほかのマネジャーに配分している。ほかのマネジャーに資金を提供する場合には、そのヘッジファンドの一部を保有する。コフナーは、数人のマネジャーに対してときどきファンド資金を提供してきた。しかし、ほかのマネジャーとの関係として必ずしもこれがベストの方法だとは思っていない。また、コントロールやシナジーが欠如することも好まない。グリフィンとクーパーマンはごくまれにしか資産を配分しない。

カンバーランド、オク、ラージャラトナム、シンガー、スターク、テッパーは、ほかのマネジャーに資産配分をしていない。

それとは対照的に、サズマンはその信条に基づき、さまざまな戦略を持つ二二人の外部マネジャーに資産を配分している。

このプロジェクトを始めたころには気付かなかったが、私は、一三人のマネジャーにはいくつかの相互関係が存在することを発見した。例えば、一九八一年にサズマンが初めて資産配分をしたマネジャーのなかにシンガーがいた。また、サズマンは、スタークとコフナーの後援者でもあった。シンガーとサズマンは、スタークの一九八三年の著書『スペシャル・シチュエーション・インベスティング（*Special Situation Investing : Hedging Arbitrage and Liquidation*）』に影響を受けている。テッパーとオクは、同じ時期にゴールドマンサックスで働いていたことがある。

ロケーション／オフィス

マネジャーのほとんどがオフィスを一つしか構えていない。サテライトオフィスを設置しているのも数人である。オフィスの場所はニューヨークが最も多く、クーパーマン、キングドン、コフナー、オク、ラージャラトナム、シンガー、ウィルコックスのオフィスがある。一方、郊外派では、サズマンはコネティカット州グリニッチ、テッパーはニュージャージー州チャタムにオフィスがある。コフナーは、ニュージャージー州プレインスボロにバックオフィスがある。

二番目に多いのがロンドンである。グリフィン、オク、シンガー、サズマンのオフィスがロンドンにある。欧州の取引を分析して投資するには、ロンドンという場所は重要である。三番目はシリコンバレーで、グリフィンはサンフランシスコ、ラージャラトナムはサンタクララにオフィスがある。テクノロジー関係者と連絡を密に取るのに適した場所である。

ニューヨークを拠点とするマネジャーは、企業のエグゼクティブなどのキープレーヤーに会ったり、

IPO（新規株式公開）や募集説明会に行くのに便利な場所だという点を強調している。集団思考の危険性を懸念するよりもアイデアが自由に生まれることを重視すべきである、とキングドンは言う。ニューヨークには活動的でエネルギーにあふれた人が多く集まっている。コフナーは、ニューヨークは世界の首都であると言う。エコノミストから官僚に至るまで、あらゆる種類の人を見つけることができる。

一方、エーンズリーはダラス、グリフィンはシカゴ、ヘンリーはフロリダ州のボカラトン、スタークはウィスコンシン州のメクォンを拠点としているが、ニューヨークから離れた場所にいることを不利とは思っていない。グリフィンは、主要スタッフがほかのマネジャーに取られる心配もないし、スタッフとも長く深く付き合うことができるという利点を強調している。スタークは、会社が集団心理の影響をあまり受けずにすむと考えている。

最低投資金額

投資を受け付けるとき、スーパースターのなかには、一般のヘッジファンド・マネジャーよりも高い最低投資金額を要求する人がいる。通常は、五〇〇万ドルから一〇〇〇万ドルの範囲であるが、オクの最低投資金額は一〇〇〇万ドルであった。テッパーとサズマンは五〇〇〇万ドルを要求していた。キングドンは、機関投資家からは五〇〇〇万ドル、個人投資家からは一〇〇〇万ドルをそれぞれ要求していた。

エーンズリーの最低投資金額は二〇〇万ドルから五〇〇万ドルであった。

資産のロックアップ

多くのマネジャーが、一年以上のロックアップ期間を定めている。場合によっては、二～三年のこともある。ロックアップを定めることによって投資家基盤が安定し、質の高い献身的な投資家を確保することができる。テッパーは三年のロックアップを定めている。エーンズリーは、資産の早期償還にはペナルティが課せられるという三年ロックアップを定めている。オクは二年のロックアップを義務付けている。

余暇

ほとんどのマネジャーが、バランスの取れた生活を送っているようであり、本業以外に夢中になれるものを持っている。スポーツの趣味を持つ人が多い。余暇には、勝負をしたり技術を習得する姿が見られる。グリフィンはサッカー、エーンズリーはバスケットとゴルフをする。キングドンは一九年間もテコンドーに親しんでいる。オクの趣味はスキーとゴルフである。テッパーは、自分でゴルフと水泳をする以外にも、子供たちのスポーツチームを指導している。ウィルコックスは、三〇年来のサーファーである。ラージャラトナムはテニスをスカッシュと水泳をする。スタークも、余暇にはスポーツを楽しんでいる。

ヘンリーは、野球のチームをいくつか所有している。一九九九年一月には、フロリダ・マーリンズを購入した（訳注　二〇〇一年秋には売却を決定）。

慈善事業に関心を示すマネジャーも多い。クーパーマンは教育基金を設立し、多くの理事を務めている。オクは、ユナイテッド・ジュイッシュ・アピール（UJA）のウォール街支部長とシティハーベストの役員を努めている。ウィルコックスは、ノースカロライナの農村地域やカンザスの少年更生施設など、クラシック音楽があまり演奏されないような場所に音楽を普及させる活動をしている。シンガーはファミリー財団を運営している。

公共問題の改革に力を注いでいるマネジャーもいる。コフナーは教育改革に熱心である。シンガーは社会政策の分野で活動をしている。サズマンは環境問題に取り組んでおり、具体的には、メーン州で製紙業界がこれ以上木を伐採しないように活動している。また、イスラエルのバイツマン研究所の純科学に対して多くの資金と資源を提供し、最近では環境科学のためにビルを建てた。

政治に関心がある人は少ない。ヘンリーとサズマンが民主党キャンペーンに参加している程度である。

音楽を息抜きの場としているマネジャーもいる。コフナーは毎日ピアノを弾く。ヘンリーは若いころベースを演奏していて、今でもレコーディングスタジオを持っている。ウィルコックスは、ロックバンドでギターを弾いている。

ラージャラトナムは旅行が好きで、年に二回は新しい国を訪問している。コフナーは希少本を収集し、最近では、一人のアーチストだけで挿絵を描くという二〇世紀唯一のバイブルを出版するための組織を作った。

相違点

マネジャーたちの間に共通点が見られない分野もある。年齢がその一つである。スタイルや戦略も異なる。株式市場への投資額やヘッジ方法も大きく違う。ポートフォリオの構成も異なり、アメリカ市場、マクロトレーディング、テクノロジー、プライベートエクイティ（未公開株）など、注力しているものはさまざまである。取引をするのに必要な基準も大きく異なる。

透明性の程度、投資家数、企業の従業員数にも差がある。

エリートのマネジャーたちの投資バックグラウンドにも、ヘッジファンドにたどり着いた経緯にも共通点は存在しない。同様に、リタイアに対する考え方にも違いがある。

年齢

一三人のマネジャーのうち、最年少は三二歳のグリフィンである。三〇代はグリフィン、エーンズリー、オク、四〇代はラージャラトナム、スターク、テッパー、ウィルコックス、五〇代はクーパーマン、ヘンリー、コフナー、キングドン、シンガー、そしてサズマンの六人であった。

スタイル、戦略の数、配分

スーパースターの多くが、マーケットニュートラル戦略を採用している。スタークは転換社債アービトラージを中心としているが、リスク・アービトラージや第三者割当債も重視している。サズマンは、マーケットニュートラル戦略がメインである。現在は、スタティスティカル・アービトラージに注目している。転換社債アービトラージや買収アービトラージにも多く配分している。

マーケットニュートラル戦略の採用とは関係なく、イベント・ドリブン戦略を実施しているマネジャーもいる。シンガーはディストレス証券とアービトラージ、グリフィンは、レラティブバリューとイベント・ドリブンに焦点を当てている。オクは買収アービトラージ、転換社債アービトラージ、イベント・ドリブン、ディストレスクレジットに集中している。

テッパーは、ハイイールド債とディストレスを中心としている。銘柄選択のマネジャーでは、クーパーマンとカンバーランドがバリュー株（割安株）を選別している。エーンズリーはオポチュニスティック型であるが、アメリカ市場に重点を置いている。キングドンは、グローバルエクイティのロング／ショートを中心とした銘柄選択をしている。ラージャラトナムはセクタートレーダーである。コフナーはマクロ志向である。ヘンリーは先物のみを扱うトレーダーであり、株式にはまったく手を出していない。アプローチについては、自称、積極行動主義のマネジャーは数人である。シンガーは、交渉や委員会活動に積極的に関与し、投資した資金に対してあらゆる努力をする。クーパーマンも行動主義であり、何か問題が生じると他社と直接対峙するスタイルを好む。

アメリカ国内対グローバル

ラージャラトナムは、徹底的にアメリカに集中している。ガリオンの取引のほとんどが、アメリカを拠点とした企業か、あるいは海外企業のＡＤＲ（米国預託証券）である。そして、地元の専門家の意見を重視している。

カンバーランドの取引の九五％がアメリカベースである。シンガーの取引も、大半がアメリカベースである。クーパーマンもアメリカでの取引機会を探すことが多い。オメガのポートフォリオの七五

～八〇％がアメリカであり、残りはグローバルインターナショナルに集中している。

エーンズリーのポートフォリオも、大半がアメリカで占められている。というのも、自分が最もよく知っている地域であり、一貫したパフォーマンスを得ることができるからである。株式を空売りするのにも最も効率的なロケーションである。現在、アメリカへの投資は約七五％である。

オクのポートフォリオの二五％が欧州に集中している。買収アービトラージ・ポートフォリオの三五％が欧州でのアービトラージであり、転換社債アービトラージ・ポートフォリオの大半が西欧と日本の債券で構成されている。

グローバルの特徴が顕著なのが、キングドンのグローバルロング／ショート株式投資である。ポートフォリオの三五～五〇％を海外に投資している。グリフィンのポートフォリオの三分の二から二分の一はアメリカであるが、欧州や日本の割合も大きい。

スタークの過去の例を見ると、六五％が海外、三五％がアメリカであった。日本に注目している時期もあった。スタークは海外マーケットは非効率性が高いと見ている。これまでは欧州への配分は少なかったが、最近では少しずつ変わってきている。ただし、構成の割合は変わっていない。

テッパーはオポチュニスティック・アプローチを取っているため、海外マーケット（新興市場、ロシア、韓国など）にも頻繁に登場する。サズマンもグローバル志向である。

コフナーはグローバルマクロ・トレーディング、ヘンリーはグローバルな先物市場と為替というように、両者も海外志向である。

ポートフォリオに占めるマクロトレーディングの割合は、減少傾向にある。例えば、コフナーのポートフォリオの三〇～六〇％がグローバルマクロであるが、三〇年前と比べるとその割合は減少している。

キングドンのポートフォリオでは、一九九八年はマクロトレーディングが四〇％を占めていたが、一九九九年の終わりには五％にまで減少してしまった。クーパーマンについては、一九九八年のロシア危機の経験から、マクロは資本の五％にするというリスク制限を定めている。しかも、流動性のあるマーケットでしか取引しない。

テクノロジーの配分

ポートフォリオにおけるテクノロジー銘柄の重要性は、マネジャーによって異なる。クーパーマンは、テクノロジーにはほとんど投資せず、それを自分のウイークポイントだと認めている。それでも、二〇〇〇年にはテクノロジーのアナリストを採用した。

それと対照的なのがラージャラトナムである。カリフォルニア州サンタクララにオフィスを構え、テクノロジーに特化している。サンフランシスコにオフィスを置いているグリフィンも、テクノロジーの配分が大きい。シタデルは、買収合併、転換社債、ロング／ショート・エクイティのポジションで、ニューエコノミーに巨額を投資している。テクノロジーへの配分は、ポートフォリオの五～五〇

%である。

しかし、マネジャーのほとんどが中間の態度をとっている。エーンズリーは、テクノロジーをほかの業種と同じようにとらえている。その最大配分は一〇%である。キングドンは、ファンダメンタル要因とテクニカル要因、そして価値に基づいて配分を変えている。通常は、一〇～四五%の範囲内である。インタビュー時、コフナーとカンバーランドのテクノロジー配分は、いずれも約一七%であった。

プライベートエクイティ

プライベートエクイティへのアプローチの仕方も、マネジャーによって異なる。プライベートエクイティは、非公開企業（通常は小規模企業）を対象とした流動性の低いマーケットであり、上場企業の株の譲渡に関する法や規制から除外されることが多い。マネジャーは、自分のファンドの一部としてプライベートエクイティを扱うことがある。キングドンは資産の五%未満ではあるものの、過去六年間にわたってプライベートエクイティに資産を配分している。キングドンによると、プライベートエクイティはテクノロジーを開発する好機であり、並外れたリターンを得ることもあるという。カンバーランドの配分も五%未満である。シンガーはほかのマネジャーと同じようにプライベートエクイティを扱っているが、そのポジションは小さい。テッパーは、機会があれば採用するという程度である。

一方で、プライベートエクイティを別個に扱うマネジャーもいる。エーンズリーは、一九九九年後半のブラゾス・インベストメント・パートナーズ設立のとき、戦略的関係を構築してそれを支援している。ヘッジファンドとは別個に扱っているが、ほかの組織の情報や専門知識から得るものもある。プライベートエクイティに必要なスキルはヘッジファンドとは異なると考えている。そのため、取引機会かどうかを評価したり、交渉できる人が必要となる。しかも、プライベートエクイティはヘッジするのが難しい。

コフナーは、フレッド・アイスマンと一緒に、キャクストン・アイスマン・ファンドというベンチャーキャピタルを設立した。キャクストンのファンドの一つでは、プライベートエクイティなど、投資家が数年間保有しなければならないような流動性の低い投資にも多少資産を配分している。

キャセイ・ファンドに対するパロマの投資はパロマの資産の一％にも満たないが、キャセイ・ファンド内には六つの上場企業と七つの非上場企業がある。したがって、ある意味ではプライベートエクイティということができるだろう。

クーパーマン、ヘンリー、グリフィン、オク、スタークは、プライベートエクイティには資産配分していない。

ラージャラトナムは、諮問委員会でプライベートエクイティについて論議したことはあったが、現時点ではこれを扱う計画はない。

マーケットエクスポージャーとそのヘッジ方法

リスクを評価する手段として、株式市場へのネットエクスポージャーでロングポジションとショートポジションとを比較する。マーケットエクスポージャーは、ロングエクスポージャーからショートエクスポージャーを差し引いて算出する。マネジャーが過度にロングなのか、過度にショートなのかが分からない場合があるため、これには混乱を招くという批判がある。例えば、あるマネジャーが一〇〇％のネット・ロングエクスポージャーだする。その算出方法は何通りも考えられ、四〇％のロングと三〇％のショート、あるいは一〇〇％のロングと九〇％のショートかもしれない。一般的には、ネットエクスポージャーが低いと低迷マーケットでのリスクも小さくなるが、それは銘柄選択やロングとショートの構成によって異なる。

マネジャーによって、ネットエクスポージャーはあらゆる点で違いが見られる。カンバーランドとクーパーマンの株式エクスポージャーは、平均で約六五％である。キングドンについては、現在は五〇％を下回っているが、過去五年間を平均すると約五六％である。マベリックのネットエクスポージャーは平均すると四八％、ラージャラトナムのエクスポージャーは三〇～四〇％の範囲である。株式市場に対するコフナーのロングエクスポージャーは常に低く、一〇～二五％の範囲内である。オクは一〇％未満。スタークはヘッジ比率を用いるのを好むが、ネットエクスポージャーは七〇～九〇％である。カンバーランドも七〇％である。

ヘッジの方法もさまざまである。エーンズリーのヘッジ戦略は、ヘッジファンドの生みの親であるA・W・ジョーンズの戦略に非常によく似ている。完全にはヘッジしないが、典型的なファンドよりはヘッジ比率が高い。エーンズリーは、ヘッジの方法として先物やオプションを使用しない。レベルの高い投資家であれば、各自で先物やオプションを使用することができると考えているからである。エーンズリーの付加価値は株の空売りである。

ラージャラトナムとグリフィンも、A・W・ジョーンズのモデルに似ている。ショートポジションもロングポジションと同じくらい重要であるとラージャラトナムは言う。また、ラージャラトナムは株の空売りも行う。オプションも使用するが、それらには割高感がある。このほかに、キャッシュへの移行という手法をとることもある。

先物やオプションや空売りを使用しつつキャッシュで資産を保有するというのは、キングドンの手法である。テッパーは、インタビュー時（二〇〇〇年九月）、相当な金額を現金化していた。というのも、マーケットは方向性を失い、それほど高い結果も期待できないと考えていたからである。キャッシュ以外にはS&P先物と債券をヘッジに利用するつもりである。サズマンもキャッシュへ移行している。

カンバーランドでも現金を保有している。カンバーランドのマネジャーは、ショート戦略の効果を上げるため、ペアトレード戦略を採用したり、インデックスや企業固有のオプションを使用したりすることもある。株の空売りは、ヘッジするためというよりは利益を上げるために行う。

クーパーマンは、空売り、インデックスオプション、先物でヘッジしている。

スタークは、リスクをヘッジしようとすると、理論上オーバーヘッジになることが多いと話す。為替リスクは完全にヘッジしているが、金利リスクのヘッジは変動的である。アセットスワップの実施やデフォルトプロテクトの購入が可能な場合、それを実施する。ハイイールド債やその他の転換社債、あるいは信用デリバティブを空売りすることもある。

シンガーとサズマンは、大きな動きがあった場合、ポートフォリオを保護するためにオプション・ボラティリティ・スワップを行う。

コフナーの取引のほとんどは、株式市場との相関性がない。シンガーもできるかぎり、株式市場や債券市場との相関性がないディストレス証券やアービトラージの手法を取るようにしている。ポジションが市場原理の影響を受ける場合は、空売り、インデックス、オプション、ボラティリティ・ポジション、ボラティリティ・スワップ、デリバティブでヘッジする。

取引のスタイル

マネジャーのなかには、リターン目標を期待している人がいる。キングドンは、株を購入するときに、最低でも三〇％のグロスリターンを目標としている。テッパーは、小型株の場合は二倍のリターン、大型株の場合は五〇％のリターンを期待している。

取引当たりのリスクに注目している人もいる。グリフィンが注目する取引当たりのリスクは、戦略によって異なる。例えば、債券アービトラージ取引のリスクは、アービトラージ取引のリスクよりもずっと小さい。スタークはリスク調整後のリターンに注目しているが、ポートフォリオ分析について調整している。戦略的にも地理的にも分散化が必要であると考えている。オクもリスク調整後のリターンに注目している。明示的にも潜在的にも株式相場と相関性のあるポジションを避けようとしている。これまでにない複雑な証券に注力し、そのヘッジや分析能力が競争上の強みになると考えている。カンバーランドとクーパーマンはバリュー投資家であり、五〇～六〇セントに対して一ドルのリターンを期待している。ラージャラトナムは、ウォール街のアナリストの分析が正しくないと思ったら、そのリサーチに対してアービトラージをする。また、ガリオンはテーマ型投資家である、と考えている。五つから六つのテーマがあり、そのテーマに基づいて取引を行っている。

従業員数

通常、組織には四〇～八五人のスタッフがいる。例外として、コフナーのキャクストンには一六〇～一七〇人、サズマンのパロマには二〇〇人以上、グリフィンのシタデルには三五〇人以上の従業員がいる。一方、スタッフが少ない組織は、ウィルコックスのカンバーランド、テッパーのアパルーサ、ラージャラトナムのガリオンで、それぞれ二二人、二五人、三五人である。

投資家の人数と地理的内訳

投資家の人数が少ないのはクーパーマンで一〇〇～一五〇人、多いのはエーンズリーで七〇〇人以上である。

地理的内訳を見ると海外投資家の割合はさまざまである。スタークの投資家は二二カ国から集まっている。シタデルの投資家の約六〇％、クーパーマンの投資家の約三〇％が海外投資家である。ヘンリー、オク、サズマン、テッパーの場合は、ほとんどがアメリカ投資家である。ガリオンでは戦略的投資家が非常に重要であり、アメリカの投資家の六〇％がこれに当てはまる。一方、海外投資家は少ない。

透明性および投資家の関係

ほとんどのマネジャーが、四半期ごとにレポートを作成している。月例報告書を作成しているのは、カンバーランドとサズマンとヘンリーのみである。ウィルコックスは、トップ三〇のロングポジション（ドル換算）、持ち分比率、それぞれの損益をカンバーランドの投資家に提示している。また、グロスのロングポジションとグロスのショートポジション、ロングのコール・オプションとショートのコール・オプション、ロングとショートの業界別ポートフォリオ集中度についても提示している。

サズマンは、各戦略への資本配分率、ポートフォリオ全体と戦略ごとのバランスシート・レバレッジ、全体と戦略ごとの取引ポジション数、転換アービトラージのポジションにおける総合利回りとヘッジ比率、戦略ごとの収益性の要因分析について、顧客と積極的に話し合っている。

エーンズリーは、要請に応じて、セクター別または地理別のパフォーマンス、セクター別または地理別のロングとショートのエクスポージャー、取引一覧表など、ほとんどの情報を公表している。

クーパーマンの四半期レポートでは、収益と損失のトップ二五ポジションのリストを掲載している。

オメガのマーケット観測と現在のエクスポージャーについても詳しく説明している。

シンガーは、四半期レポートと年次監査を投資家に提示している。オクは、四半期レターを送付し、収益貢献における上位と下位のリスト、ポートフォリオ配分や巨額のポジションについての情報などを載せている。スタークの四半期レポートには、レバレッジや地理的損益についての情報を記載している。

テッパーは、カテゴリー別投資を四半期ごとに投資家に提供している。それには、アメリカ株式の割合、国別新興市場、カテゴリー別株式投資を記載している。

キングドンは、地域と資産クラスごとのパフォーマンス概要を四半期ベースで、投資ポジション概要を月末に、ロングポジションについてのSEC届け出を四半期ベースで、それぞれ提示している。

このようにさまざまな内容を提供しているが、マネジャーが最も神経質になる情報は、銘柄固有のショートポジションである。クーパーマンとエーンズリーはこの情報を公表していない。シンガーも、厳密なポジションを公表していない。スタークは、追加情報の要求があった場合には機密を厳守するということにサインさせ、その場にかぎってポートフォリオを見ることを認めている。テッパーは、個々の社名を明かしていない。

スーパースターのマネジャーたちは概して、離れた場所から投資家に接する傾向があり、大半が代理を立てている。投資家はたいてい長期に構えているので、呼び出しもそれほど多くない。ただし、オク、ラージャラトナム、スターク、サズマン、ウィルコックスは例外で、定期的に投資家に接している。

バックグラウンド

ヘッジファンドの世界に足を踏み入れたきっかけはさまざまである。大規模のヘッジファンド・マネジャーや投資銀行からの転身、あるいは直接ビジネスの世界に参入したマネジャーは、三〇人くらいである。グリフィンは、大学時代にヘッジファンドをすでに始めている。エーンズリーはタイガー・マネジメントに、オクはゴールドマン・サックスにいたことがある。

ウォール街でキャリアを積んでいたり、ほかの会社で働いていた経験のあるマネジャーは四〇人を超える。コフナーは、コモディティーズ・コーポレーションに参加する前は学問の世界に身を置いていた。シンガーとスタークは元弁護士であり、投資を趣味としていた。キングドンはＡＴ＆Ｔの年金基金管理グループにいて、その後ヘッジファンドに参加し、そして自分のファンドを設立した。

証券会社出身のマネジャーは多い。ラージャラトナムはニーダム＆カンパニーで働いていた。クーパーマンはゴールドマン・サックスに二四年間、オクは一一年間、テッパーは七年間在籍していた。サズマンはある証券会社で転換社債のアービトラージャーとして働いていた。ウィルコックスは、セントラル・ナショナル・ゴッテスマンのポートフォリオ・マネジャーだった。ヘンリーは農家で育ち、その後、ヘッジャー、商品投機家、ＣＴＡ（商品投資顧問）となった。

リタイアについての考え方

極端な例がカンバーランドであり、この会社は三〇年で三世代も交代している。後継問題はビジネスの重要課題であり、カルチャーの一つと考えられている。

コフナーは、長期的（だいたい一〇年）に見て、自分は必要とされなくなるだろうと考えている。つまり、自分がいなくても会社は運営されるか、あるいは少なくとも自分の意見はあまり必要とされなくなるだろうと考えているのである。オクは、自分が関与しなくなっても会社が存続することを期待している。スタークも自分がいなくても会社は機能するものだと考えている。サズマンは会社を組織化しようとしているが、取引機会を見極めることと資本を配分することは自分の役割として残しておこうと考えている。組織は健全で、自分がフルタイムで関与しなくても安心して資産運用を任せられるだろうという考えが、マネジャーの間で一般的に見受けられる。

一方で、自分が関与しなくても会社が存続するという考えを良しとしないマネジャーもいる。クーパーマンは健康であるかぎり、パフォーマンスに問題が生じないかぎり、そして仕事に関心を持っているかぎり、この仕事を続けたいと考えている。リタイアするつもりはない。ヘンリーは自分が会社に関与しないということなど考えられないと言う。また、会社を売却するつもりもない。シンガーも引退など考えられず、今、自分がしていることは長期にわたってもできるはずだと言う。

第5章

リー・エーンズリー

LEE AINSLIE

マベリック・キャピタル（Maverick Capital）

伝統的なロング／ショートのヘッジファンドでファンダメンタル重視のボトムアップ型マネジャー

新しい世代のヘッジファンド・マネジャーと言えば、リー・エーンズリーのことを思い浮かべる人が多いだろう。マベリック・キャピタルを運営しているのが、この三六歳のエーンズリーである。バージニア大学でシステムエンジニアリングを学び、卒業後はＫＰＭＧでコンサルタントを務めた。その後、ノースカロライナ大学ビジネススクールに通い、ジュリアン・ロバートソンのことを知り、マネージングディレクターとしてタイガー・マネジメントで三年間働いた。自分のキャリアはロバートソン（そしてタイガーのトレーダーたち）の影響を受けていると考えている。「彼（ジュリアン）からは、誠実という人生の教訓を与えられ、信望の重要性を教えられました」。また、エーンズリーはタイガーには優秀なトレーダーが大勢いたと認識している。タイガーを離れてマベリックに参加することは非常に厳しい選択であったが、マベリックへの参加はまたとない機会だと考えた。

私がエーンズリーに初めて会ったのは一九九四年で、ダラスで開催されたマベリック・キャピタルの年次総会に出席したときのことだった。マベリックの創設者の一人であるサム・ワイリーは、アントレプレナーとして成功した人物であった。ユニバーシティー・コンピューティング、スターリング・ソフトウエア、マイケルズ、ストアーズ、スターリング・コマースなど、彼のビジネスは多種多様であった。ワイリーは、家族の資金を投資して一九九〇年に自身のポートフォリオを持ち、やがて一九九三年八月に息子のエバンとエーンズリーと一緒にマベリック・キャピタルを立ち上げた。一九九三年一〇月、マベリックは外部の投資家の資金も集めるようになった。当時は六〇〇〇万ドルの資産を管理していた。一九九四年にキンブル・アート・ミュージアムで開催されたマベリックのパートナーミーティングの主賓として、ジョージ・ブッシュ元大統領が招かれた。その晩、ブッシュは全員と握手をして一緒に写真を撮った。それが、私が初めて参加したマベリック・キャピタルの会合だった。

一九九五年二月には、エーンズリーがポートフォリオ全体を扱うようになった。一九九七年一月、エーンズリーはマベリックの過半数の持ち分を買い占めた。資産は六〇億ドルに急伸し、ファンド全体をコントロールするようになった。エバン・ワイリーは、マネージングパートナーとして長期戦略に携わっている。ダラスのクレッセントにあるオフィスを私が訪ねたとき、ちょうどオフィスの拡張を進めているところであった。この場所にオフィスを構えて三年しかたっていないが、すでに三回目の拡張であった。マベリック・キャピタルとその関連会社は、ダラス、ニューヨーク、フィラデルフィアのオフィスに約六〇人のスタッフを抱えている。私たちは、オフィスに隣接する八角形の会議室で面談した。エントランスでは、中国製陶磁の二頭のウマがゲストを迎えている。

エーンズリーのヘッジファンド運用方法は、ほかのマネジャーたちとは異なっている。その一つに、彼はA・W・ジョーンズの考えに基づいてヘッジしている。つまり、完全にはヘッジしないが、典型的なヘッジファンドよりはヘッジ比率が高い。マベリックでは空売りが重要である。個別の銘柄を空売りし、先物やオプションではヘッジしない。レベルの高い投資家であれば、各自で先物やオプションを使用してヘッジできるだろうと考えているのだ。「私たちは、マーケット平均を下回ると思われる個別銘柄を空売りして、付加価値を高めようとしています」

徹底的なファンダメンタル研究

マベリックは、ファンダメンタル重視、ボトムアップ型のアプローチを取っている。企業を訪問して、経営幹部と話をし、そしてキャッシュフローを分析している。マベリックはさまざまな業種と強固な結び付きがあり、その業種のうちに秘める力を理解している。ポートフォリオを見ると、約二五〇のポジションに分散している。

配分はそのときのベストアイデアを考慮して判断する。アメリカ株は常にポートフォリオの重要部分を占めている。「アメリカは最もよく知っている地域なので、一貫したパフォーマンスを得ることができます。空売りには最も適した地域です。日本も最高のパフォーマンスを上げていましたが、ボラティリティも高かったですね」

エーンズリーは、「マーケットが低迷しているときは、絶対リターンを得るのは難しいですが、相対的には私たちはうまくいっているようです」と認識している。S&Pが下がっている月について調べると（過去七年間で二九回あった）、アメリカの四つの主要インデックスはすべて四九～六五％下落していた。一方、マベリックは二・九％上昇していた。「このパフォーマンスは、ロングで市場平均を上回り、ショートで下回っていたことによります。その結果、マーケットの低迷時でも比較的良好なパフォーマンスを実現することができました」

エーンズリーは、自分個人でなくチーム全体の重要性を強調している。組織とは、仲間が集まったものである。個人の貢献に基づいて成り立っているものではない。自分が上層部の注目を集めることができたのも、組織という環境があったからだと考える。「私たちのエッジは、チーム内に経験者が豊富なことと、業種の専門知識に詳しいことです。八つのセクターのトップは、みな知識が豊富で才能があり、業種での経験が長いため、ロングでもショートでもこのことが強みになっています。特にショートでは経験がものを言うのです」。セクターのトップには自由裁量権がある。「彼らは仲間であって、従業員ではありません」。セクターのトップの報酬は、ファンド全体の収益性と特定セクターの貢献度の両方が勘案される。ただし、ファンド全体の収益性のほうが大きなウエートを占めている。

エーンズリーが会社の過半数を所有している。パートナーも数人いる。

エーンズリーはセクターのトップのほとんどと旧知の間柄であり、お互いに信頼し合っている。「セクターのトップと私は、一緒に意思決定をしています」。また、チーム、セクター、地域に分かれているため、ファンドには六〇億ドルも運用しているような雰囲気はない。マベリックは的を絞った小規模ファンドの集まりであるため、敏捷性を維持することができるのだ。

利益を増やすには、チーム内に業種の専門知識が豊富だということがカギとなる。チームでは、各業種の勝者と敗者に注目している。小売、メディアと通信、テクノロジー、ヘルスケア、金融、景気循環、日本とアジア、ラテンアメリカという八つのチームがある。どのセクターも、ポートフォリオの二〇％以上を占めることはない。ネットエクスポージャーが一〇％を超えることもほとんどない。

例えば、テクノロジーについて見ると、エクスポージャーは現在（二〇〇〇年九月）、五・九％である。どのセクターにもどの地域にも、ロングバイアスが見られる。

パフォーマンスの要因として、ロングポジションとショートポジションのギャップを挙げた。「このギャップは収益性に影響します。ロングとショートのギャップは、年換算で平均約二八・一％でした」

マベリックではネットのロングバイアスが平均四八％に達しているが、S&Pとの相関性はほとんどない。株式市場との相関性（R^2）は二九％であった。一般的に、この数字が四〇％以下の場合には相関性がないと考えられている。したがって、アップバイアスのマーケットでは平均を上回るのが非常に難しい。この四年間を見ると、マベリックの毎日のボラティリティはS&Pのボラティリティの半分程度、毎月のボラティリティはS&Pの八〇％程度であった。

マベリックは地域と業種に対するネットエクスポージャーを低くするようにしている。だいたい二五〜七五％のネットロングである。これは、ポートフォリオ全体についても、そして各地域と業種内でもネットロングである。ネットエクスポージャーは平均で四八％、グロスエクスポージャーは平均で二一一％であった。

エーンズリーはほかの有名なヘッジファンド・マネジャーとは異なり、自分の専門がマーケットタイミングではなく、銘柄選択であることを認識している。ポートフォリオを最適化するには、業種のスクリーニングから着手する。これは各ポジションのリスクとリターンの特性を重視するプロセスである。つまり、「判断の提案」プロセスと言える。

マーケットの流動性はどの程度なのだろうか？　エーンズリーは、時価総額の中央値は現在七七億ドルであると言う。マベリックでは、主にアメリカの中型株と大型株に投資している。

エーンズリーの役割は監督官とコーディネーターである。資産配分とリスク・コントロールを重点的に行い、共鳴板の役割も果たそうとしている。彼の意見はポジションの規模を左右する。「わざと反対の意見を述べることもあります。徹底的に分析すること、そしてあらゆる関連情報を有効に生かすことを促しているのです」

エーンズリーは、ビジネス問題（例えば、資産がパフォーマンスに及ぼす影響を判断すること、投資家に対するリターンの増大方法を考えること）を含め、分析的な観点から問題に取り組んでいる。

また、キャパシティの問題（つまりパフォーマンスに影響を及ぼさずにマベリックが十分に管理できる資産額の問題）について、相当な時間を割いて話し合った。具体的な数字は明らかにしていないが、規模と成長のプラス面とマイナス面について十分な調査を行った。マベリックでは、毎月のパフォーマンスと取引が行われなかったと仮定した場合のパフォーマンスとを比較している。そのトレンドは時間を追うごとに改善されている。

エーンズリーは、運用資産の規模がどの程度になるとマベリックの敏捷性にマイナスの影響を及ぼすかということを明確にしようとしている。マベリックでは、取引の執行について追跡している（その資産規模はマーケットを動かしているだろうか?と考える)。そのために、終値と売買高加重平均価格に対する取引結果を毎日チェックしている。

エーンズリーは、ファンドは七年前の設立から一定の成長を続けていると指摘している。四半期でネットの回収があったのは一回、パフォーマンスが下がったのは三回だけだった。一九九四年第1四半期に六・四％のマイナス、一九九八年第3四半期に四・一％のマイナス、一九九九年第3四半期に四・七％のマイナスを記録しただけである。

エーンズリーは、規模が大きくなりすぎることのマイナス面について検討した。業界トップになることはマベリックにとって重要なことではなく、むしろ、そうなったら投資スタイルを変えなければならない。また、敏捷性や回転が損なわれたかどうかということを常に分析している。現時点ではその心配はなさそうである。

プラスの面としては、資産規模が大きくなると多くのスタッフを雇用するようになる。すると、個々の銘柄について詳しくなる。会社の規模が拡大すると、トレーディング部門の力量と能力が向上する。一九九三年には、各投資専門家が約一〇〇のポジションを監視していた。現在では、二四人の投資専門家がいて、それぞれのポジションは一〇未満である。[1]

最も重要な問題はパフォーマンスである。二〇〇〇年三月末時点で、マベリックは相対パフォーマンス、絶対パフォーマンス、ボラティリティについて最高のパフォーマンスを記録した。

ほかのマネジャーへの配分は総資産の一％に満たない。めったに配分しないが、その重要性については認識している。新しいアイデアを見つけ、新しい関係を築き、ほかのマネジャーのポートフォリオを観察し、同時に自分たちの専門知識を増やすことができるからだ。ほかのマネジャーに資金を提供する場合には、わずかではあるがそのヘッジファンドの一部を保有する。

グローバルマクロには資産配分をしていない。マクロ機会が減少しているため、マクロ投資はあまり重要でなくなるだろうと確信しているのである。

エーンズリーいわく、ときとして、マーケットが不合理で価格が必ずしもファンダメンタルズを反映していない場合がある。ただし、そのような時期は長く続かないものである。

マベリックには投資委員会が設置されていない。このことについてエーンズリーは二つの点を指摘している。一つは、コンセンサスは最小公分母となるということである。つまり、面白くて刺激的なアイデアが排除されてしまうことがある。もう一つは、従業員には専門の業種以外に目を向けるのではなく、個々の銘柄に注目してもらいたいと考えているのである。

レバレッジとリスク・マネジメント

マベリックの典型的なグロスレバレッジは、二四〇〜二五〇％である。毎日のボラティリティはS＆P五〇〇の約半分であるが、S＆Pを上回る結果を残している。「今のリスクとリターンの特性は適切だと考えています」。レバレッジは数年間変わっていない。ほかのヘッジファンドと比較するとマベリックのレバレッジはやや低めである。

マベリックが利用できる理論上の最大レバレッジは六：一（六〇〇％）であるが、そのようなレバレッジを利用したことは一度もない。最大でも二五七％であった。三〇〇％という上限を自ら課している。

エーンズリーいわく、マベリックはこれ以上のファイナンシャル・リスクにも耐えられる余裕があり、優れたリスクとリターンの特性を維持することができる。というのも、ほかのタイプのリスクも制約していて、分散化されていて、厳しい損失制限を定めているからである。ヘッジすることでマベリックのリスクはマクロリスクから銘柄選択リスクへと移行する。銘柄選択によって付加価値を増大させることができるのだ。

ほかのマネジャーは、レバレッジを利用しているのにヘッジされない場合、分散化されない場合、相関性が強すぎる場合、あるいは集中しすぎる場合に、トラブルが生じることがある。

その点、マベリックは正しくヘッジしているためマクロリスクは低い。投資する地域と業界内のネットエクスポージャーも低い。通常、保有しているポジションは二五〇を下回り、ポジションについて厳しい制約を定めている。そのため、あるポジションが大きくなりすぎるということはない。ロングはネットエクイティの五％以下、ショートは三％以下である。比較的流動性が高い銘柄を取引しているため、間違った場合でもそのポジションからすぐに撤退することができる。

エーンズリーの一日

エーンズリーの一日は午前七時三〇分に始まる。まず、夜間に起こった新しい動向についてトレーディングデスクと話をして、その対処方法について討議する。午前中はたいていほかの世界に邪魔されることなく自分のオフィスで静かに一人で過ごす。

午後はシニアチームとのミーティングである。セルサイド（証券会社）のアナリストとはあまり話をしないが、投資プロセスにプラスとなる投資家とのミーティングには時間をかける。

毎晩、翌日の行動計画を立てる。つまり、何を買い、何を売るべきかを考える。損失をあるレベルに制限するルールと税務計画のガイドラインは、マベリックのシステムで管理している。シニアメンバーとは電話で話すことが多い。退社前には日本のマーケットの動向を見る。これを午後四時三〇分から七時三〇分くらいに済ませ、八時か九時ごろには帰宅する。その後は、夜間マーケットに目を配っていることが多い。

そして翌朝、行動計画を各セクションのトップに振り分けるのである。

仕事以外の時間はバスケットとゴルフをする。投資関連の書物以外では歴史小説を好んで読む。

エーンズリーは自分のしていることが好きである。競争好きであり、マーケットは究極の競争の場であると考えている。

投資家

成長率を調整するため、一九九七年半ば以降は新規の投資募集を打ち切っている。その代わり、戦略的投資家（機関投資家や大企業のシニアマネジャーなど）から新たに資金を獲得しようとしている。投資家の専門知識や頭脳集団を活用していて、現在七〇〇以上の投資家がいる。

投資家のうち、約三分の一は個人と信託である。残りの三分の一は学校法人基金や年金基金であり、そのほかはパートナー・プリンシパル（役員）、関連団体、銀行、企業、保険会社、ファンド・オブ・ファンズである。[2]

学校法人基金に関する一九九九年のNACUBOの調査によると、マベリックへ配分している学校法人は、カーネギーメロン大学、キングズ・カレッジ、ミシガン大学、ノースカロライナ大学、オーバーリン・カレッジ、南メソジスト大学、テキサス大学、バッサー・カレッジ、ホイットマン・カレッジであった。

マベリックのプリンシパルと関連団体は、マベリックが管理するファンドに四億ドル以上を投資していて、マベリックの最大の投資家となっている。

最後に募集をしたときは、個人の最低投資金額は二〇〇万ドル、機関投資家については五〇〇万ドルであった。三年間のロックアップを定めていて、早期償還を要求する投資家に対しては手数料を課している。

プライベートエクイティ

マベリックは一九九九年後半にブラゾス・インベストメント・パートナーズの設立を支援し、戦略的関係を築いている。この団体は、投資会社ヒックス・ミューズテート&フュルストの二人の前プリンシパル、業務担当のプリンシパル、マベリックのパートナー間の連合である。ブラゾス・エクイティ・ファンドは、二五〇〇万ドルから一億五〇〇〇万ドルのバイアウトと資本再編を探している。

通常の活動を通して、エーンズリーはプライベートエクイティ（未上場企業）についても考えているが、今のところそのアイデアは生かされていない。マベリックの資本を使用するのは好ましくない。プライベートエクイティを活用するには、別のスキルを持った人物、つまり取引機会を評価し、交渉できる人物が必要となる。プライベートエクイティはヘッジするのが難しいため、エーンズリーとしては、マベリックの投資家をその危険にさらしたくない。マベリックの投資家はブラゾスに投資することもできたが、それは強制ではなかった。ブラゾスはマベリックのフロアの一角を使用している。

マベリックとブラゾスはアイデアを共有している。マベリックは、時間と労力を希薄化させることなく共同投資することができる。ブラゾスのほうでは、マベリックの持つウォール街との関係を活用することができる。「これはどちらにとっても有利な『ウィンウィン』状態です」

変わりつつある業界の環境

ジュリアン・ロバートソンがファンドを閉鎖し、ソロスが再編成したということは、マクロ環境の競争力が落ちているということを意味していると、エーンズリーは考える。ロバートソンの総資産とソロスの総資産は、ヘッジファンド全体の資産において相当なマーケットシェアを占めていた。グローバルマクロの巨人が崩れたことは、商品投資顧問業界にとってもプラスになるだろう。商品取引の世界はある意味ではグローバルマクロの世界に似ていて、為替を大量に取引しているからだ。

また、両雄の没落は、グローバルマクロの巨人が資産を市場から引き揚げているということも意味している。その資産がヘッジファンド業界から出て行くかどうかは定かでない。ヘッジファンド・マネジャーの多くが募集を停止し、戦略的投資家以外の資産を受け入れないようにしている。

デイトレーダーはどのような存在なのだろうか？　出来高は流動性の指標としてあまり意味を持たなくなってきた、とエーンズリーは言う。デイトレーダーが存在することで、証券会社は効率的に値付けするのが難しくなっている。一方、プラスの面について考えると、デイトレーダーは価格変動スプレッドを生み出している。

エーンズリーはヘッジファンド業界の将来に期待している。機関投資家はヘッジファンドのリスク・コントロール能力だけでなくパフォーマンスも重視しているとエーンズリーは考える。機関投資家がもっと洗練されると、さらに賢明な判断ができるようになるだろう。

エーンズリーは、機関投資家にとって手数料は問題ではないと考える。というのも、手数料が高いとベストの人材が集まるからである。手数料に次いで、多くのファンドはリターンとリスクに注目する。機関投資家は、手数料が低いというメリットだけでは二流の会社を選ばなくなった。マベリックは、要請があった場合のみ投資家に対して情報を提示している（ただし、ショートポジションについては公開していない）。セクター別または地理別のパフォーマンス、地域別またはセクター別のロングとショートのエクスポージャー、そして取引一覧表については毎月報告している。

税効果についても考慮している。投資家はこの件についてもっと真剣に考えるべきだ、とエーンズリーは感じている。投資家は段階を踏んで税効果のことを考えるようになるだろう。最初はグロスリターンのことだけを考え、次にネットリターンについて考えるようになった。そして今後は、投資家が税引き後のネットリターンについて考えるようになることを、エーンズリーは期待している。

ヘッジ・エクイティ戦略のネットパフォーマンス（％）

1993年	22.57
1994年	6.82
1995年	24.47
1996年	44.66
1997年	20.08
1998年	21.84
1999年	25.83
2000年	27.40
年複利平均	23.83

「ヘッジ・エクイティ戦略」とは、1993年９月から1995年２月までにエーンズリーが管理していたポートフォリオの持ち株部分の全資産のパフォーマンス、ならびに1995年３月にエーンズリーが単独マネジャーになって以来管理している全ポートフォリオである。エーンズリーは現在のマネジャーであり、すべての資産をこの戦略で運用しているため、投資家のほとんどはこのトラック・レコードを重視している。

リー・エーンズリー
マベリック・キャピタル

組織について

創立	1993年9月
資産	
現在	60億ドル超
ピーク時	60億ドル
エッジ	チームの経験、銘柄選択
本拠地	テキサス州ダラス
従業員数	58人
組織のタイプ	チーム
本人の役割	監督者、コーディネーター、共鳴板
投資委員会	なし
報酬制度	ファンド全体の収益性、セクターの貢献度、主観的要素
投資家数	700以上
投資家のタイプ	分散されている
ゼネラルパートナー／プリンシパルの投資額	4億ドル超
寄付金（資料：1999年NACUBO）	カーネギーメロン大学、キングズ・カレッジ、ミシガン大学、ノースカロライナ大学、オーバーリン・カレッジ、南メソジスト大学、テキサス大学、バッサー・カレッジ、ホイットマン・カレッジ

方法論／ポートフォリオ構成について

スタイル	ファンダメンタル重視、ボトムアップ
ポートフォリオのポジション数	250
取引のスタイル	リスクに関連する収益率
米国への投資	100%
テクノロジーへの投資	6％

プライベートエクイティへの投資	戦略的関係
マクロへの投資	0％
ほかのマネジャーへの配分	1％未満

リスク管理について

ネットエクスポージャー	平均48％
ヘッジ	株の空売り
最大レバレッジ比率	3：1（自ら課している） 6：1（理論上）
記憶に残る損失	3回の損失（94年第1四半期、98年第3四半期、99年第3四半期）
リスク管理	ヘッジ、低いネット・エクスポージャー、分散化、ポジションの規模制限、流動性のあるポジションのみに投資

バックグラウンドについて

きっかけ	高校生のとき
職歴（専門知識など）	会計コンサルタント
学歴	バージニア大学、ノースカロライナ大学ビジネススクール
モチベーション	競争
年齢	36歳
余暇の過ごし方	バスケット、ゴルフ、読書

第 6 章

レオン・クーパーマン

LEON COOPERMAN

オメガ・アドバイザーズ（Omega Advisors, Inc.）

米国株のストックピッカーかつ
アクティブバリュー投資家で
経営者との直接対峙スタイルを好む

オメガ・アドバイザーズの会長兼CEO（最高経営責任者）であるレオン・クーパーマンと話をしたのは、二〇〇〇年五月三一日の取引時間終了後のことであった。この日は、クーパーマンにとってエキサイティングな一日であった。ダウ平均が四・八％も下落したのだ。エトナのロングポジションを取っていて、一四カ月が経過していた。私たちが会った日、CNBCニュースのデビッド・フェーバーは、INGグループがエトナの財務サービスと国際ビジネスを八五億ドル以上で買うという噂をまた報じていた。これはクーパーマンにとってグッドニュースだった。その日、エトナは四ドル値を上げた。私は、クーパーマンが元気に活動している姿を目の当たりにした。感情を抑えることができなかったようで、私との会談中も電話から手が放せなかった。電話の相手は会社の経営幹部、シニアマネジャー、プレス、投資マネジャー、スタッフなどさまざまであった。

クーパーマンは話好きでエネルギッシュな五七歳の男性である。インタビューの間もずっと動き続けていた。その姿を見ているだけでも私は疲れてしまった。自分のすることが大好きなのだということがよく分かる。週に九〇時間も働く理由はここに隠されているようだ。笑顔を絶やさず、瞳はいつも輝いている。

クーパーマンはニュージャージー州ショートヒルの自宅から一時間一五分かけて通勤し、午前七時ごろにオフィスに到着する。週五日のうち三日は、トレーナーをつけてトレッドミルやストレッチなどのエクササイズをこなす。八時四五分からチームミーティングが開かれる。ミーティングでは、追跡している企業の情報などをアナリストが説明し、経済に関する意見が交換される。クーパーマンは通常、一日に五社程度の会社について調べる。午後六時ごろまで働き、八時前に帰宅することはほとんどない。「一五分で夕食を取ったらコンピューターの前に座って、ポートフォリオやアジアのマーケットや入ったばかりのニュースなどをチェックします。情報がないと気が済まないタイプですね。今何が起こっているのか、知りたいのです」

クーパーマンのモチベーションはお金ではない。ゴールドマン・サックスを辞めたとき、すでに十分なお金を持っていた。仕事をうまく遂行すること、あらゆることにコミットすること、この二つが彼のモチベーションとなっている。だれも知らないことを知ると大いに満足できるのだ。

クーパーマンは健康であるかぎり、またパフォーマンスに問題が生じないかぎり、そして仕事に関心を持っているかぎり、この仕事を続けたいと考えている。リタイアするつもりはない。インタビューを始めるに当たって、自分は標準的な人間だと謙遜した。「公立のモリス高校を卒業して、その後、ニューヨーク市立大学ハンター校に進んで、そこで妻に会って、三七年間も一緒に過ごしているんですよ」。おそらくクーパーマンは、何か自分に才能があると感じていたのだろう。そして、実際にそれを成し遂げたのだ。

コロンビア大学ビジネススクールを卒業し、ゴールドマン・サックスで二四年間も働いた。投資調査部門に二二年間在籍し、パートナー、投資政策委員会の共同議長、銘柄選別委員会の議長を一五年間務めた。ほぼゼロの段階から調査部門を立ち上げ、三五人しかいなかった部門を二〇〇人の大所帯にした。一九八九年、ゴールドマン・サックス・アセット・マネジメントの会長兼CEOになり、G

Sキャピタル・グロース・ファンドの運営など、株式商品ラインの最高投資責任者を一年半務めた。オールアメリカ・リサーチ・チームの調査によるトップ・ポートフォリオ・ストラテジストとして、インスティテューショナル・インベスター誌に九年連続で名前が掲載された。

一九九一年末、人生の野心を追求するため、つまり資金(自分の資金も含め)を運用するために、ゴールドマン・サックスを去った。クーパーマンの人生においてゴールドマン・サックスが重要な役割を果たしていることは明らかである。ブルックリン・ビレッジを見下ろすオフィスには、ゴールドマン・サックスにいたころの記念の品がたくさんある。そのなかには「ホイップ」もあった。ゴールドマン・サックスの販売部門は、複数のクライアントと郊外でミーティングをするという慌ただしい計画を立て、そのときにホイップを一緒に渡してくれたのだった。

クーパーマンは「オメガ」という名前を付けたことについて、永遠を表すギリシャ文字から取ったと説明している。「これは私の最後の冒険です。私は、自分の名前をドアに刻むのは好きじゃありません。パートナーには従業員ではなくオーナーだという気持ちでいてほしかったのです」

約五億ドルでファンドを始めた。その大半がクーパーマン自身の資産と、ゴールドマン・サックスをリタイアしたパートナーたちの資産だった。当時の投資家のうち、二〇人以上がゴールドマン・サックスで働いていた。現在、オメガの総資産は約二四億ドルにまで増大した。ファンドの資本の約一二%がゼネラルパートナーの資本である。

積極行動主義対ストックピッカー

コーディネーターやストラテジストの役割を果たすマネジャーとは違い、クーパーマンはアクティブ型のマネジャーである。自分も投資家でありたいのだ。クーパーマンは、ゴールドマン・サックスにいたころから「アメリカ株のストックピッカー」と呼ばれていた。専門は、複数のグロース（成長株）レシオが低い銘柄を見つけることである。いくつもの会社を訪問し、多くのＣＥＯやシニアマネジャーをファーストネームで呼ぶ。また、銘柄選択に積極的にかかわる。インタビューのときも、十数もの銘柄に熱中していた。ポートフォリオの九〇〜一〇〇の全銘柄に責任を持ち、一つ一つを承認していた。

クーパーマンは、自分が株を所有する会社について積極的に口を出す。問題があると思われる会社に直接対峙することを好むのだ。最高経営幹部の評価について率直に話すことでも有名だった。年次総会にもできるだけ参加し、批判が正当であると確信した場合には経営陣を酷評する。ウォーナコ社の年次総会でのエピソードについても、最近プレスで報じられている。[1]

クーパーマンは自分のことをトレーダーではなく、投資家であると言う。その理由は、ポートフォリオの過半数を少なくとも二年間は保有しようと考えているからである。ただしこれには例外事項がある。価格目標を達成した場合、会社に関する当初の予測が実現せず損失を少なく抑えるという判断を下した場合、自分のアイデアより良いアイデアがあった場合、マーケットに関する自分の見解が変わった場合などには、このルールを適用しないこともある。

オメガでは、銘柄選択について、マクロ経済的な分析と一緒にボトムアップ型のアプローチも遂行している。クーパーマンは、利益を上げる五つの方法について説明している。①マーケットの方向性を判断すること（つまり、投資環境を予測すること）、②資産配分の決定に多くの時間を割くこと。これは正しい銘柄を持つことよりも重要である（例えば、「アメリカと海外」あるいは「株式と債券」のどちらが魅力的かを考えること）、③割安の銘柄を買うこと、④割高の銘柄を売ること、⑤為替などの従来型でない金融資産を持つこと――である。

クーパーマンは、会社について二つの価格を区別している。それは、公開市場価格と民間市場価格である。民間市場価格とは、情報を持つ買い手が会社の支配のために支払う価格であり、公開市場価格とはマーケットを通じて参加している投資家がサイズの小さいポジションのために支払う価格である。民間市場価格はコンセプトが不明確であり、予測することしかできない。一方、民間市場価格は毎日公表されている明確な数字である。

民間市場価格は不明確ではあるものの、安定していて変化は緩やかである。これに対し、公開市場価格は変動的で、毎日変化する。民間価格はある会社の経済的観測で決まる。クーパーマンは会社の株式の時価（公開市場価格）とその民間価格とを比較し、変化のカタリスト（触媒）となり得るものを評価する。

投資環境を分析するとき、クーパーマンはさまざまな要素を考慮する。経済環境、金融政策、マーケットと個々の業種の評価、マーケットにおける需給パターン、消費者と投資家のセンチメント（心理）、魅力的な投資機会の質、テクニカルな指標などを考慮して分析するのである。

オメガでは、株式とマクロをベースとして投資している。株式の種類は、アメリカ、海外、そして破綻や再編成やアービトラージなどの特殊状況である。クーパーマンはアメリカ企業に注目しており、海外の企業についてはクーパーマンの監督下に別の人物を置いて取引している。

オメガでは、そのマクロ投資をG－10と呼んでいる。G－10とは、アメリカ、日本、ドイツ、イギリス、フランス、イタリア、オーストラリア、スイス、カナダ、スペイン、そしてオメガの投資基準（流動性など）を満たしたそれ以外のマーケットの債券と外国為替と株式のことである。この数年間、マクロはオメガに多大なリターンをもたらしてきたが、ボラティリティも大きくなった。そこで、流動性があると思われるマーケットに重点を置いた明確なリスク・マネジメント戦略を考案したのだ。この戦略では、状況に応じてすぐに撤退することもできる。

オメガは、株式投資をする前に、企業を訪問してレポートを作成している。バリューバイアスであるため、五〇～六〇セントに対して一ドルのリターンを期待して株式を購入する。

アカウンタビリティ

オメガには四一人の従業員がいて、そのうち一五人は投資のプロである。アナリストは各自のポジションに責任を負っていて、ポートフォリオに持っているある会社のことをよく認識していなければならない。各アナリストは一度に六～一〇社の会社を見ている。その能力を証明するのに二、三年の猶予が与えられているが、その期間に利益を生み出すことができなければ離職を余儀なくされる。

パートナーは一七人いる。その報酬は、会社の収益に占める割合、あるいは各自の損益に基づいて決められる。報酬制度は推奨して買った銘柄のパフォーマンスと直結しているのだ。「利益を上げることができなければ、一員として置いておくわけにはいきません。これは当然のことです。投資家の利益になっていないのですから」

アナリストを採用するとき、クーパーマンは仕事の価値観、分析の基盤、投資に関する見解をまとめて書面作成できる能力、利益を上げることに対する嗅覚（つまり良いアイデアを持っている）ということを重視する。通常、一人のアナリストは一年間に核となるアイデアを六つ、トレーディングのアイデアを一五～二〇は生み出す能力が必要とされる。

アナリストはポジションについて完全に掌握し、大勢のなかから抜きんでるような力強さを持っていなければならない。また、会社の所有者であるというプライド、ロイヤリティー、そしてオメガの顧客に対する関心も持っていなければならない。クーパーマンの人生を要約すると「コミットメント」と「ロイヤリティー」と言うことができる。そして、自分のスタッフにも同じことを期待している。「このビジネスにのめり込むことができないような人物は、必要ありません」

これらの要因を考慮すると、会社のカルチャーは「情熱的」「要求が厳しい」「リサーチ・ドリブン型」であると言える。

クーパーマンは、自分がテクノロジー志向ではないこと（この点はウォーレン・バフェットと共通している）、そしてそれがウイークポイントであることを認めている。二〇〇〇年にはテクノロジーのアナリストを採用している。

意思決定は集中型である。どの投資分野についても、クーパーマンに最終的な決定権がある。自分が信用している人物に対しては、多くの決定権を与えている。例えば、一九九九年五月にスティーブン・アインホルンをオメガの副会長として再び採用している。ゴールドマン・サックスにいたときもアインホルンをポートフォリオ・アナリストとして採用し、一二年間共に働いていた。アインホルンを身近に置くことで、自分は多くの会社を訪問するなど好きなことができるようになる。

クーパーマンはスタッフの転職率が高いことを残念に思っているが、一方で、会社にとっては広い基盤を持つことになるということも認めている。「若い人が次々に頭角を現してきています」

投資政策委員会のメンバーは、共同議長のクーパーマンとアインホルン、マクログループ責任者のラージ・グプタ、そして株式ポートフォリオのシニアマネジャー（適宜変わる）である。「委員会では、マクロトレンドについて話し合い、冬場に麦わら帽子を探し（多くの人は夏場に買う）、リターン／リスク率が好ましいのに人気のない資産クラスを見つけます」。委員会は週一回開催される。ポートフォリオの決定と最適化は、ファンダメンタルズを基盤としている。

オメガ全体のポートフォリオは九〇～一〇〇の銘柄で構成され、そのうちの三分の一がポートフォリオの五〇～六〇％を占め、残りの三分の二でバランスを取っている。平均すると、一社がポートフォリオの資産に占める割合は二～三％である。

クーパーマンは会社を訪問して経営幹部と対峙するスタイルを好む。そのため、ニューヨークにオフィスがあるということはその投資スタイルに適している。「ニューヨークはまさに金融の中心地です」。多くの企業がニューヨークを定期的に訪れているが、必要であればクーパーマンは投資機会を求めて遠くまで出向く。一週間に五社程度訪問している。クーパーマンは会社を集約していると言えよう。

ミス

クーパーマンは、これまでに多くのミスを犯してきたことを認めている。その一つとして、強気相場の前と最中にもっと投資をするべきだったと振り返っている。「この五年間は保守的に構えすぎていました」。その他にも、一九九四年には米ドル以外の通貨建て債券の見通しを誤って持ちすぎて売り時を逃してしまい、一九九八年にはロシアの債務不履行の打撃を受けた。

オメガの一九九八年の損失は、新興市場の負債、特にロシア債券に関してマクロ志向であったことである。「ほかの新興市場にも二次的な影響があり、流動性が制約されてしまいました。ポジションを調整できなかったことに我ながらショックを受けました。私たちは、ロシアは通貨を切り下げるかもしれないけれども、債務不履行にはならないだろうと分析して行動していたのです」。一九九八年の経験から、新興市場は一義的な目的のビジネスであるとしてとらえ、そこから撤退している。「流動性のないマーケットでは、もう取引したくありません」

そしてコアコンピテンシー、つまり主にアメリカや西欧など先進国の株式をリターンの中心とする方法に戻った。

リスク・コントロール

リスク・マネジメントには、三つの要素がある。それは、①リアルタイムと毎日の時価をベースにしてポジションを毎日報告すること（静的マーケットエクスポージャー、上値の目標、ストップロスのレベルなどについてもまとめる）、②ストップロスのレベルとオプション・プレミアムに基づいてキャピタル・アット・リスクの方法を取ること、③適宜バリュー・アット・リスクを使用すること――である。

実質的には、すべてのポートフォリオは市場性のある証券で構成されている。現在、非上場または第三者割当の発行は、ポートフォリオの〇・三%以下である。クーパーマンのネットエクスポージャーは、平均約六五%である。レバレッジは三・五：一を超えたことがなく、通常はもっと低く維持している。リターンは主に保有資産の動きによるものであり、レバレッジによるものではない。

ヘッジする場合は、株の空売り、インデックス・オプション、先物を使用している。

現在、マクロサイドには資本の約五%が配分されている。毎日のマクロ・リスクの管理は、クーパーマンの下で働くグプタが行っている。

投資家とキャパシティ

オメガには、一〇〇～一五〇の顧客がいる。そのうち約四〇%は非課税組織であり、三〇%が海外、残りの三〇%が資産家である。クーパーマンは税務上の取り扱いの異なる投資家ごとに、異なるパートナーシップを提供している。NACUBOの公式文書によると学校法人基金には、クラーク大学、フランクリン・アンド・マーシャル・カレッジ、レンセラール科学技術専門学校の名前がある。

税効果は役に立っているのだろうか？　オメガでは節税問題に気を配っている（例えば、年末に欠損を売却している）が、それは大きな要因ではない。ファンダメンタル分析を重視しているのである。

オメガは、三年間のロックアップと二億五〇〇〇万ドルのキャップを設けたエクイティオンリーの商品について考えている。三年間のロックアップがあると、商品の税効果は高くなる。

オメガでは収益と損失のトップ二五ポジションのリストを、四半期ごとに顧客に提示している。マーケット観測と現在のエクスポージャーについても詳しく説明している。ただし、ショートポジションの銘柄については公表していない。

キャパシティとは、ライフスタイルの最終スコアであるとクーパーマンは言う。五〇億ドルであればいつでも管理できるが、一〇〇億ドルまでは成長させたくはないと考えている。規模の大きな資本基盤は、投資のフレキシビリティを制約することになってしまう。二六億ドルというオメガの現在の資産は適当であると考えている。オメガの運用資産は、一九九八年には四〇億ドルもあったが、ロシア危機による損失とそれに伴う償還によって運用資産は減少した。

余暇の過ごし方

クーパーマンは自由な時間を持たないが、慈善事業には熱心である。「働くことによって、国民や子供たちのために寄贈するお金を生み出すことができます」。ニューヨーク市立学校制度の卒業生にコロンビア大学ビジネススクールの奨学金を与えるための基金を設立している。また、セント・バーナバス病院の理事やクローン病および大腸炎財団の管財人を務めている。デーモン・ラニヤン－ウォルター・ウィンチェル基金のガン研究財団理事会のメンバー、そして現代美術館の投資委員会のメンバーでもある。

業界の現状、そして今後の展望

クーパーマンは、ヘッジファンド業界とは「若者のゲームである」と考えているが、彼の仕事の価値観は常に「情熱を傾けること」である。なんと、クーパーマンの息子、ウエインもヘッジファンド・マネジャーである。

クーパーマンは、マネジャーのコアコンピテンシーを調べるということを提唱している。「自分のスタイルをうまく維持しているマネジャーは、競争で振り落とされるようなことはありません」

また、グローバルマクロのマネジャーが現在あまり好まれていないということを認識しているが、将来必ず素晴らしいときがあると確信している。

デイトレーダーについては、株式市場に影響を及ぼすものであり、マーケットにモメンタムを作り出して不安定にさせてきたが、自分自身は長期投資家であるためその影響を受けることはないと考えている。

オメガ・キャピタル・パートナーズのネットパフォーマンス（％）

1992年	18.47
1993年	62.96
1994年	−24.57
1995年	25.68
1996年	36.74
1997年	26.97
1998年	−5.43
1999年	24.12
2000年	13.80
年複利平均	17.42

オメガ・キャピタル・パートナーズとは、米国投資家向けの、オメガの当初のパートナーシップ

レオン・クーパーマン
オメガ・アドバイザーズ

組織について

創立	1992年
資産	
現在	24億ドル超
ピーク時	40億ドル
エッジ	積極行動型、リサーチ
本拠地	ニューヨーク州ニューヨーク
従業員数	41人
組織のタイプ	集中型
本人の役割	積極的なポートフォリオ投資家
投資委員会	あり
報酬制度	推奨銘柄のパフォーマンス
投資家数	100～150
投資家のタイプ	40％は非課税組織 30％は海外 30％は資産家
ゼネラルパートナー／プリンシパルの投資額	12％
寄付金（資料：1999年NACUBO）	クラーク大学、フランクリン・アンド・マーシャル・カレッジ、レンセラール科学技術専門学校

方法論／ポートフォリオ構成について

スタイル	バリュー投資家、積極行動型投資家
ポートフォリオのポジション数	90～100
取引のスタイル	50～60セントに対して１ドルの収益
米国への投資	100％
テクノロジーへの投資	限定的
プライベートエクイティへの投資	限定的

マクロへの投資	5％
ほかのマネジャーへの配分	実施している
リスク管理について	
ネットエクスポージャー	65％
ヘッジ	株式、オプション、先物
最大レバレッジ比率	3.5：1
記憶に残る損失	1994年米ドル以外の通貨建て債券危機、1998年ロシア危機
リスク管理	市場性のある証券、低いレバレッジ、ヘッジ、グローバルマクロへの配分を5％に制限
バックグラウンドについて	
きっかけ	バルミツバ
職歴（専門知識など）	ゴールドマン・サックス
学歴	ニューヨーク市立大学ハンター校、コロンビア大学MBA
モチベーション	仕事をうまく遂行すること、だれも知らないことを見つけること
年齢	57歳
余暇の過ごし方	慈善活動

第7章

ケン・グリフィン

KEN GRIFFIN

シタデル・インベストメント・グループ（Citadel Investment Group）

レラティブバリューや
イベント・ドリブン・アービトラージなどの新戦略を
採用したダイナミックなポートフォリオを構成

シカゴにあるシタデル・インベストメント・グループを訪問してケン・グリフィンに会ったことは、非常に貴重な経験だった。多くのマネジャーに会ったが、そのなかでもグリフィンは最大の組織と基盤を持っている。シタデルは、シカゴにある本社ビルの五つのフロアを占めている。シカゴ、サンフランシスコ、コネティカット州グリニッチのオフィス、そしてロンドンと東京の関連会社に、約三五〇人が働いている。一つのフロアだけで数十ものサーバーがあり、マーケットのデータ、リスク・マネジメント、そしてフロントオフィスが意思決定するときのデータをバックアップしている。シカゴの約半数の従業員がシステムとテクノロジーの専門家である。

インタビューをした多くのマネジャーがそうであったように、グリフィンもまたハーバード大学を卒業している。一つ違うことは、その年齢である。まだ三二歳であり、インタビューをしたマネジャーのなかでは最年少である。さらに、大学二年生のとき、一八歳でヘッジファンドを始めたというのも最年少記録である。一年生のときにオプション取引を行っていた。その後、アービトラージ、転換社債取引へと移行していった。一九八七年九月、二年生のときに二六万五〇〇〇ドルでヘッジファンドを始めた。これが「コンバーチブル・ヘッジファンド1」であった。そして、翌月のブラックマンデーで多大な利益を上げることができた。残りの三年間でハーバードの課程を修了し、卒業時には一〇〇万ドルを運用していた。

ハーバード大学の学生だった一七歳のとき、初めてその才能が発揮された。フォーブス誌のホーム・ショッピング・ネットワークの記事が目に留まったのだ。そこには、その株価が非常に高値であると書かれていたので、プットを何枚か買った。株価が下落して利益を上げ、数千ドルを得ることができた。そのときグリフィンは、マーケットメーカーの利益の質が自分のものとは大きく違うことに気付き、オプションのプライシング理論についてもっと学ぼうと考えたのだった。

学生時代に彼が模範としていた人物は、一九八〇年代にＬＢＯ（対象企業の資産を担保とした借入金による買収）の象徴と言われたカール・アイカーンだった。卒業後は、コールバーグ・クラビス＆ロバーツ（ＫＫＲ）のような企業で働きたいと考えていた。彼は、ボストン銀行でハーバード大学の卒業生に会ったときのことを、次のように思い起こしている。彼らはアービトラージと価格との関係について話していた。卒業生のその会社は、自己資金を転換社債アービトラージに投資していたが、それを顧客には推奨していなかった。このことは一八歳のグリフィン青年の心に残り、将来の計画に影響を及ぼした。

一九九〇年、グリフィンは約四六〇万ドルでシタデル・インベストメント・グループの前身の会社を設立した。この会社は、主にアメリカの転換社債アービトラージを行っていた。日本にも注目していた。当時、投資家のほとんどはアントレプレナーであった。

一〇年後の現在、五つのファンドの運用資産は五〇億ドルになった。ファンドのうち、二つはアメリカ投資家向け、三つは海外投資家向けである。

投資家数は全部で二五〇。顧客の内訳は、約六〇％が海外投資家、四〇％がアメリカ投資家である。主に日本や欧州や東南アジアに顧客基盤を持つ。顧客のタイプを見ると、約四〇％が機関投資家、残りはファミリー企業とファンド・オブ・ファンズである。NACUBOの年次調査によると、学校法人基金リストには、オーバーリン・カレッジの名前がある。グリフィンとシタデルの専門家たちは、このファンドの重要な投資家でもある。

投資銀行

ほかのマネジャーたちと同様、グリフィンもヘッジファンドというラベルを張られることに納得していない。シタデルのことを「自己資本を取引するが外部投資家の資金も資産化する金融機関」と説明している。「私たちはリスクを管理し、流動性を提供しています。ヘッジファンドではありません。……資本基盤を使用して資本市場に流動性をもたらし、危険な資産のリスクを吸い上げているのです」。また、シタデルのことを一九九〇年代初頭から半ばの投資銀行に例えている。「私たちの目標は、ミスプライスの資産を見つけて、リスクをヘッジすることです。……グローバルマクロのマネジャーのリスクを和らげることです。これは、マクロのファンド・マネジャーとは正反対の目標です」

シタデルは、マルチストラテジーの投資企業へと組織的かつ戦略的に発展していった。マルチストラテジーとは、レラティブバリュー、イベント・ドリブン、そしてファンダメンタル・ベースの投資戦略を利用することである。設立当初からずっと、転換社債、統計的エクイティ、債券アービトラージなどのレラティブバリュー戦略に注力してきた。数学的で統計的なテクニックによってロングとシヨートのポジションを見極め、さまざまな要素のミスプライスをとらえている。

イベント・ドリブン戦略もシタデルのポートフォリオの重要な要素となっている。合併買収、スピンオフ、資本再編による取引機会を見つけるといった、企業のライフサイクル投資がこれに当てはまる。「シタデルにはスペシャリストのチームがあります。スタティスティカル・アービトラージ、買収アービトラージ、債券アービトラージ、転換社債アービトラージ、ロング／ショート・エクイティなど、さまざまなビジネスを、それぞれのスペシャリストが行っています」。シタデルのファンドは、ニューヨーク証券取引所と東京証券取引所の両方で取引される売買高全体の約一％を占めている。

シタデルは、投資機会を反映させて常に変化している。「商品の進化を認識していないようでは長く生き残ることはできません」。例えば、一九八〇年代はインデックス・アービトラージにとって非常に大きな収益機会であったが、今ではそれも市況商品になっている。日本のエクイティ・ワラントもそうである。一九九〇年代には重要視されていたが、現在はほとんど存在していない。税と会計の制度が変わったことで、一九九五年に姿を消してしまったのだ。それゆえに、グリフィンは従業員を新しい戦略へと移行させているのである。

ポートフォリオは株式中心であるが、債券も増えつつある。ポートフォリオの三分の一から二分の一が海外であり、長年このスタイルをとっている。特に、欧州と日本の役割が大きい。ロンドンを拠点としている欧州オフィスには、約三〇人の従業員がいる。また、新興市場のポジションを取ることもしばしばある。

シタデルは、テクノロジー業界にも積極的に投資している。サンフランシスコという場所は、その点で有利である。ポートフォリオに占めるテクノロジーの割合は、五～五〇％と幅が広い。「合併買収、転換社債、ロング／ショート・エクイティ・ポジションを利用して、ニューエコノミーにも相当投資しています。電気通信やインターネットに集中するリスクについては、常に目を配っています。今後も生き残るだろうと確信した企業に投資しています。テクノロジー業界の評価見直しが盛んに行われていますが、まさに私たちもその最中です。消費者は必ずしも均等な利益を得ているわけではありません」

グリフィンは、過去に一度だけほかのヘッジファンド・マネジャーに資産を配分したことがある。そのマネジャーがある分野に卓越していて、そこに配分すればポートフォリオを分散してリターンを増やすことができると考えたからである。

シタデルはプライベートエクイティへの投資も行っており、マーケットの取引機会に基づいてセクターを変えて配分している。

プロセス・ドリブン型

記憶に残っている損失についてグリフィンに質問すると、毎日損失を被っているという答えが返ってきた。「数百もの取引で、毎日多額の損失を出しています。でも、同じ失敗を二度と繰り返さないようにしています」。グリフィンは、取引の多くは繰り返しであり、その点では学ぶべきことが多いと言う。「日本円と米ドルの取引をするグローバルマクロ・トレーダーのように、一回限りの取引をしているのではありません。私たちはプロセス・ドリブン型の会社です。プロセスは常に変わるものなので、そこから学習することができます」。プラスにもマイナスにも、経験は学習プロセスに結び付いている。

グリフィンは、エッジのないゼネラリストは同じ過ちを繰り返すと考えている。また、どのようにしたら次回はうまくいくのかを真剣に分析しない企業が存在するということも常々感じている。

シタデルは、一九九〇年の創立から一九九九年まで、一年を除き、毎年二桁のプラスを記録している最長のファンドである。例外だったのは一九九四年で、四・三％のマイナスであった。一九九四年は一九九八年と非常によく似ていて、損失がかさんだために競争相手がポジションを解消せざるを得なくなり、債券市場が崩壊したときに転換社債が過小評価されてしまったのである。しかし、過小評価された証券は一九九五年に妥当な水準まで戻り、シタデルは多額の利益を上げることができた。その年のプラスは三六％にも上ったのである。

レバレッジとリスク・マネジメント

シタデルのレバレッジ比率は、ほかのファンドよりもやや高めの傾向があり、これは創立当初から変わらないスタイルである。「リスク・マネジメント能力に自信があるので、高いレバレッジを効かせても不安ではありません」

シタデルの目標はベータ（市場全体の値動きに対するポートフォリオの変動の割合、いわゆるシステマティックリスク）を低くすることである。「ベータによってパフォーマンスが左右されることは望んでいません。マーケットの上昇や下落、あるいは金利の上昇や下落から利益を得ようとしているのではないのです」。そのため、株式市場のネットエクスポージャーは非常に低い。

シタデルは分散化によってリスクを希薄化しようとしている。ボラティリティや極端なマーケット状況についての過去の例と将来予測に基づいて、ポートフォリオを予測し分析している。

一取引当たりのリターンについては特に期待していないが、一取引当たりのリスクについては考慮している。それは戦略ごとに異なる。多くの場合、債券アービトラージにおけるリスクはリスク・アービトラージにおけるリスクよりずっと小さい。

ヘッジに関しては、株式の空売りから先物の売りに至るまで、きちんと整理して使用している。「何をヘッジしたいかによって、それぞれのポートフォリオが果たす役割というのがあるのです。ヘッジの方法は一つではないのですから」

シタデルはマクロリスクを軽減させようとしているため、レバレッジの利用に積極的である。「(アービトラージによる) 見返りを小さくする場合もあります。それでレバレッジを利用するのです。ポートフォリオのヘッジには真剣に取り組んでいます」

官僚主義的な妨害を避ける

意思決定はトップダウン型である。約八〇人の投資専門家がいて意思決定を行う。「官僚主義的な手続きに妨害されることなく、情報収集できるようにしたいと考えています。投資専門家自身が意思決定をするのです」

投資委員会は数人のシニア・ポートフォリオ・マネジャーで構成されていて、マーケットのボラティリティに応じて開催される。一九九八年には一日に数回開催されたこともある。二〇〇〇年についてはあまり頻繁に開かれることはなく、一週間に一回程度である。環境の変動によって、ミーティングの頻度や期間は異なる。

会社について話すとき、グリフィンは飛行機に例えて説明してくれた。定量分析グループがエンジンを構築する。テクノロジーチームが飛行機の機体を作り、トレーダーはコックピットのパイロットの役割を果たしている。

組織全体を見ると、五つのグループから構成される。①「定量分析グループ」は、独自の数学的方法を開発し、それを向上させる。大勢の博士号取得者（そのほとんどが物理学者）が関与して、マーケットのモデルを構築している。そして、ポートフォリオ・マネジメント、取引のストレステスト、さまざまなマーケット状況でのポートフォリオのストレステストを行うためのツールを開発している。

②「投資・取引グループ」は、数学的・統計的方法、独自の評価技法、ファンダメンタル分析によって、世界中の投資機会を見極める。③「情報システム」では、情報テクノロジーを提供している。最新のシステムを維持するためのコードを書き込み、管理する。そして、分析や取引をサポートするトレーディング・システムを設計している。④「ポートフォリオ・ファイナンス・グループ」は、取引相手（カウンターパーティー）や流動性リスクを管理する役割を担う。⑤「運営・法律・会計」は約八〇人の従業員で構成され、取引やポジションを監視している。規制や財務のコンプライアンス、ならびに手続きの監督に責任を負う。あらゆる取引について毎日照合確認する。

シニア投資専門家の報酬は、会社全体のパフォーマンスに基づいて決められる。

シタデルでは包括的な個人の取引方針を定めていて、従業員がシタデルのアカウントやポートフォリオの有価証券を取引できないようにしている。どの従業員についてもトレーディングには事前の承認が必要である。

コーディネーター、ストラテジストとしての役割

グリフィンの役割は、年月と共に変わってきている。当初は、あらゆることを自分でしていた。今では、コーディネーターやストラテジストとしての役割が大きい。新たなリスク・マネジメント方法や資産配分を開発するのだ。「テクノロジーと定量分析のスタッフは、私よりもずっと優秀です。私

は調整をするだけで済んでいます。シタデルには『変化する部分』がたくさんあって、私は会社が同じ方向に進むように調整しているのです」

グリフィンが注目しているものの一つに、成長率をいかに正確に管理するかということがある。「アルファはキャパシティに影響します」。将来のどの時点でキャパシティに達するか、どのようにしたらすべての戦略からより多くのキャパシティを引き出せるかということを考える。アルファが大きくなると、より多くの資産ベースに分散することができる。アルファはリスクにも関連し、リスクもより多くの資産ベースに分散される。「ビジネスをいかに速くに成長させるかということは、アルファベースの構築と、アルファの増大に付随するリスクの管理をいかに迅速に行うかということに関係しているのです」

グリフィンは、常に新しいイニシアチブに取り組んでいる。最近の例では、一九九九年に債券に取り組んだ。LTCMの破綻によって債券市場に混乱が生じたため多くの人が職をなくし、その結果、シタデルは優れた人材を雇用することができたのだった。

「私は、チーム作りをサポートしています。ソロモン・ブラザーズから多くの優秀な人材を確保することができました。魅力的なリスクと取引について検討しています。また、従業員がシタデルのカルチャーになじむことができるように援助しています」。グリフィンは、シタデルのカルチャーは「変化を受け入れること」であると考えている。新しい戦略を常に評価し、有望なものを実施している。しかし、新しい戦略を採用するということは、リスクが増大するということでもある。「成功に甘んじているわけにはいきません」

シタデルはいくつかのマーケットでリーダーシップをとっているが、会社のカルチャーはそのような考えとは異なる。「従業員は、毎日持ち場に戻ると、どのようにしたらうまくいくのか相談します。……学習、共有、そしてチームワークを重視するのが私たちのカルチャーですから」

グリフィンは新卒者を採用し、トレーディングについて教えるのを好む。「シタデルは競争の激しい組織で、従業員のほとんどがまだ三〇代です」。また、シカゴを拠点とすることは有利だと考えている。シカゴには競争相手が少ない。そのため、ヘッドハンティングがほとんどない。従業員にはロイヤリティーがあり、長期的視野に立って将来を見据えることができる。

「私は世界で最も優秀な人たちと一緒に働いています。シタデルの従業員は、特別なものを作り上げているということをしっかりと認識しています。私は、チャレンジ、競争、知的な刺激が好きです。それが私の原動力になっています」とグリフィンは語る。

多くの時間をビジネスに費やしているが、サッカーや旅行も好きである。また、シカゴ現代美術館の収集常設委員会にも参加している。

業界について

一九九〇年代はヘッジファンドにとって有利な状況であったと振り返る。ただし、日本については例外で、非常に厳しい時代であった。一九九八年は、シタデルにとって最高の年であった。ＬＴＣＭの破綻などの要因が、あらゆる方面の資産を投げ売り価格で得られる大きな機会に結び付いたからである。

今はまさに移行期にあると感じている。強気相場では多くの資金が回転する。一方、弱気相場では資金が減少して、環境が厳しくなると整理統合が進むだろう。

市場参加者が多くなったため、ヘッジファンド・マネジャーの強みが浸食されてしまった、とグリフィンは考えている。一〇～一五年ほど前であれば、ヘッジファンド・マネジャーは、収益報告書やウォール街の意見の変化を見て、機関投資家よりも先に利益を得ることができた。しかし、大規模なミューチュアルファンドや保険会社がポートフォリオ管理を機敏に行うようになってきた。このような状況に加え、デイ・トレードも行われるようになったことで、ヘッジファンド・マネジャーの優位性はなくなってしまったのだ。

グリフィンは、グローバルマクロ・マネジャーにとって今後の状況はより厳しいものになるだろうという考えを持っている。一九八〇年代と一九九〇年代は、マクロトレーダーにはさまざまな利点があり、政府役人やトップエコノミストに接することもできた。今では情報が広範囲に行き渡り、その強みは目立たなくなってしまった。ユーロの登場、そして単一ユーロのイールドカーブの登場によって、状況はますます悪化してきている。しかしグリフィンは、グローバルマクロが戦略として存続することを信じている。たとえ状況がもっと厳しくなったとしても。

また、ヘッジファンド業界が未成熟であるということも確信している。つまり、透明性と事業遂行という点で、機関投資家のニーズに対応できていないのである。

古い世代と新しい世代の相違は輪郭がはっきりしていない、とグリフィンは言う。しかし、テクノロジー、定量分析、ITの水準は会社ごとにはっきりしていて、それは世代によって異なる。四〇歳以下のマネジャーは、ニューテクノロジーをビジネスに取り入れることにほとんど抵抗がない。一九八〇年代までは、オプションの価格決定戦略の授業は大学になかった。しかしそれ以降、教育やテクノロジーの環境が大きく変わった。また、テクノロジーを素早く採用するという動きは、一九八〇年代と一九九〇年代においてソロモン・ブラザーズの強みとなっていた。

後継計画についてはどのように考えているのか？　成功を収めたヘッジファンド会社のほとんどがウォール街でキャリアを積んでから設立されたものである。撤退についてどのようにとらえるか、そして後継計画をどのように作成するかということを、プロセスの一環として考慮してこなかった。しかしそのようなマネジャーは今やキャリアの終わりに近づいていて、これまで避けてきたこの問題に直面している。これに対してシタデルでは、キャリア開発と従業員のステップアップに力を注いでいる。

ロンゲスト・ランニング・ファンドのネットパフォーマンス（％）

1991年	43.00
1992年	40.70
1993年	23.50
1994年	−4.30
1995年	36.30
1996年	23.00
1997年	27.60
1998年	30.50
1999年	45.20
2000年	52.00
年複利平均	30.80

ケン・グリフィン
シタデル・インベストメント・グループ

組織について

創立	1990年
資産	
現在	50億ドル超
ピーク時	50億ドル
エッジ	トレーディング会社のアプローチ
本拠地と関連施設	シカゴ、カリフォルニア、コネティカット、ロンドン、東京
従業員数	約350人
組織のタイプ	スペシャリストのチーム
本人の役割	コーディネーター、ストラテジスト、ビジョンを描く
投資委員会	あり
報酬制度	シニア投資専門家は会社全体の収益に基づいて決定
投資家数	250超
投資家のタイプ	60%は海外、40%は機関投資家
ゼネラルパートナー／プリンシパルの投資額	多額の流動純資産を投資している
寄付金（資料：1999年NACUBO）	オーバーリン・カレッジ

方法論／ポートフォリオ構成について

スタイル	イベント・ドリブン、レラティブバリュー
ポートフォリオのポジション数	変動的
取引のスタイル	リスクとリターンに基づくダイナミックなトレード
米国への投資	50～60%
テクノロジーへの投資	変動的

プライベートエクイティへの投資	変動的
マクロへの投資	0％
ほかのマネジャーへの配分	過去に1回だけ
リスク管理について	
ネットエクスポージャー	低い
ヘッジ	多種多様な方法
最大レバレッジ比率	最近は、3：1〜7：1の範囲
記憶に残る損失	毎日
リスク管理	ヘッジ、分散化、定量および定性分析やツール
バックグラウンドについて	
きっかけ	大学時代
職歴（専門知識など）	大学でのトレード経験
学歴	ハーバード大学
モチベーション	競争
年齢	32歳
余暇の過ごし方	サッカー

第8章

ジョン・ヘンリー

JOHN HENRY

ジョン・W・ヘンリー&カンパニー（Jonh W. Henry & Co.）

システマティックで規律のある
長期トレンドフォロワーで
忍耐強く先見の明があり、分析を得意とする魔術師

ジョン・ヘンリーは、いろいろな方面で有名である。彼の会社、ジョン・W・ヘンリー&カンパニー（JWH）は、商品ファンド（マネージドフューチャーズ）のみを扱うトレーダーのなかで最大の運用資産を保有していた。また、ヘンリーは、商品ファンドの世界では先見の明の持ち主として知られていた。最近ではいくつかのマイナーリーグやシニアの野球球団を所有した後、メジャーリーグのフロリダ・マーリンズを購入したことでも有名である。ニューヨーク・ヤンキースの株も一％所有している。

私は、ジョンとのインタビューを心待ちにしていた。初めて彼に会ったのは、一九八六年、メリルリンチでのことだった。ディーン・ウィター、スミス・バーニー、プルデンシャル・ベーチェなどの証券会社と並び、メリルリンチは、このトレーダーに対して多額の資産を調達してきた。私はメリルリンチにいたころ、地方のいくつかのオフィスを回り、JWHのワールド・カレンシー・ファンドやミルバーン／ヘンリー・ファンドについて説明した。そしてジョンとその会社について詳しくなった。彼は、一九八〇年代のアメリカと欧州におけるメリルリンチの支店を利用して同様のビジネスを展開していたが、今でもそれを継続させている。

純粋な先物トレーダー

五一歳のヘンリーは、最大の先物トレーダーとしての名声を博していた。現在の資産は一二億ドルだが、一九九七年九月のピーク時には二四億ドルもあった。商品ファンド業界の見積もり資産四五〇億ドルのうち、ＪＷＨの資産だけで三～五％を占めることもあった。ヘンリーは、為替、金利、株価指数、貴金属、エネルギー、農産物などを含め、世界中の金融先物と非金融先物、そして先渡し市場の取引を行っている。

ヘンリーは、自身のことをヘッジファンドというよりはＣＴＡ（商品投資顧問）であると考えているが、便宜上ヘッジファンドという表現も認めている。ルイス・ベーコンやポール・チューダー・ジョーンズなどの先物トレーダーはグローバルマクロのヘッジファンド・マネジャーへと転身したが、ヘンリーはずっと先物トレーダーのままだった。限られたプログラムのなかで、Ｓ＆Ｐ先物とナスダック先物を取引している。

株式は別個に取引していて、顧客のために取引しているのではない。「ずいぶん前から株式取引を手掛けることも考えていたのですが、成功している人が大勢いるので、あえて私がやる必要はないでしょう。それに、クライアントはすでに株式に投資しているので、私にそれを求めてはいませんよ」。また、先物と比較した場合、株式は必ずしも流動的な投資ではないとも考えている。

商品ファンドというサブカテゴリーでは、ほとんどのトレーダーがコンピューター化したトレーディング方法を利用している。また、フィーは高く、一般的なヘッジファンド・マネジャーが一％のマネジメント・フィーと二〇％のインセンティブ・フィーを得ているのに対して、四％のマネジメント・フィーと二五％のインセンティブ・フィー、あるいは三％のマネジメント・フィーと二〇％のインセンティブ・フィーを得ている。二〇〇〇年九月、ヘンリーは四％と二五％というフィーの構造を二％と二〇％に変更した。フィーを減少させたのは、パフォーマンスが変動的なときに投資家を静めるための方策であった。また、競争というインセンティブ要因に重点を置き、固定のマネジメント・フィーにはあまり重点を置かないという意図もあった。

控え目で気取らないヘンリーは、商品ファンドの世界で長い間大きな影響力を持っていた。私は、彼には先見の明があるということをすでに知っていた。一九九五年の業界団体の会議で、ヘンリーは基調演説をした。そのなかで、機関投資家の関心を集めるには、商品ファンドトレーダーはフィーを削減し、リスク・マネジメントの技法を強化する必要があると話した。商品ファンド業界が生き残っていくためには、機関投資家の関心を引くことがカギとなる。しかし、多くの仲間はこの演説に不快感を示した。ヘンリーの会社の人間ですら、この意見に賛同しなかった。[1] それでも長い目で見ると、ヘンリーは正しかったということが証明されるだろう。

ＪＷＨは「ＫＡＩＺＥＮ（改善）」の哲学（つまり継続的な向上）に従おうとしている。これは、フィデリティ・インベストメンツのネッド・ジョンソンの考えに類似している。

ＪＷＨは、商品ファンドというサブカテゴリーのなかで、最初に新商品を開発することが多かった。ヘンリーは、効率的なトータルリターン・スワップの開発を進めた。この商品は従来のインデックスにおけるスワップ商品とそれほど違いはないが、ＪＷＨはこれらのスワップのレバレッジと資金投下を大いに促進させた。このほかにレバレッジ決定から自由裁量を引き出すようなノートの構造改善を実施した。ストラクチャードノートがどのように機能するかというルールを知りたいバイヤーにとって、これはプラスとなるに違いない。ヘンリーは、「規律があってシステマティックなマネジャーは、投資だけでなく、ストラクチャードノートやスワップなどの商品開発にも適応できるのです」と考えている。

ＪＷＨには多数のディーリング業務用のアカウントがあり、新しいアイデアや方法を検証している。また、株式市場で予備調査とトレーディングを行っていて、ロングオンリーの投資に代わるサービスを提供できるデフェンシブプログラムに取り組んでいる。現在、ＪＷＨではほかのマネジャーに配分をしていないが、それに向けた商品を開発しているところである。

長期トレンドフォロワーとダイバージェンシー・トレーダー

ヘンリーの哲学を要約すると、「未来はだれも予測することなどできない」ということになる。ヘンリーは長期トレンドフォロワーである。その哲学は、投資決定に必要となる重要な情報はマーケットのファンダメンタルズではなく市場価格そのものであるという前提に基づいている。ヘンリーいわく、「マーケットは人々の期待」であり、その期待が価格のトレンドに現れている。「私たちは不確かな世界のなかにいます。だれも将来を予測することなどできません。不確かな世界では、トレンドを認識して追従することが、唯一妥当な投資アプローチと言えるのではないでしょうか」

ヘンリーはメカニカルなアプローチの重要性を認識している。というのも、非科学的なアプローチやいいかげんな検証は、裁量的なトレーディングに適用されるからである。

自分のエッジは忍耐力であると言う。並大抵でないほど長期的な視野と展望を持っている。一つのポジションを、数日どころか数カ月間も保有する。一年以上保有することも珍しいことではない。ウォール街のエグゼクティブたちは、自分たちが知るかぎり、JWHは最長の先物トレーダーだろうと口々に言う。さらにヘンリーはこう付け加えている。「長期戦略は、コストの削減と成長の促進にもつながるのです」

一九七〇年代にヘンリーが初めてマーケットを調査したとき、いろいろなマーケット状況でうまくいく方法を探していた。調査の結果、長期的アプローチが最高の働きをしていることが分かった。「マーケットの不利な動きをものともせずに行動したいという強い衝動があるのです。ボラティリティが悪だという前提に基づくと、『ボラティリティの回避』と表現しますよね。でも私は、ボラティリティを回避すると長期トレンドについていけなくなるということに気付いたのです。建玉中のポジションを保護するために手仕舞いポイントを定めようとすると、膨大な費用がかかります。長期的なシステムでは、ボラティリティを回避しないで忍耐強くじっとしています。そうすれば、長期的な動きの途中でポジションを無理に手仕舞いさせられるといったことにはなりません」

ヘンリーは、パフォーマンスの良くない時期（商品ファンドの取引にとってはこの三年間がそうであった）に我慢することは最も強力な武器になると信じている。「ブラックボックスを持っていたとは思いません。トレンドの変化や発生に従うという哲学があるのです。著しく成績の悪い時期が過ぎても、生き残ることができるようにレバレッジを設定しています。そのような時期には多くの収益を求めません。何年も続くトレンドに従うためにポジションを維持しているのですから」

レバレッジは、資本の三倍ないし六倍になることもある。商品ファンドの世界におけるレバレッジは、ヘッジファンドの世界のレバレッジとは異なる。「証拠金引き上げ」と「取引サイズの大きさ」という違いがある。したがって、マネジャーがコントロールする金額の違いに表れている。

ヘンリーはマーケットは常に変化していると強調する。この世界に入ったころは、マネーサプライがマーケットを動かしていると考えていた。今は、マーケットを動かすものは一つではないと考えている。新しい変数やイベントによってマーケットは常に変化しているのだ。例えば、現在（二〇〇〇年九月）は石油と通貨の動きが大きな影響力を持っている。また、一九九八年第３四半期には、アジア危機とリスク感染が世界中に広がった。「変化を理解して受け入れるということは、私たちの哲学の大きな特徴でした。だれも将来を予測することなどできません。一定期間に特定のマーケットを動かすものがあっても、将来もそれが原動力となるわけではないのです。過去のモデルを使用してコンバージェンス取引を行うというのには賛成しかねます」

投資家にとって最大の問題の一つとして、特定のアイデアや関連性にいつまでも執着するということを挙げている。トレーダーが失敗するのは、マネーサプライやファンダメンタルズの重要性を見逃したことにあるのではなく、マーケットが新たな動きに入っているのに同じことを重視し続けることにあるのだ。古い経験や時代遅れの統計的関連性にいつまでも執着していると、激しいマーケットのダイナミクスを受け入れるよりもずっとリスクが大きい。

ヘンリーは、自分のタイプは「トレンドフォロー」だけでなく「ダイバージェンシー投資」の要素もあると言う。「私たちは、マーケットが変動して新しい均衡価格に移行するときにリターンを生み出しています。現状とのダイバージェンシー（乖離）があっても、それがトレンドとなって最大の収益性が望める時期がやってくるでしょう。変化の時期を予測することはできませんが、幅広いマーケットで忍耐強く取引して、トレンドが現れたときにそれを有利に活用できるようにしておきます」。ただし、これを消極投資と混同してはならないとヘンリーは強調する。マーケットのノイズのなかからトレンドのシグナルを見極めるため、プログラムを二四時間機能させている。

リスク・コントロールの強化

ヘンリーのトラックレコードはボラタイルなことで有名だったが、そのボラティリティは緩和されてきている。一九九二年がその分岐点であった。一九九一年には、二番目に古く二番目に大きいプログラムである「金融先物と貴金属のプログラム」が六一・九％上昇した。一二月だけでも、四〇％以上上昇した。しかし、一九九二年は一〇・九％のマイナスになった。この経験から、ヘンリーはリスク・コントロールを強化し、一九九三年には四六・八％のリターンにまで回復した。

ヘンリーいわく、マーケットが広く激しく変動すると、長期的なシステムではファンドが払い戻しの影響を受けやすく、事実、そのようなことが起こったのである。投資家にとって、ボラティリティは耐えがたいほど大きかった。ＪＷＨはその年が終了するまでに新記録を達成したが、ヘンリーはレバレッジをカットした。

ヘンリーはこのようなトレーディングにストレスを感じていないが、ＪＷＨが何をしているのか理解していない投資家にとっては大きなストレスになる。「いつも悪い時期に投資を増やすと、投資家は私たちの哲学が誤っているのではないかと怪しみます。『マーケットは変わったのか？』『あまりに多くの資金がトレンドフォロー戦略をとっている』という質問や非難をよく受けます。そのたびに、マーケットは変化しているし、今後も変化し続けるだろうと返事をしています。これが私たちの成功の秘訣なのです」

しかし自分の信条に従い、ヘンリーは常に長期的に物事を見ている。「確かな哲学に基づく方法は、長期的に見れば成功するでしょう。パフォーマンスが良くない時期も長く続くでしょう。そのため、レバレッジをコントロールする必要があるのです」

ヘンリーの哲学は、上昇時でも下降時でも一貫している。マーケットは常に変化していてダイナミックであるという考えも変わらない。「変化に基づく哲学を支持しています。どんな業界でもどんな職業でも、トレンドを追っていれば変化に順応できるのです」

しかし、トレンドフォローの本質は時間と共に変化している、とヘンリーは言う。

成功を収めているトレーダーは、本人が自覚していなくてもトレンドフォロワーであるとヘンリーは考えている。そこで「自分はトレンドフォロワーか？」ということよりも、「トレンドをどのように定義するのか？」と考えることが重要になる。トレンドを短期にとらえる人もいれば、中長期にとらえる人もいる。

記憶に残る時期

株式市場が暴落した時期は、商品ファンドのトレーダーたちがこれまでにないほど脚光を浴びた。その期間に唯一うまくいくのがこのカテゴリーだからである。一九九七年一〇月と一九九八年八月、ＪＷＨはまさにこのことを実証した。

一九八七年、金融先物と貴金属のプログラムが二五二・四％も上昇した。特に第４四半期に最高益を出している。暴落に対して良いポジションを取っていた、とヘンリーはそのときのことを振り返っている。ＪＷＨは世界中の株価指数を売っていたのだ。残念なことに、金利商品のトレンドは売りを示していた。暴落時にもＪＷＨは好業績であったが、翌日の寄り付きでは最悪の被害を受けた。損失が為替にまで影響したのだ。多くの暴落時がそうであるように、最初は被害を受けたが最終的には最高の四半期となった。ドルは急落し、金融先物と貴金属のアカウントは年間でネット二〇〇％超のリターンとなった。

一九九八年には、ロシア危機とＬＴＣＭ破綻によってマーケットが混乱し、これが大きな収益に結び付いた。ＪＷＨの全プログラムはこの時期にも好調であった。株式市場が損失を被っていたにもかかわらず、金融先物と貴金属のプログラムは八月と九月に三〇％も上昇した。一九九八年全体で見ると、金融先物と貴金属のプログラムは七・二％の上昇であった。

一九九九年、金融先物と貴金属のプログラムは一八・七％ダウンした。これは、年間で最大の下げ幅となった。一九九九年と二〇〇〇年前半については、彼が予期したセクター全体の動きが現れなかったことで顧客のフラストレーションがたまった。「パフォーマンスが悪くなると、『トレンドフォローは役立たずだ。マーケットは変わったのだ』という叫びが聞こえます。でも、これは矛盾しています。マーケットは常に変化しているので、私たちの哲学が優れたパフォーマンスにつながる時期が再びやってくるものと信じています」

二〇〇〇年の厳しい時期にもヘンリーはその方法論と戦略を貫いた。九月までに二五・九％下落してしまった金融先物と貴金属のプログラムは、第４四半期には四五・五％も急反発し、結局年間で一二・九％のプラスとなった。第４四半期に好調だったのは、債券とドルに力強いトレンドが見られたことがその要因だとヘンリーは考えている。

つまり、トレンドを見極めることがカギとなる。トレンドを見極められる人はそれほど多くなく、時期によっては、ほかの人が認識できているのに自分には認識できない場合もある。一九六〇年代とここ数年がそうであった。厳しい時期にも、レバレッジを低くして生き残りを図る。このようなときこそ、ヘンリーの規律がはっきりと示される。ヘンリーの哲学では（特に価格とその方向性に関して）、「どうあるべきか」ということよりも、「実際はどうなのか」ということを重視する。

分散化

ヘンリーは自分のことを保守的な投資家であると思っているため、分散化プログラムを好むのだと言う。しかし、顧客の要求の影響を受けるアグレッシブな金融先物と貴金属のプログラムのビジネスが、JWHを占領してしまった。ピーク時には、彼のビジネス全体の六〇％を占めるまでになっていた。

ヘンリー個人としては、保守的な投資家である。実際、レポートによるとフロリダ・マーリンズを購入したときにはTビルで一億五〇〇〇万ドルを支払っている。顧客の資産と一緒にプリンシパルの資産も三五〇〇万ドルから七五〇〇万ドルの範囲で取引している（そのほとんどがジョンの資金、あるいは信託を介してジョンが保有するJWH&カンパニーの資金である）。

ヘンリーは「分散化」「金融先物」「外国為替」「マルチスタイル」という四つのカテゴリーで一二のプログラムを提供している。プログラムによって、投資スタイル、タイミング、マーケット特性の組み合わせが異なる。投資スタイルはプログラムが使用する方向性局面（ロング、ショート、ニュートラル）の数、そしてポジションのサイズの決定方法に違いがある。タイミングとは、トレンドが短期で認識できるのか、それとも長期でないと認識できないのかということを表す。また、取引を行うマーケットによってプログラムを区別することもある。ＪＷＨは、世界の約六五のマーケットで取引をしていて、平均で約五〇のポジションを保有している。

分散化カテゴリーには、当初の投資プログラム、グローバル分散化プログラム、ＪＷＨグローバル分析プログラムが当てはまる。このグループのうち、当初の投資プログラムが最大であり、運用資産は総額二億二六〇〇万ドルになる。これはドテンのプログラムであり、ロングまたはショートのいずれかでポジションを保有している。タイミングの要素は長期トレンドである。分散化プログラムには、金利、株価指数、為替、貴金属、エネルギー、農産物といった主要セクターすべてが含まれている。

金融プログラムには、金融先物と貴金属、世界の金融基準、グローバル財務ポートフォリオ、国際通貨・債券ポートフォリオ、世界的債券プログラムがある。このカテゴリーでは、金融先物と貴金属のプログラムが最大であり、その資産は三億六六〇〇万ドルである。一九八四年一〇月に取引を開始し、為替、金利、貴金属、海外の株価指数における中期的な価格の動きを見極めて投資しようとしている。明確なトレンドがないかぎり、マーケットには投資しない。三局面の投資スタイルをとっている。つまり、ロング、ショート、ニュートラルのいずれかである。ヘンリーの考えるところでは、この金融先物と貴金属のプログラムは堅調なマーケットではうまくいくが、マーケットが低迷するとうまくいかなくなる。

外国為替のカテゴリーには、国際外国為替プログラム、Ｇ7通貨ポートフォリオ、ドルプログラムがある。このなかでは、国際外国為替プログラムが最大であり、資産は八四四〇万ドルである。主にインターバンクマーケットで取引される主要通貨および一部の通貨の中期的な動きを見極めて投資する。このプログラムも、ロング、ショート、ニュートラルのいずれかをとる。

マルチスタイル・プログラムには、戦略的配分プログラムがある。一九九六年七月に開始し、最近では最大のプログラムとなっている。二〇〇〇年末の資産は五億一九三〇万ドルであった。このプログラムではさまざまな戦略に配分している。これは、ＪＷＨのプログラムを選択して、プログラムに資産を配分するという裁量的アプローチである。決定権は投資政策委員会にある。前述の一一すべてのＪＷＨプログラムを戦略的配分プログラムに取り込むこともできる。プログラムの選択と資産の配分は、投資政策委員会の考え次第でダイナミックに利用される。通常は、個々のプログラムへの最大配分はアカウントの資産の二五％を超えないものとしている。

キャパシティ

現在のマーケットは一九八五年と比べて非常に大きくなっている、とヘンリーは考えている。一九八五年にはまだグローバルな取引を行っていなかった。当初、グローバル分散化のキャパシティは一億ドル程度と見込んでいたが、現在は約四～五億ドルである。

ＪＷＨでは、ポジション取りがマーケットに及ぼす影響を調べるため、スリッページ研究を実施している。その結果、この四～五年で問題が緩和されてきていることが分かった（スリッページとは、基本的に所定の取引において最初に注文を出した価格と実際に執行された価格との差のことである）。しかしヘンリーは、規模もマネジャーに有利に働くと考えている。つまり、売りの注文をする場合、だれかが進み出てその価格で買うだろう。

しかし、規模が大きいため、オレンジジュース、パラジウム、オート麦など特定のマーケットでは取引を行っていない。より流動的な金融市場と為替市場に集中しているのである。

現在の顧客のほとんどがアメリカベースのファンドであり、主に小口顧客層で構成されている。メリルリンチ、ディーン・ウィター、プルデンシャルなどの最大プールオペレーターが顧客となっている。海外の顧客もアメリカの証券会社を介している。海外投資家のなかには、ＪＷＨのことをブラックボックスだと考えている人がいる。というのも、ＪＷＨは一定のルールに従っているからである。しかし、ヘンリーはそう思っていない。「トレーディングは哲学であって、ブラックボックスではありません。マーケットは人々の期待を反映しているのです」

ヘンリーは投資家に対して月例報告書を作成し、主要マーケットで何が起こったかということを説明している。ただし、特定のポジションと詳細については明記していない。

会社の組織化

会社を組織化するという点では、ヘンリーはほかのスーパースターマネジャーよりうまくいっている。一九八六年にセミリタイアし（つまり日常業務には関与しない）、六〇人超の部下を抱えるグループを所有している。インタビューをしたほかのヘッジファンド・マネジャーとは違い、ヘンリーはファンダメンタルズのトレーダーではない。メカニカルで長期トレンドフォローのアプローチを取るのだ。

会社を運営することを楽しいと思ったことはないが、会社にかかわる人たちと過ごすことは楽しいと思っている。

ＪＷＨは、トレーディング、リサーチ、情報テクノロジー、投資サポート、コンプライアンス、投資家サービス、マーケティング、コーポレートファイナンス、一般管理、人事部門で構成されている。

これらの活動について各専門家が意思決定を行う場として、さまざまな委員会が設置されている。中心となる委員会は投資政策委員会であり、ヘンリーが議長を務めている。このシニアレベルの諮問グループは、取引方針の評価と監視の責任を担う。また、新しいマーケットや戦略、流動性、ポジションの規模、キャパシティ、パフォーマンスサイクルなど、ＪＷＨの投資プロセスの実施およびマーケットへの適用に関する問題を取り上げている。ヘンリー以外の投資委員会メンバーは、バーン・セドレースクとマーク・ルゼプクジンスキーである。社長兼最高業務責任者であるセドレースクは、日常業務にも責任を負っている。一九九八年にＪＷＨに参加する前は、ハーバード・マネジメント・コーポレーションで副社長と最高財務責任者を務めていた人物である。ルゼプクジンスキーは、リサーチとトレーディング部門担当の副社長である。

報酬制度を決定するときは、個人とグループとしてのパフォーマンスの両方に関連するすべての要素を考慮しているが、全体のパフォーマンスのウエートのほうが大きい。

二〇〇〇年までは、コネティカット州ウエストポートにオフィスを構えていて、一般管理、コンプライアンス、マーケティング部門の本部を置いていた。しかし、ウエストポートの賃借料が上がったことと先物市場に活気がなかったことから、フロリダ州ボカラトンのメインオフィスと統合した。ボカラトンのオフィスにはヘンリーも在籍し、トレーディングやリサーチ部門もある。

ヘンリーは、自分には「普通の日」はないと言う。彼の役割を考えると、日常業務としてしなければならない事柄はほとんどない。「トレードに実際にかかわっていない人にとって、マーケットを見ることは時間の無駄です。私の場合は好奇心から相場のスクリーンを見ています。マーケットのどこかで何らかのストーリーが展開されているので、価格を解き明かすイベントについ見入ってしまいます」。このように言っているが、日本のマーケットが引ける午前二時まではベッドに入らない。

ヘンリーはリサーチに多くの時間を費やしている。たいていは、株式についてリサーチしている。特に、相関係数とポートフォリオのバランスに注目している。「聖杯を探し当てることはできません。ファインチューニングも不可能です。いろいろなことに手を出すと、将来の効率性が低下してしまいます」

自分のことを「子供の成長を見守る親」のようだと言う。ルールと手順を書き出し、それが守られているかどうか監視する。トレーダーを呼び出して「これをしろ」と命令するのではなく、「今は何をしているのか？」と質問する。

完全にリタイアすることは考えていない。自分抜きで会社が継続するとも考えていない。会社を売却する気もない。すでに多くのお金を手にしているからである。しかし技術的には、ＪＷＨはメカニカルなシステムであるため売却することは可能だろう。

株式に対する慎重なアプローチ

一握りの人に資金が多く集まりすぎていたため、大規模なグローバルマクロのマネジャーの解体は、マーケット参加者、特に商品ファンドのトレーダーにとって良い結果に結び付くだろう、とヘンリーは考える。「マーケットは条件反射をするのではなく、価格発見に乗り出さなければなりません」

またヘンリーは、現在のアメリカは株式に対して理性に基づかない態度をとっているとも考えている。過去五年間にのみ基づいて期待をしているが、過去五年間に利益を上げた要因が今後の五年間も有効であるとは限らないのだ。

このような態度は株式市場だけの話であって、先物市場には見られない。株式市場は急騰している（インタビュー時はそうであった）が、金利や為替に関してはヘンリーの取引に及ぼす影響は非常に小さい。

ヘンリーは株式について何年も調査を続けてきたが、ＪＷＨでは先物のニッチを優先しているため、株式の優先度は低い。ＪＷＨは別の活動として株式取引を導入する予定であるが、それは別のタイプの株式投資家かマネジャーとなるだろう。

この新たな活動では、過去二〇年間にわたって金融市場で学んできた事柄を特定の株式ポートフォリオに適用しようとしている。「ロングまたはショートのいずれかに偏らないように、慎重な方法に限定するつもりです。『予測することは不可能であり、トレンドフォローが最も賢明な投資方法だ』という哲学に基づいて投資します。特別な株式グループに投資して、一つのポートフォリオの株式数はほかのマネジャーよりもずっと多くなるでしょう。どの銘柄あるいはどのセクターが上がるかということを予測しようとは思っていません。トレンドとボラティリティに基づいて、長期的に銘柄を評価します」

株式保有の長期的な利益は、今後市場平均を上回る銘柄を選択することにあるのではない、とヘンリーは考えている。見込みではなく特性に基づいて多数の銘柄を選択すると、ロングでもショートでも長期的な利益を得ることができるだろう。これは、保険会社が多数の顧客の保険を引き受けて利益を得るのとまさに同じ方法である。マーケットの上昇時でも下降時でも利益を上げることができるが、非預言的な大規模分散化アプローチの主な成果はＳ＆Ｐ五〇〇などのようにロングのみの影響を緩和することである。

分析を得意とする魔術師

ヘンリーは、一九四九年イリノイ州クインシーで生まれ、父親が農場を所有していたアーカンソー州フォレストシティーで幼少時代を過ごした。二五歳のときに父親が亡くなり、二〇〇〇エーカーの農場を引き継いだ。そのときにヘッジの技法を独学したのである。とうもろこし、小麦、大豆への投機に着手し、商品投資顧問になった。一九八一年、カリフォルニア州ニューポートビーチにオフィスを構え、会社を設立した。その後、一九八九年に本社をコネティカット州に移転した。その年に、ヘンリーもボカラトンに転居した。コネティカットのオフィスは、二〇〇〇年に閉鎖した。

ヘンリーは、知能は平均的であるが数字に強いと言われていたという。[2] 哲学にも興味を持っていた。子供のころ野球の打率や自責点を暗算したことが先物取引に役立っている。いくつかのコミュニティーカレッジの夜間コースに通っていたが、カレッジの学位は修了していない。バービー・ブロディー教授のUCLAクラスも聴講したが入学はしなかった。そのとき二人は、ブラックジャックで勝つためのギャンブラーシステムを発表した。

ヘンリーは推測する能力に優れていた。どの情報が今後役立つかを見極めるのは、非常に難しいことであり、単なる数字以外に目を向ける能力を必要とする。ダイヤモンドの原石が一九五五年から一九八〇年まで二五年連続で上昇しているという例を挙げて説明してくれた。ニューヨークでは、だれもがダイヤモンドの価格は下がらないだろうと確信していた。ダイヤモンドのトレーダーたちは騰貴によってあまりにも多くの利益を得たため、しばらくの間ビジネスを休止した。

同時期、ヘンリーはミッドウエストに農場を持っていた。だれもが農場の地価は下がらないだろうと考えていた。そして多くの農家は、利益が出ないような価格と金利で土地を購入しなければならないと考えていた。「一九八〇年に、私はマーケットの歴史について調べ、中西部の農場から取引の中心地であるマンハッタンにかけて典型的な兆候が見られると考えました。つまり、世界は根本的に新しい状況に変わったものと信じられたのです。長期的な逸脱に対して、人はこのように反応しまうものです。今起こっていることが今後も永遠に続くものと信じ込んでしまうのです。しかし実際には、新しい状況になってそれが予想よりも長く続き、コンバージェンシー・トレーダーたちを一掃してしまいます。でも、それすらも永遠には続かず、別の状況へと移ります。私がトレンドを追っているのはこういった理由からなのです。二〇年後、ダイヤモンドは八〇％も安くなりました。中西部の農場も、一九八〇年に売却した値段ではもう売れません」

だれも将来を予測することなどできず、世界は非常に不確かなものである。したがって、投資に際してどのデータが重要かを見極める能力が必要になる。「今は、株式は過去二〇〇年間ほかの何よりも優れていたと考えられています。このことは、これからの二五年間についてはほとんど意味を持たないかもしれないのです。でも、二〇〇〇年の現在、過去の二〇〇年間のパフォーマンスは今後の株式の成長には結び付かないという考えを捨てることに、だれも納得できません。今のところ人々は、新しい状況やニューエコノミーのなかで必然的な株価の伸びをサポートするデータを信じています。そして将来、未知の弱気相場に遭遇してしまうことになるでしょう」

ベストになること

ヘンリーは競争を好む。自分がかかわっている分野でベストの地位につくことにモチベーションを見いだしている。しかし、常にベストになるというのは不可能であるということも認識している。「最終的にマーケットが判断するということは分かっているのですが、実世界で自分のアイデアがテストされるのを見ることが活力になっているのです」

自分の資金も投機家として管理することはできたのだが、プロとしてビジネスをしたいと考えた。また、最大規模の会社になることではなく、ベストリターンを上げることを目標としていた。

野球への情熱

先物取引ビジネス以外では、音楽に夢中になっている。家にまでレコーディング・スタジオを作っている。カレッジの学生だったころ、ベーシストとしてバンドに参加していた。[3]

また、民主党の熱烈な支持者でもある。寄付をするだけでなく、一九九七年にはクリントン大統領

（当時）をディナーに招待している。

しかし、最も情熱を注いでいるのは野球である。一九九八年にウエイン・ハイゼンガからフロリダ・マーリンズを一億五〇〇〇万ドルで購入した。その他に、一九九一年以来ニューヨーク・ヤンキースの株を一％所有している。およそ一〇年間ヤンキースとかかわってきて、年間一五〇試合以上観戦している。「野球の複雑さや戦略のことを知ると、ものすごく楽しくなりますよ。チームのリズムに触れると、超大作の小説の新しい章を毎晩開くような気分になるんです」

一九八九年には、ウエスト・パームビーチ・トロピクスを買った。これは今ではなくなってしまったが、シニアのプロ野球チームである。その後、マイナーリーグAAAのトゥーソン・トロスという野球チームを半分購入した。一方、一九九〇年にはNHLのフランチャイズ権、一九九四年にはNFLのマイアミ・ドルフィンズ、一九九八年にはNBAのマイアミ・ヒートを買おうとしたが、いずれも失敗に終わっている。

野球とトレーディングにはどのような共通点があるのだろうか？　ヘンリーいわく、シングルヒットを求めるのではなく、忍耐強くホームランを待つことで多くの利益を得ることができるという共通点があるという。

金融先物と貴金属プログラムのネットパフォーマンス（%）

1984年	9.90
1985年	20.70
1986年	61.50
1987年	252.40
1988年	4.00
1989年	34.60
1990年	83.60
1991年	61.90
1992年	−10.90
1993年	46.80
1994年	−5.30
1995年	38.50
1996年	29.70
1997年	15.20
1998年	7.20
1999年	−18.70
2000年	12.90
年複利平均	29.33

1984年は10月に取引開始
1987年は、拡大と回収のタイミングで収益率は著しく膨らんだ。1987年に開設した３つのアカウントは、138%、163%、259%のリターンを達成している

ジョン・ヘンリー
ジョン・W・ヘンリー&カンパニー

組織について

創立	1981年
資産	
現在	12億ドル
ピーク時	24億ドル
エッジ	分析の魔術師、忍耐
本拠地	フロリダ州ボカラトン
従業員数	60人超
組織のタイプ	機能的組織
本人の役割	リサーチ、ガイダンス
投資委員会	あり
報酬制度	主に会社のパフォーマンスに基づいて決定する
投資家数	非公開
投資家のタイプ	主に個人投資家で構成される米国ベースのファンド
ゼネラルパートナー／プリンシパルの投資額	3500万～7500万ドル
寄付金	非公開

方法論／ポートフォリオ構成について

スタイル	先物、長期トレンドフォロワー
ポートフォリオのポジション数	50
取引のスタイル	非公開
米国への投資	非公開
テクノロジーへの投資	なし
プライベートエクイティへの投資	なし
マクロへの投資	なし
ほかのマネジャーへの配分	なし

リスク管理について

ネットエクスポージャー	なし
ヘッジ	なし
最大レバレッジ比率	３：１～６：１
記憶に残る損失	1992年
リスク管理	レバレッジの調整

バックグラウンドについて

きっかけ	農業、ヘッジの経験
職歴（専門知識など）	農業、ヘッジの経験
学歴	多種多様
モチベーション	競争、ベストの地位に就くこと
年齢	51歳
余暇の過ごし方	音楽、政治、野球

第9章

マーク・キングドン

MARK KINGDON

キングドン・キャピタル・マネジメント
(Kingdon Capital Management)

グローバルエクイティの
ロング/ショート戦術を自在に操り、
絶好の取引機会を待つ規律の持ち主

マーク・キングドンのオフィスは、ロシアン・ティールームとカーネギーホールの間のカーネギーホール・タワーにある。五〇階のオフィスからは、マンハッタンのパノラマを一望することができる。キングドン・キャピタル・マネジメントは、現在の運用資産が四四億ドルを超え、実質的には新しい投資家の募集を停止している。新規資金は、償還分の相殺にのみ利用しようと考えている。この方針については数年前から考えていたのだが、投資家に対しては二〇〇〇年五月になって初めて公式に発表した。「最大のヘッジファンド・マネジャーになることが重要なのではありません」と、五一歳のキングドンは語る。従業員と親族が最大の投資家である。プリンシパルは、実質上、正味資産をすべてファンドに投資している。

キングドンには三つの目標がある。それは、リスク調整後のリターンを上げること、楽しい職場環境を作ること、そしてその価値が持続する組織を構築することである。

「第一のモチベーションは、ビジネスが大好きだということです。投資ゲームを楽しんでいます。このゲームは、知的で感情に訴えるチャレンジなのです。勝つことが好きだし、その勝利をチームメートと共有することができたらなおさら楽しいでしょう。私たちに資金を任せてくれた投資家、そしてここでの仕事に自分の資金とキャリアを賭けてくれた従業員に対して、責任を感じています。私にとってお金とは、スコアを記録するための単なる手段でしかないのです。資産規模が気になることもあるかもしれませんが、それは目標ではありません」

キングドンは、グローバルエクイティのロング／ショートのヘッジファンドである。「私たちはマクロトレーディングに対立するものとして、株式投資を重視してきました。その理由の一つに、マクロが主観的決定の色合いが強いのに対して、株式投資では特定の会社を見張っていれば、ほかの投資家よりも多くの情報を得ることができるということが挙げられます」

一九九五年一月から一九九九年一二月までの期間にグローバルエクイティの投資がピークに達したのは一九九七年七月であり、全体の運用資産の約九〇%を占めていた。しかし一九九九年末には五〇%以下まで減少した。五年間の平均は五六%であり、そのうち四一%は米国株式、一五%は海外の株式であった。

同時期のマクロトレーディング（金利、貴金属、為替）は、平均して一〇%であった。ピークは一九九八年七月で、四〇%強だった。これも一九九九年末には五%以下まで減少した。

株式とマクロトレーディング以外は現金である。現預金、先物、オプション、空売りで、マーケットリスクをヘッジしている。

企業価値、ファンダメンタルズ、チャートに基づく配分

企業価値、ファンダメンタルズのトレンド、そして（業況判断などの）テクニカルは、キングドンのトレーディング手法の基礎を成している。これらを広範囲なマーケットと個別銘柄に適用している。

重要な順に挙げると、企業価値（資産と収益ベースの両方）、収益力、相対価格モメンタムが、銘

柄選択のときの基準となる。マネジメントの質、財務力、市場流動性も重要である。株式を売却するのは目標価格に到達した場合か、選択基準が大幅に悪化した場合である。キングドンは、注目している証券に最高の収益機会があると思っている。株式を買うときには、通常、最低でも三〇％のグロスリターンを期待している。ポートフォリオには、約二〇〇のポジションがある。

正式な意味では、ポートフォリオの最適化を目指していない。「ポートフォリオ分散化のメリットは認識していますが、私たちの目標は世界中でベストのリスク／リターン・レシオの銘柄や業種を見つけることであって、S&P五〇〇などの指標をまねることではありません」

流動性も重視していて、保有している株数は一日当たりの出来高より少ない。

チャートはだましにつながることがあるとキングドンは考えているので、ポジションのタイミングを計るのにチャートを使用している。「最近のチャートの使い方は、昔とは違います。会社の強みと弱みを反映したものとして信頼するのではなく、支持と抵抗を判断するのに利用しています。単なるツールであると考えています。マーケットにはノイズもあるので、チャートについては懐疑的に見ているのです」

テクノロジー、電気通信、インターネット、ヘルスケアなど成長率の高いセクターは、これまで純資産の一〇～四五％を占めてきた。

プライベートエクイティについては、六年以上にわたって投資している。「このカテゴリーは資産の五％以下でしかないのですが、テクノロジーを開発する早期チャンスを提供してくれたり、素晴らしいリターンを提供してくれることもあるのです」

ほかのマネジャーには配分しているのだろうか？　資産の三％以下ではあるが、十数人のヘッジファンド・マネジャーに配分している。「トップ・マネジャーたちには二〇％のフィーを支払っていますが、顧客にはフィーを請求しません。関係を構築することを目的として投資をしているのです。これまでに専門のファンド・マネジャーを大勢見つけてきましたが、そのアイデアや情報は、私たちが銘柄を選ぶときに大いに役立っています」

キングドンのエッジは徹底的なファンダメンタル研究を行うこと、そしてトレーディングに関して確固たる規律を定めていることである。カギとなるのは、強力でグローバルなリサーチ・ドリブン型の組織（二二人のポートフォリオ・マネジャーとアナリスト、五人のトレーダーから成る）、ウォール街での大量契約、そしてトレーディングに関する規律である。

トレーディングルール

キングドンはいくつかのルールに従って取引している。ルール一は「損失を少なく抑えること」、ルール二は「ルール一を忘れないこと」である。

ルール三は「証券とその業界についてウォール街がどのような変数を考慮しているのか見破ることである。合法的なあらゆる手段を利用して、それらをタイムリーに監視することである。ルール四は「損失を投資に変えようとしないこと」である。ある銘柄を購入してもそれを保有する根拠がなくなった場合、売却する。弱気相場である銘柄を買うほどの勇気があるなら（そして愚かだったら）、それを取引するかヘッジする。成長率やライバル企業や金利と比較して評価の高い銘柄があったら、それを売りに出すことを考える。テクニカルな要因として買値を一五％下回った銘柄については、手仕舞いをする。その銘柄に多くの時間とお金を費やしても、得るものは何もない。

「投資する前に間違っているのではないかと疑ってみます。流動性を重視しているのです」と、キングドンは言う。

冷静でありながら情熱的なカルチャー

冷静と情熱について、キングドンはスポーツに例えて説明する。「ほかの人と同じ手を使って対抗することはできません。また、その試合は八回なのかそれとも九回まで進んでいるのでしょうか。間違ってしまったら、それはまさに椅子取りゲームになってしまいます（椅子が見つからずにだれかが抜けていくのです）。野球のゲームではありません」。その手は有効なのだろうか？　十分なリターンの可能性があって下振れリスクに対処できるのであれば、それは有効である。

キングドンはレバレッジを多用しない。実際、一三年間利用していない。「高いレバレッジが保証されるような状況は、これまでに見たことがないですね」。レバレッジを利用して、月並みなリターンを優れたリターンに変えようとすることを避けている。「悪いリターンは悪いリターンでしかないのですから。唯一レバレッジを利用するのは、下降気味のときにそれを引き上げる場合です」

バリュー銘柄をロングにしてテクノロジー銘柄をショート（あるいはその逆）にすることは、ポートフォリオのヘッジにはならない。リスクを二倍にするだけである。

回復力というのは、キングドンのキーワードである。それは、マネジャーが逆境やクライアントの離脱にどのように対処するか、ということを表している。「それは、自分を信じるということで、強気相場は優れていて弱気相場は愚かであるというのを混同することでもありません。……マーケットはあくまでもマーケットなのです。個人的に解釈することはできません」

一九八三年創設以来の年複利平均は、約二三％である。この一八年間で、マイナスだったのは二回だけである。一九八四年は一八・四％のマイナスであった。

一九九四年も二・二％マイナスであった。この年は、キングドンが取引しているほぼすべてのマーケットが厳しい状況にあった。最近の損失の例としては、ＧＭ／ヒューズ・エレクトロニクスのアービトラージで損を出したことが挙げられる。「ある人の善意を信用したのですが、ＧＭが株式公開買い付けで落札する金額について、誤ったアドバイスを受けてしまったのです。これほどまでに信用するべきではありませんでした。その人は、自分が何を知らないのかということも認識していないのだろう、と疑うべきでした。同じことを前にも学んでいますが、リタイアするまでに何度も学ぶ機会があるでしょうね」

この年は損失を出してしまったが、一九九九年にはさまざまな要素が重なり、結果として絶対的にも相対的にも優れたリターンを上げることができた。

通常の日は、午前七時三〇分にオフィスに到着する。八時からは三〇分間のミーティングがある。夜間やマーケットのニュースについて、マクロトレーダーが二ページほどの概要を説明する。その後、欧州担当トレーダーが夜間取引の概要を説明する。企業内専門家が、モメンタム・モデルに基づいて準備していることを討議する。そして、重要なイベントについて全員で討議する時間に入る。その日に関係する事柄について話し合い、戦略を決定する。

ミーティングが終わると、ポートフォリオや今後の投資についていくつかの会社を調べる。エコノミストやマネーマネジャーとも話をする。ポートフォリオについては、社内マネジャーの意見を聞く。「ウォール街だけでなく、現実の世界で何が起こっているのかを重視します」

キングドン・キャピタルには、一五のプロフィットセンター（チームと個人で構成されている）があり、そのうちの一二は業界グループで、三つは地域グループである。従業員は全部で五〇人である。

投資委員会は設置されているが、どのように投資するかはキングドンに決定権がある。投資委員会のメンバーは、キングドン、国内株式調査責任者のリチャード・リーガー、最高財務責任者のピーター・コボスである。「トップダウンとボトムアップのアプローチをとっています。……アナリストと（業界と地域の）スペシャリストについては毎朝公式のミーティングがあるし、非公式にも話をしています。素晴らしいアイデアがあれば、いつでも資金を用意できます。これがボトムアップです」

リーガーとキングドンはシニア・ポートフォリオ・マネジャーである。「ポートフォリオ全体について積極的に管理しています。良いアイデアが浮かぶと、それに適したポートフォリオ・マネジャーに対して損益計算書に組み入れるという選択権を与えますが、そうでない場合は自分たちの手元に置きます。ポートフォリオ・マネジャーたちとは密に連絡を取り合いながら仕事をして、ベストのアイデアを判断し、目標レベルとストップロス・レベルを設定し、適切なポジション規模を決定しています」

企業のカルチャーは確立されていて、どのポートフォリオ・マネジャーにも採用候補者を拒否する権利がある。「情熱的な人――キーキー叫んでほかの人を興奮させる人ではありません――、お互いが競争するのではなくマーケットと競争する人、自分のポジションに責任を持っている人を採用しています。ポートフォリオ・マネジャーには銘柄に自分の名前を付けさせて、損益に責任を持たせるようにしています」。権限は共有されていて、どのポジションについてもキングドンか、リーガーと話し合う。

報酬制度は、各ポートフォリオ・マネジャーのポジションのパフォーマンスに加え、その年の会社全体のパフォーマンスに基づくボーナスプールによって決まる。

社内の人材が成長するのを、キングドンは非常に喜ばしく思っている。リーガーは一九九二年一二月にアナリストとしてキングドンに参加したが、ポートフォリオ・マネジャーや管理の経験はなかった。リーガーは優れたサブポートフォリオ・マネジャーに成長し、社内でも優秀なアナリストを教育し、今ではキングドンの右腕になっている。

取引は四つのファンドで行っている。三つはアメリカの資産家向けであり、残りの一つが海外を対象としている。キングドン・アソシエーツとキングドン・パートナーズはアメリカ投資家向けである。その投資方針はほぼ一致しているが、例外として、キングドン・パートナーズは、投資のプロが管理するファンドであるため、売れ筋には手を出さない。キングドン・オフショアNVは、キャピタルゲインについてアメリカ所得税の対象とならない。四つ目のファンド、キングドン・ファミリー・パートナーシップは、一九九三年七月一日に設立された。これらを合わせると、投資家の数は三〇〇になる。

学校法人基金は、キングドンのビジネスの大きな部分を占めている。オフショア・ファンドは最大のセグメントである。オフショア・ファンドの投資家（学校法人基金、年金基金、海外投資家を含む）は、一般的に、アメリカの税制の対象とはならない。そのため、キングドンは税効果について特に取り組む必要がない。一九九九年NABUCOの調査によると、ボードン・カレッジ、コルビー・カレッジ、ニューヨーク州立大学ストーニー・ブルック校、イェシバ大学、そしてサウス大学からの配分がある。その他の投資家基盤には、資産家やファンド・オブ・ファンズなどがある。

透明性に関しては、パフォーマンス・データを毎週、地域ごとと資産クラスごとの概要パフォーマンスを四半期ベース、投資ポジションの概要を月末、ロングポジションについてのSEC（証券取引委員会）届け出を四半期ベースで、それぞれ提示している。

キングドンは、自分たちのために取り組んでくれるマネジャーを見つけるべきだと投資家に対して説明している。「ジェットコースターを好むならレバレッジ比率の高いファンドに相談するのがよいでしょう。低いボラティリティを好むならバリュー志向でレバレッジ比率の低いファンドを探すのがよいでしょう」

時機を明確にする

一九八三年に二〇〇万ドルの資産で会社を始めた。最初の六年間は、どんな方法でもできるだけ多くの利益を上げるという哲学を持っていた。そのころの年平均リターンは約三五％であった。パフォーマンスは良好だったが、ボラティリティも大きかった。二〇〇万ドルの資産は、五年後には八〇〇万ドルにまで増大した。

投資家にインセンティブ・フィーを請求するのを正当化するには、低ボラティリティ、安定したパフォーマンス、大きな変動の回避を求めるしかないということを悟った。安定したパフォーマンス、つまり平均を上回るリターンと平均を下回るリスクを実現するため、リスクのある方針をとることをやめた。そして、リスク調整後の総リターンを最大にすることが投資目的の一つとなった。

一九八八年、相当な強気相場（そのようなことは珍しいが）でないかぎり、完全に投資する必要はないということに気付いた。一九八九年には、グローバル分散化を実現し、これまでと違った態度をとるようになった。そこには「禅」の要素が見られた。「幸せというのは、求めないときにやってくるものなのです。投資にも同じことが言えます。取引機会を待っていると成功につながります」。ニューヨーク・ニックスのバスケット選手、アラン・ヒューストンの言葉を引用して説明してくれた。「『ゲームのほうからこっちに向かわせよう』、そこには必ずチャンスがあります。ロングでもショートでも、そしてアービトラージでも」

一九九〇年は、最も痛みを伴った年の一つであった。一九八八年と一九九九年は上り調子だったが、一九九〇年には弱気になっていた。政府はマネーサプライを引き締め、キングドンはマーケットが割高だと感じた。ほとんどをキャッシュで保有し、一%しか投資しなかった。それでもじっと動かず、ひたすら待った。「じっとして動かないというのは、最も難しいことです。パスカルも言うように、『人間にとって最も難しいことは、部屋で静かに座っていること』なのです」。その年の終わりには、二〇%のプラスになった。そしてこのことが人々の注目を集めた。「確固たる理由がある場合は正しいと思ったことをするべきなのです。それが少数派の考えであるなら、なおさら有効です」

モチベーション／影響力

バルミツバに二つの銘柄をプレゼントされたことがきっかけで、株式市場の魅力に取りつかれた。競争好きな子供で、勝つことが好きだったので、一六歳になった一九六五年の夏には、ヘイデン・ストーンで働いていた。

コロンビアをファイ・ベータ・カッパ（成績優秀な学生から成る学生友愛会）で卒業し、ハーバード・ビジネススクールでMBA（経営学修士）を修得した。

最初の就職先は、AT&Tの年金基金グループであった。一九七五年にセンチュリー・キャピタル・アソシエーツというヘッジファンドに参加し、八年間在籍した。ここでは、ジム・ハーペルの下で、アナリスト、ポートフォリオ・マネジャー、その後、ゼネラルパートナーとして働いた。

ファンダメンタルズに従うトレーダー、そしてトレーディング手法を使う投資家として、キングドンはベンジャミン・グレアムからジェシー・リバモアに至るまであらゆる人物の影響や刺激を受けた。

「ジム・ハーパルの影響が特に大きかったですね。彼の下で働いた八年間に、時間と資本を最適に費やすことの大切さを教わりました。それは、リターンの可能性が高いアイデアに注目し、損失を少なく抑えるということでした」

ニューヨークというロケーションは非常に有利だと考えている。「ここでは、あらゆるIPO（新規株式公開）や募集説明会に遭遇できます。会いたい人がいたら一対一で会うこともできます。ニューヨークではどこよりも多くの業界会議が開かれ、証券アナリストやマネーマネジャーも多数存在しています。集団思考の危険性を懸念するよりも、アイデアが自由に生まれることを重視するべきです。ジュリアーニ市長の下で清潔で安全に保たれている街の刺激やスピードも、聡明でエネルギーあふれる人材をわが社に招くのにプラスになります」。将来は、シリコンバレー、ロンドン、東京にサテライトオフィスを設置することも考えているが、今のところ、オフィスはニューヨークだけである。

キングドンはバランスの取れた生活を送っている。空いている時間にはテコンドーを学び、現在は黒帯三段である。一九年前にテコンドーを始め、今でも週二、三回は道場に通っている。精神的にも肉体的にも良い調子を保つことができ、しかも楽しいと言う。その他には、家族と一緒に旅行やゴルフを楽しんでいる。

業界の見通し

ヘッジファンド・マネジャーには新世代と旧世代があるのだろうか？　キングドンの考えは違う。けっして変わらないものがあるというのがキングドンの考えである。「一九六八年から一九七四年の弱気相場には、むちゃなヘッジファンド・マネジャーたちはレバレッジと流動性の低い証券によって破滅してしまいました。次の弱気相場にも、また同じようなことが起こるでしょう。最近リタイアした大物ヘッジファンド・マネジャーたちは、長いキャリアで成功を収めています。その過ちをさらし台にさらすのではなく、その業績を称賛しなければなりません」

キングドンは、成功を収めたミューチュアルファンド・マネジャーの多くが価格に関係なく「ベスト」の優良銘柄を買い、月並みな将来のリターンを保証する連鎖を生み出したことを懸念している。

この数年間はデイトレーダーの素早い動きに合わせてマーケットも動いてきた、とキングドンは考える。また、デイトレーダーの並行トレーディングと、マネジャーの連続トレーディングとは違うものであると考えている。並行トレーディングは、マーケットと同じ方向のトレーディング（つまり好調な銘柄を買い、低調な銘柄を売る）であり、連続トレーディングは逆のトレーディング（下降時に買い、上昇時に売る）である。

デイトレーダーの台頭によって、マネジャーはマーケットのメッセージに対してこれまでよりずっと懐疑的になった。「すぐに逆転してしまうような、誤った激しい動きが頻繁に生じています。私たちにとっては反対取引をする良い機会になっていますが」

キングドン・キャピタル・マネジメントのネットパフォーマンス（%）

1983年	44.70
1984年	−18.40
1985年	101.60
1986年	5.20
1987年	0.00
1988年	23.60
1989年	50.10
1990年	20.00
1991年	41.40
1992年	22.50
1993年	38.30
1994年	−2.20
1995年	31.10
1996年	15.40
1997年	28.10
1998年	7.00
1999年	37.40
2000年	11.60
年複利平均	22.99

1983年は4月7日に取引開始

マーク・キングドン
キングドン・キャピタル・マネジメント

組織について

創立	1983年
資産	
現在	44億ドル
ピーク時	44億ドル
エッジ	ファンダメンタル研究、忍耐、売りの規律
本拠地	ニューヨーク州ニューヨーク
従業員数	50人
組織のタイプ	15のプロフィット・センター
本人の役割	資産配分者、投資金額の決定者、シニア・ポートフォリオ・マネジャー
投資委員会	あり
報酬制度	各ポートフォリオ・マネジャーのポジションのパフォーマンスに加え、その年のパフォーマンスに基づくボーナスプールによって決定
投資家数	300
投資家のタイプ	学校法人基金、資産家、ファンド・オブ・ファンズが多い
ゼネラルパートナー／プリンシパルの投資額	実質的に純資産のすべて
寄付金（資料：1999年NACUBO）	サウス大学、コルビー・カレッジ、ニューヨーク州立大学ストーニー・ブルック校、イェシバ大学、ボードン・カレッジ

方法論／ポートフォリオ構成について

スタイル	グローバルエクイティのロング／ショート、トップダウン、ボトムアップ

ポートフォリオのポジション数	200超
取引のスタイル	30%のグロスリターンを見込む
米国への投資	50～65%
テクノロジーへの投資	10～45%
プライベートエクイティへの投資	５%未満、リターンを分散化する機会を提供し、リターンを拡大する
マクロへの投資	５%未満
ほかのマネジャーへの配分	資産の３%未満を12のヘッジファンド・マネジャーに配分
リスク管理について	
ネット・エクスポージャー	58%
ヘッジ	現金、先物、オプション、株の空売り
最大レバレッジ比率	過去13年間利用していない
記憶に残る損失	GM／ヒューズ・エレクトロニクスのアービトラージ取引
リスク管理	損失を少なく抑える、損を出した取引を投資に変えない、ストップ時や目標達成時あるいはファンダメンタルズが悪化したときには売る、テクニカル的にブレイクダウンがあればポジションを見直す
バックグラウンドについて	
きっかけ	バルミツバ
職歴（専門知識など）	年金制度、別のヘッジファンド
学歴	コロンビア大学、ハーバード・ビジネススクール
モチベーション	知性と感情を要する課題に取り組む、部下の成長を見守る

年齢	51歳
余暇の過ごし方	家族と過ごす、ゴルフ、テコンドー、ヨガ

第10章

ブルース・コフナー

BRUCE KOVNER

キャクストン・コーポレーション

（Caxton Corporation）

ファンダメンタル／マクロの雄で、
生き残りを賭けて順応し、新たなことに挑戦する

キャクストン・コーポレーションの創始者であり会長でもある五五歳のブルース・コフナーは、ニューヨークのオフィスで、壁ほどの大きさがある世界地図といくつかのコンピュータースクリーンに囲まれて座っていた。自分自身のことを、飛行機のコックピットに座り、地球を駆け巡る膨大な情報に対処しているようなものだと考えている。コフナーは流動性のあるものすべてを取引している。特に、為替、債券、株式、インデックス、商品、デリバティブを中心に取引している。「世界の金融市場で、あらゆるアセットクラスを運用しています」

彼はタンカーを三隻所有しているが、オフィスの壁にはそのうちの一隻の写真が張られている。初めてタンカーを購入したのは一九八七年のことだった。タンカーはファンドではないが、重要な情報源になっている。

一九八三年に七六〇〇万ドルの資産で設立されたキャクストン・コーポレーションは、現在、四五億ドルの資産を運用している。三つのヘッジファンド(エセックス、ガムット、キャクストン・グローバル)と、いくつかの小規模株式ファンドがある。キャクストン・アイスマン・キャピタルは、プライベートエクティの取引をしている(キャクストンは、フレッド・アイスマンに住居と資金を提供している)。キャクストン・グローバルは、わずかな割合ではあるが、プライベートエクイティなどの流動性の低い取引に配分されることもある。

キャクストン・コーポレーションは一六〇〜一七〇人の従業員で構成され、そのうちの約半数がニューヨークのオフィスにいる。ニューヨークは非常に有利な場所であるとコフナーは考えている。

「政府官僚、学者、エコノミストなど、いろいろな種類の人に会って話をすることができます。まさに世界の首都です。……ほかの場所で仕事をすることなど考えられませんね」。ニュージャージー州プレインスボロのオフィスには、バックオフィスと研究センターがある。

コフナーの目標は絶対リターンを上げることである。四五億ドルの運用資産はまさに今がピークであり、「キャパシティを超えてまでは成長したくはありません」と言う。会社がその流動性の限度内にある場合は、資金をつぎ込む。流動性の限界に達すると、資金を引き揚げる。例えば、一九九五年六月には資産が一八億ドルあり、パフォーマンスを改善させるために三分の二を投資家に戻した。そのときにはプレスリリースで次のように説明している。「現在のマーケット状況では、二〇億ドルの取引資金など手に負えません。資金ベースを小規模にすることで、過去のような高い収益性に戻ることができるでしょう。……為替、債券、商品のマーケットは流動性が低いため、ファンドが大きくなるとパフォーマンスが低下してしまいます。そのうえ、キャクストンは大きくなりすぎて官僚主義的になってしまったところがあります。規模を縮小すれば、的を絞った機敏な方法で対応することができるようになるでしょう」。キャパシティを超えてまで急成長しすぎないように、コフナーは配当を適宜支払っている。

プリンシパルの資産がファンド全体に占める割合は変動的であり、現在は、三〇％を下回っている。

二七のトレーディングセンターへの分散

キャクストンのアプローチはトップダウンである。「世界がどうなっているかということに基づいて判断します。そして、その状況で、取引機会はどこにあるのかを考えます。株式にとって有利な時期もあれば、商品にとって有利な時期もあります」。コフナーは環境を観察し、その環境を活用できるような戦略を開発しようとする。（インフレと景気後退、低金利と高金利など）経済のさまざまなスタイル、要素、形態、そして政治について考える。

コフナーは、株式市場と相関性のないものを取引している。「相関性のない戦略をとるということをルールとして定めています」。ほかのマネジャーはこのことにあまり注目していないため、これが自分のエッジであると確信している。多くの分析を使用して、さまざまな状況下（今のところ存在しないような状況であっても）でのマーケットと取引の非相関性を判断している。

分散化については相当に重視している。「政治や経済の環境をうまく利用することを目標としています。私たちの特性の一つとして、多くのマーケットで機会を求めようとしているということが挙げられます。ポートフォリオのバランスを維持しているので、私たちの判断が誤っていた場合や外的イベントが生じた場合でも、高い代価を払わなくて済みます」。一つのアイデアに配分するのはファンドのエクイティの二％までに制限し、リスクを軽減している。

また、一つのアプローチに固執しようとはしない。「マーケットが間違っている、本来の姿ではない」とか、「マーケットやイベントと性が合わない」と弁明するようなプレーヤーにはなりたくない。そうではなく、多様で確実な収益源を求めてリスクと相関性をコントロールしようとしているのである。

そのような方針から、二七のトレーディングセンターを設立し、分散化を実現している。チームの人数は最低で二人、最高で一〇人であるが、たいていは二～三人で構成されている。地域を代表しているチームもあれば、マクロ、株式、アービトラージ、定量技法などのトレーディング戦略ごとに分かれているチームもある。どのトレーディングセンターも独自に確立されていて、相互の関連性は低い。

「このような構造になっているため、いろいろな環境をうまく生かすことができるし、一つのスタイルに依存して過度にリスクにさらされるようなこともありません。大切なことは、有効な戦略を見つけて採用するように常に努める、ということです」とコフナーは説明する。

また、「（ある特定の）環境が永遠に続くと仮定するのは間違っています」とも言う。例えば、マネーフローを考えるとバリュー投資は現在（二〇〇〇年五月）は好ましくない。しかし、いつかはバリュー投資に適した時期がやってくるだろう。そこで、ある環境が終了する時期を示す道しるべを作っておくとよいと考えている。絶対確実なものなどはないが、極端なコンセンサスが良い例である。これは、ほかのほうへ向かって取引機会を生み出すことにつながるからだ。

グローバルマクロの終焉を予測する人に対してコフナーは反対の意を示し、そのような予測は流行のサイクルが終了するときに起こるものである、と説明する。「大衆的な判断を避けなければなりません」。ビジネスサイクルが方向を変えるとき（例えば、政策が失敗したときや中央銀行が積極的なとき）、大きな変動が生じる。不安定な時期にはグローバルマクロが利益を上げるだろう。今は安定していて為替の変動も整然としているため、ほかのスタイルが有利な時期であると言える。「私たちの構造は、その時期に最適のトレーディングスタイルを見つけてそれに集中できるようになっています。……グローバルマクロにもやがてチャンスが巡ってくるでしょう」

現在、グローバルマクロの割合はポートフォリオの二五～三〇％である。時期によってこの割合は変動するが、従来と比較すると低い。通常の配分は三〇～六〇％の範囲である。「この二四～三〇カ月間、グローバルマクロから得られる利益は少ないものでした。そのため、これに伴うリスクも低いのです」

現在、コフナーはさまざまな取引機会について調べている。「大変なのは、リスクのバランスを取ることです。為替、債券、商品、株式のどの資産クラスも不均衡ですから」。欧州通貨統合によって為替取引の機会が削減されただろうかと、多くの投資家から質問されると言う。「以前よりも機会は増えています。（ユーロの出現によって）なくなってしまった通貨もありますが、東欧の通貨などさまざまな通貨を取引することができます。金融市場が発達すると、多くの手段が現れます。私がトレーディングを始めた一九七〇年代には、TビルとGNMA（政府抵当住宅金庫）しかありませんでした。今は相対取引（OTC）があります。金融市場が発達すると、目的が明らかな多くの手段が登場します。そのため、何百もの投資が存在しているのです」

コフナーは、マーケットの方向性についての自分の意見が公にされることを好まない。というのも、マーケットの教祖と見られたくないからである。また、他人に邪魔されることなく、自分の意見をフレキシブルに変えたいと考えている。

二〇〇〇年、キャクストンのエセックスのファンドは三三・四％のプラスであった。「キャクストンの分散化ポートフォリオは、期待したとおりに機能しました。最初の半年はマクロが低調でしたが、後半は素晴らしい成績を収めています。株式については、前半はかなり好調で後半も問題なく進んでいます。絶対リターンと量的戦略は、年間を通じて好調でした」

コフナーは、戦略の開発、リスク・コントロール、リスク配分に多くの時間を割く。「私がメインのトレーダーではないことを知らない人が多いようですね。私の役割は、ほかの人に取引をさせて、資源を配分することです。うまく機能する構造を開発することです。ビジネスをどのように成長させるかに注意を払い、うまく機能する構造を作り上げることなのです」。コフナーは、さまざまな戦略を策定することで、マネジャーがファンドの規模を拡大できるものと確信している。どの戦略でも、予測できない金額に対処することができる。それらをまとめて、限度に達するまで成長させ続けることができる。

「私の目標は、一〇年以内に私がいなくても機能する会社、あるいは私の意見を必要としない会社にすることです」

情報テクノロジー

株式市場に対するトータルのロングエクスポージャーは常に低い。現在は約一七％であり、過去と比べても低い水準である。株式の環境を多少弱気に見ているのだ。ポートフォリオ全体に占めるテクノロジーの割合も相当低い。

「手を出すべきではないトレーディングで失敗しているマネジャーは、モメンタム型のトレーダーであることが多いですね。価格変動があるところに向かっていくマネジャーはジェットコースター型のトレーダーで、ナスダックに投資しています。テクノロジーに投資することは簡単かもしれませんが、そこから撤退するのは難しいでしょう。ボラティリティに対処するのは難しいのです」

とは言うものの、コフナーはテクノロジーを重視している。グローバルに情報を集めるうえで、テクノロジーは欠かせない。「情報テクノロジーなくして（あらゆる情報の流れに）対処することは困難です」。旧世代と新世代のヘッジファンド・マネジャーの成功を分ける要因の一つは、ここにあるのかもしれない。

コフナーは、古い世代のヘッジファンド・マネジャーのなかには新しいテクノロジーを学ぼうとしない人がいると指摘している。そのようなマネジャーは、やがて終焉を迎えるか、あるいは生き残ることが難しくなるだろう。「生き残ることができるのは、おそらく新しいマーケットに適応きる人、情報テクノロジーに適応できる人、そして厳格なリスク・コントロールを実行する人です」

知的誠実性

コフナーの人生に最も影響を及ぼしているのは、ハーバード大学での良き指導者であったエド・バンフィールドである。「彼はニューヨークの保守運動の知的リーダーでした。まさに因習打破主義者でした。……私は、彼から知的誠実性を学びました。世の中には知らないことがたくさんあり、そのことを認識しなければならないのです。自分が知らない事柄に誠実に取り組まなければならないのです。……彼（バンフィールド）にはとうていかなわないと思ったので、（この分野の研究を）やめました」

この哲学をトレーディングに応用すると、常に正しくあるということよりも有効な戦略を見つけて採用することのほうが重要であると言える。「私は多くの間違いを犯しています。画家は何度も色を重ねて絵を描きます。何度も失敗を重ねることもあるでしょう。正しい筆使いとか、間違った筆使いというものは存在しません。私たちは、絵を描き続けているのです」

コフナーいわく、マーケットではさまざまなアイデアを試しているため、常に損失を出している。その損失から今は何が正しくないかを知ることができる。しかし、予想よりも損失が膨らんだ場合には、その損失を調査しなければならない。なぜそうなったのか、何が起こったのか、分析のどこが間違っていたのかと考える。コフナーが最も重視するのは、リスクレベルがいつ基準を超えるかということである。チームに一定の最大リスクレベルを示し、各チームはそのリスクレベル内で取引を行う。

リスク・コントロール、リスク・コントロール、リスク・コントロール

マネジャーとしてのエッジについて質問すると、「私たちが参加しているゲームは複雑なので、エッジを明確にとらえることは難しいですね。……不動産に関して言えば、ロケーションがカギとなります。マネーマネジメントに関しては、リスク・コントロールがカギとなります」という答えが返ってきた。実際、リスクの理解と管理に多大な時間と資源を費やしている。ほかのヘッジファンド・マネジャーと異なり、コフナーのポジションは比較的小さい。「ファンドのボラティリティが大きくなるのは好ましい状態ではありません。リスクについての理解を深めたので、この五年間、ボラティリティは着実に低下してきています。五年前の半分ほどになっています」

レバレッジを利用しているが、非常に慎重である。レバレッジがヘッジファンドの特徴となると、レバレッジはメリットだけでなくミスも拡大してしまうことになる。リターンを得るには多数の方法があるが、損失を出す方法もたくさんあるのだ。

どの程度のレバレッジを利用しているかを測定するのは難しいとコフナーは言う。彼は、「レバレ

ッジ」という言葉は混乱を招くと考えている。「私たちはリスクを毎日厳密に測定しています。リスクについてさまざまな分析を行っています。『レバレッジ』という言葉は、リスクを明確に示すものではありません」

キャクストンにはリスク・マネジメントの部門があり、さまざまな方法でリスクを測定している。ポートフォリオについてストレステストを毎日実施している。つまり、株式に大きな変化があった場合に何が起こるか、金利の変化や政治危機が生じたらどうなるか、ということを考えるのである。バリュー・アット・リスク（VaR）を毎日測定しているが、ポートフォリオはショートとロングのバランスがとれているため、VaRの数字は非常に小さい。コフナーは、ベーシスリスクをとらえるにはVaRはあまり適していないと考えている。「VaR以外にもリスクを認識する技法を開発しました」

コフナーは、マーケットのボラティリティは味方にも敵にもなると考えている。デイトレーダーも、マーケットのボラティリティに影響を及ぼしてきた。しかし、コフナーは、マーケットのボラティリティを取引機会だととらえている。「ボラティリティをどのように利用するかということを学んできました。ボラティリティによる損失を受けないようにするのです」。これもエッジである。ほかのマネジャーは、おそらくこの問題について解決できていないだろう。

自分たちのことをヘッジファンド・マネジャーと呼ぶロングの株式トレーダーの多くは、弱気相場で暴落を経験することになるだろう、とコフナーは考えている。それは、適切なリスク・コントロールを実施していないからである。

個人的充足感

ハーバード大学と大学院時代は、経済分析と政治研究にかなり熱心であった。一九六八年から一九七〇年まで、ハーバードで教壇に立っていた。また、『コメンタリー』『ザ・パブリック・インタレスト』『ニューヨーク』などの雑誌に寄稿していた。

一九七〇年から、一九七八年にコモディティーズ・コーポレーションに参加するまで、下院、全米科学財団、ペンシルベニア大学、ハーバード大学、ニューヨーク州などの政策問題のコンサルタントを務めていた。しかし、最終的には、学究的な生活に終止符を打った。部屋にこもって論文を書くというのは性分に合っていなかったのだ。自分が正しいのか間違っているのか分からない、フィードバックもないということに嫌気が差したのである。

自分のキャリアについては、自然に進んできたと考えている。「自分のしていることが好きです。コックピットに座り、世界中を行き来する情報を管理しています。……私が情報を理解するうえで役に立つ人材を採用します。世界中の金融中心地にも多くの友人がいます。午前三時の呼び出しにも嫌がらずに応対してくれる人が何人いるでしょうか？」。スマートな人たちのコミュニティーを作り、その人たちと話すことで個人的な充足感が得られる。

また、新しい戦略を開発することでも充足感を得ている。コフナーは、そのプロセスに刺激され、知的業務を面白いと感じている。「何かを考え出すというのは楽しいことですね。マーケットはまるでパズルのようです。自分が正しければマーケットはそれに応えてくれて、金銭的な報いもあります。うまくやり遂げられると達成感を味わうことができます。これは面白いし、満足感も得られます」

最も記憶に残っている時期

一九七七年初め、コフナーはマスターカードで三〇〇〇ドルをキャッシングして、独自にトレーディングを始めた。最初の二件の取引、つまり銅と金利先物で一〇〇〇ドル儲けた。[1]

コフナーは、最初のころのトレーディング経験が最も記憶に残っていると言う。初めてトレーディングプロセスを制御しきれなくなったのは、大豆マーケットだった。「そのときのことはいつまでも心に焼き付いているでしょうね」。[2] 大豆が不足し、六週間で四〇〇〇ドルのポジションが四万五〇〇〇ドルに急騰した。「まったく愚かでした。損失を制限しているヘッジのポジションのほうをはずしたのです。もし価格が下がったらと思っていたら、実際にそうなってしまいました」。パニック状態のなか、コフナーはポジションを手仕舞いし、含み益のうち二万三〇〇〇ドルを飛ばしてしまった。それでも、元手の五倍に当たる二万二〇〇〇ドルが残った。[3]「多大な利益を得たのですが、手放す前に半分を失ってしまいました。……一時間で利益の半分を失ってしまったのです。結局、手仕舞ったのですが、一週間は精神的に立ち直ることができませんでした。今から考えると非常に良い経験でした。リスクについて理解することができたし、リスクをコントロールする構造を作るようになったのですから」

このほかには、一九八七年、マーケットが七二時間で一斉に混乱してしまったときのことが印象に残っている。世界中が連鎖反応した後で各マーケットを監視したところ、ストップ安の状況で買い気配はどこにも見られなかった。

結果として、一九八七年はコフナーにとって最高の年になった。ネットリターンは一〇〇％に近かった。主な利益は為替によるものだった。「為替と債券で多大な利益を上げることができました。……わずかですが空売りでも利益を上げました。ボラティリティはすごく大きかったですね。……空売りの利益は数百万ドルでしたが、為替と債券の利益は数億ドルにもなりました」

機関投資家の関心

コフナーは、多くの学校法人基金の委員を務めている。学校法人基金やそのほかの機関投資家の間で、債券の役割が現在どのように取りざたされているか、ということを考えている。債券のリターンは非常に低く、かつ機関投資家の多くはポートフォリオの約三〇％を債券に配分していたため、機関投資家の利益率は三～四％程度しかない。インフレ後の債券リターンは非常に低い。その結果、機関投資家のなかには債券の配分を減らす者も出てきている。その分をどこに投資するのか？　株式はピークを迎えてしまったため、分散化が求められている。したがって、クオリティーの高いオルタナティブを求める声が上がっている。

コフナーは、機関投資家のポートフォリオ理論とオルタナティブ投資の水準は非常に高く洗練されていると考えている。「絶対リターン投資（つまりS&Pと相関性のない投資）に対する認識が高まっています。……今後一〇年間にこの認識はさらに高まるでしょう。つまり、S&Pが堅調なときでもそうでないときでも良好なパフォーマンスを維持するには、S&Pと相関性のない投資をするのが良いのです」。このような投資をすることで、シャープ・レシオが高く標準偏差が低いという比較的安定したリターンを実現できるだろう。コフナーは、今後一〇年間に、S&Pとの相関性が低く、利益率が高い投資手段の需要が伸び、機関投資家からのキャッシュフローが増えることを期待している。

音楽、教育、希少本の収集

コフナーは、仕事以外の活動にも熱心である。とりわけ音楽が好きで、うまくはないと謙遜しているがピアノを毎日弾いている。ジュリアード音楽院の活動に参加し、音楽を聴くだけでなく演奏もしている。

次に熱心なのは、教育改革である。一九九六年、六〇〇万ドルで学校改革の基金を設立した。学校選択奨学金では、ニューヨーク市の貧しい学生が私立校に通うことができるように六年間の奨学金を付与している。資料によると、この三年間で一三〇〇人の子供たちに毎年一四〇〇ドルまでの奨学金を付与している。子供たちが指定の公立校へ行かずに好きな私立校を選ぶことができるように、両親に資金援助をしている。[4]

希少本の収集にも情熱を注いでいる。社名のキャクストンは、イングランド最初の活版印刷家であるウィリアム・キャクストンから取ったものである。インタビューの終わりに、コフナーは新しいバイブルを自慢げに見せてくれた。それは、デザイナー、版画制作者、イラストレーター、そして彫刻師でもあるバリー・モーザーが挿絵を入れたものだった。一九九九年一〇月に出版され、一人のアーティストだけで挿絵を入れた二〇世紀唯一のバイブルであると言う。二五〇もの挿絵があり、モーザーはそれを完成させるのに四年の年月を費やしている。ペニローヤル・キャクストン・プレス版のホリー・バイブルは二巻から成り、ジェームズ王のバイブルを翻訳したものである。四〇〇部の限定印刷で、一部を作成するのに一万ドルのコストがかかっている（ちなみに、六五ドルのバイキング・スタジオの小売版もある）。例によって、コフナーは「そのために組織を編成しているのです」と言う。バイブルの作成コストとして二〇〇万ドルを負担した。[5]

エセックスのネットパフォーマンス(%)

1985年	17.33
1986年	56.16
1987年	92.76
1988年	−0.85
1989年	54.53
1990年	39.43
1991年	23.28
1992年	22.89
1993年	40.41
1994年	−2.19
1995年	16.24
1996年	21.30
1997年	36.99
1998年	17.16
1999年	24.43
2000年	33.40
年複利平均	29.02

1985年は9月1日に取引開始

ブルース・コフナー
キャクストン・コーポレーション

組織について

創立	1983年
資産	
現在	45億ドル
ピーク時	45億ドル
エッジ	株式市場と相関性のない取引、リスク管理
本拠地	ニューヨーク州ニューヨーク、ニュージャージー州プレインスボロ
従業員数	160～170人
組織のタイプ	27のトレーディング・センター
本人の役割	監督官
投資委員会	なし
報酬制度	個人のパフォーマンスを重視するが、グループのパフォーマンスも多少勘案する
投資家数	500～600
ゼネラルパートナー／プリンシパルの投資額	30%を下回る
寄付金	非公開

方法論／ポートフォリオ構成について

スタイル	トップダウン、マクロ
ポートフォリオのポジション数	数千
取引のスタイル	多種多様
米国への投資	変動的
テクノロジーへの投資	変動的であるが、さほど多くない
プライベートエクイティへの投資	小規模
マクロへの投資	（一般的に）30～60%

ほかのマネジャーへの配分	ごくわずかで限定的

リスク管理について

ネット・エクスポージャー	(一般的に)10～25%
ヘッジ	ポートフォリオの分散化、非相関性
最大レバレッジ比率	変動的
記憶に残る損失	毎日の経験
リスク管理	１つのアイデアについて最大２%のリスク、小規模のポジション、レバレッジを慎重に利用、ポートフォリオのストレス・テスト

バックグラウンドについて

きっかけ	大学卒業後、先物市場できっかけを見つける
職歴(専門知識など)	教育、政治
学歴	ハーバード大学
モチベーション	チャレンジ、スマートな人たちのコミュニティ
年齢	55歳
余暇の過ごし方	書籍収集、音楽、教育改革

第11章

ダニエル・オク
DANIEL OCH
オクージフ・キャピタル・マネジメント
（Och-Ziff Capital Management）

買収アービトラージとイベント・ドリブンで、一貫したプラスのパフォーマンスを実現

ダニエル・オクは、ゴールドマン・サックスのリスク・アービトラージ部門、ディーリング業務、米国株式部門に一一年間勤めた後、一九九四年二月、ジフ・ブラザーズ・インベストメンツと提携してオクージフ・キャピタル・マネジメントを設立した。最初の何年かはジフ・ブラザーズが資本を出し、それと引き換えにオクはほかの人のために資金を運用しないという協定を結んだ。そのため、オクはゆっくりと、そして着実にビジネスを構築することができた。当初の予定どおり、この協定は一九九七年一二月三一日に終了したが、今でもジフは重要な投資家である。約一七〇の投資家の資産を合計すると、三〇億ドルになる。現在の資産額は、これまでの最高水準となっている。

紛れもなく、オクのビジネス構造とスタイルはゴールドマン・サックスの影響を受けている。ゴールドマン・サックスでは、投資方法、雇用方法、ビジネスの構築方法、そして考え方など、さまざまなことを学んだ。

最も影響を受けた人物として、最初のボスであったロバート・ルビンの名前を挙げている。オクは、その他の名前を具体的に挙げるのを避けた。というのも、忘れてしまった人もいるかもしれないからである。そして、テディ・ルーズベルトの崇拝者でもある。アンディ・ウォーホールが作成したルーズベルトのシルクスクリーンが、オフィスに飾られていた。「スピーク・ソフトリー・アンド・キャリー・ア・ビッグ・スティック（口ぶり優しく、しかし圧力をかける）」というルーズベルトの演説部分が、「ドゥー・ホワット・ユー・シンク・イズ・ライト・フォー・ザ・ロング・ターム・ラザー・ザン・ホワット・イズ・ポピュラー・シンキング（世間一般の考えよりも、長い目で見て正しいと思うことを実行する)」と変えられていた。

四つの戦略

投資方法はイベント・ドリブン型である。オクは四つの戦略を定めている。それは、買収アービトラージ、転換社債アービトラージ、イベント・ドリブン型リストラクチャリング、そしてディストレスクレジットである。ディストレスクレジット戦略は一九九九年八月に追加したものであるが、ほかの三つは設立当初からの戦略である。一九八八年一〇月に、ディストレスクレジット部門を設置することを決めた。ウォール街ではこの分野を縮小していたため、絶好のチャンスだったのだ。その後、六人の専門家を採用している。「取引機会に先立って、この部門を構築することができました」

通常はポートフォリオの四〇～五〇％を買収アービトラージに配分している(五〇～六〇のポジション)。買収アービトラージ――合併、株式公開買い付け、委任状争奪戦、株主割当発行、交換オファー、LBO(対象企業の資産を担保とした借入金による買収)――に当てはまるのは、公表されたものだけである。この分野のポジションには、AT&Tに買収されたメディアワン・グループ、ボーダフォンに合併されたマンネスマンなどがある。

その他に、二〇～三〇％を転換社債アービトラージに配分している(ポジションは約五〇)。転換社債アービトラージ・ビジネスでは、数学的アプローチを用いてワラントやその他のデリバティブとマーケットの実績とを合体させている。債券と為替リスクについては完全にヘッジしている。

ポートフォリオの残りの部分は、株式リストラクチャリングとディストレスクレジットである。リストラクチャリングのポジションは約二〇、クレジットのポジションも約二〇である。

株式リストラクチャリング部門はこの二年間重視されていなかったが、現在は、ファンダメンタルズが新しい取引機会を生み出していることから成長しつつある。上場子会社のほうが親会社よりも価格が上がっている、という実例が多数ある。子会社の購入額より安く親会社を購入することができる。そうなると、企業措置が講じられるようになる。GMヒューズをスピンオフしたGM、ノーテルをスピンオフしたベル・カナダなどがその例である。

ディストレスクレジット部門は、流動性、投資期間、時価損失の点でほかの戦略とは異なる。ビジネスにおける特殊な状況としては、スピンオフ、スプリットオフ、清算、資本再編、事業分割、株式クラスのミスマッチなどがある。マーケットリスクについては完全にヘッジしている。

「ポートフォリオは非常に分散化されています」とオクは言う。取引機会によってポートフォリオ構成が決まる。つまり、どの投資戦略にコミットするかということをあらかじめ決めていないのだ。

欧州の構成

現在、ポートフォリオ全体の約二五％を欧州に集中している。四年前にはロンドンにオフィスがなかったため、この数字はもっと低かった。今では二五％を維持している。一九九九年八月に設置されたロンドン・オフィスは、ポートフォリオの分散化において重要な役割を果たしている。欧州での取引の分析と投資には、欧州にオフィスがあるということが必要不可欠だからである。

買収アービトラージ・ポートフォリオのうち、約三五％を欧州でのアービトラージに、六五％をアメリカでのアービトラージに投資している。アメリカチームには七人、欧州チームには四人のアナリストがいる。

転換社債アービトラージでは、新しい取引機会をグローバルに探している。転換社債アービトラージの大部分は、西欧と日本の債券で構成されている。

ボトムアップの意思決定

オクージフはリサーチ・ドリブン型の企業であり、その意思決定スタイルはボトムアップ型である。定量分析と定性分析を行っている。洗練された分析とツールを利用しているが、すべての意思決定は人間が行っている。定量分析は、株式、為替、金利のリスクをヘッジするのに活用している。オクージフでは、すべてのポジションとエクスポージャーに対する責任、ポートフォリオ分散化、業界のエクスポージャーの監視、リスク分析という固有の課題に取り組んでいる。

定性分析では、恒久的な資本損失を重視し、リスク・マネジメントにおける経験を考慮している。

ポジションを建てるのを決定するときには、リスク調整後のリターンがカギとなる。オクいわく、「リスクの構成要素を重視しています。明示的にも潜在的にも、マーケットと相関性のあるポジションは避けるようにしています」

明確な指令

オク－ジフの投資指令は実に明解で、一〇％半ばの絶対リターンを実現するということである。このリターンは、株式市場に対する相関性も依存性もなく、ボラティリティも低い。このほかに、損失を出さないという目標も掲げている。量的な低リスクと質的な低リスクとを区別しているが、この両方を目指している。つまり、統計的に測定するとリスクが非常に低い（低い相関性、低いボラティリティ、高いシャープ・レシオなど）うえに、資本の恒久的損失のリスクも低く抑えなければならない。

オク－ジフのエッジは指令に合った戦略を定めていることであり、オク－ジフは世界のベストチームであるとオクは確信している。「各事業部門は、その業務を最も得意としています。個々の構成要素よりも、チームにしたほうが強力になります」。オクは、クロスボーダーの合併やディストレス転換社債のデット・エクイティ・スワップ（債務株式化）など、事業部門間で生じる相互作用について検討している。ロンドンにオフィスを設置したことで、この優位性をさらに強化することができた。

六年間にオク－ジフを去った専門家はたった一人しかいない。スタッフの力は会社の成功に大いに貢献している。「この会社の物語は私についてのものではありません。長年にわたり、強力で層の厚いチームを作り上げてきたのです。専門家たちはみな、意思決定プロセスに関与しています。いわゆる『ワンマン』の組織ではないのです」

オクージフでは複雑な証券に力を注ぐことができ、そのヘッジや分析の能力が競争上の優位性になっている。世界はよりいっそう統合が進み、より複雑になるため、オクージフの多種多様な事業部門のチームアプローチを組み合わせることでより強力になる。

株式との非相関性

オクージフでは、ノンイベント関連のリスクはヘッジされ、ポートフォリオは分散化されているため、マーケットとの相関性があまりない分野で一定のリターンを生み出してきた。さらに、会社には法律、規制、会計分析のプロもいる。

オクは、非相関性戦略に投資するには十分な統計分析が必要であるということを学んだ。その例として、現金による公開買い付けが挙げられる。過去の統計では非相関性を示している。しかし、一九八七年の暴落時、株価が五〇～七〇％も下落すると、株式市場との非相関性は多元的に相関する関係に移ってしまった。その経験から、オクは、現金取引におけるポートフォリオの割合を制限している。また、ポートフォリオのポジション当たりのリスクを株式の一％に制限している。転換社債アービトラージではレバレッジ比率が三：一（ほかのマネジャーより低い）であるが、それ以外はレバレッジを利用しない。

オクージフでは、状況に魅力がなくなると配分をすぐに削減するという体制が整っている。スプレッドが縮小するときなどがそうである。これに対し、ほかの企業ではそのような状況ではレバレッジを利用する。その結果、一九九八年の破壊的な事態を引き起こしてしまったのだ。オクは状況に応じて自分の考えも変えるということを心がけているため、ポジションの流動性を常に考慮している。

株式市場に対するネットエクスポージャーは、たいていの場合一〇％を下回っている。

事業単位のリーダー

会社には約五〇人の従業員がいて、ロンドンとニューヨークのオフィスに配置されている。ニューヨークにある本社は、五七番街のビルの三九階からセントラルパークを見下ろしている。

社内には一七人のアナリストと七人のトレーダーがいる。情報管理部門には六人の従業員がいて、八五のニュースサービスを監視し、関連する企業とコンタクトを取り、インターネットをモニターしている。情報テクノロジー（情報の流れを管理する）はオクージフの重要な部門であり、四人の従業員がフルタイムで情報テクノロジーに取り組んでいる。フロントエンドでは、トレーダー、アナリスト、ポートフォリオ・マネジャー向けに情報テクノロジーが使用されている。バックオフィスでは、ポジションとポートフォリオの監視、リアルタイムでのエクスポージャーの追跡にテクノロジーを活用してしている。

四つの事業部門のほかに、財務管理グループがある。その任務は、システムを開発すること、ポジションとエクスポージャーを監視すること、主要ブローカーや銀行や会計士や法律専門家との関係を維持すること、カウンターパーティー・リスクを監視すること、内部チェックを実施してバランスを保つこと、外部統制を実施すること（すべての企業再編活動を書面で確認し、すべての国際取引を翌日確認する）、主要ブローカーのリスク分析、ならびにポジション、市場価格、キャッシュバランスの毎日の調整を実施することである。最高財務責任者も含め、この部門には一八人のスタッフがいる。

マネジメントのメンバーとしてオクはあらゆることに責任を負っているが、委任することも心得ている。ポートフォリオの決定には深く関与していて、投資プロセスを重視している。オクはアービトラージ／リストラクチャリング部門の責任者となり、毎日のミーティングにも欧州グループのミーティングにも参加している。転換社債／ディストレスグループの毎日のミーティングには参加していないが、ポジションの規模を増大させるときにはそのプロセスに関与している。

通常、オクの一日はオフィスに向かう道から始まる。まず、通勤中にロンドンのオフィスと連絡を取る。午前八時一五分に朝のミーティングが始まり、それが九時三〇分ごろまで続く。日中は、ロンドンや、アナリスト、トレーダーたちと常にコンタクトを取る。

キャパシティの問題も重視している。会社の能力、事業部門とその層の厚さ、チームとして働く能力について調べる。そして、最大能力と最大キャパシティを考える。最近の例では、ディストレスクレジット部門を設置した。

ビジネスが成長して、より複雑に、よりグローバルになっているため、オクは細分化について考えている。つまり、オクージフにとっての得意な領域はほかの会社の領域とは異なるのだ。「ほかの会社は私たちとは競争できないでしょう。例えば、クロスボーダーの状況とディストレス転換について考えてみると、ビジネスがより複雑になっているため細分化が生じているのです」

さらに、オクージフがより注力できる領域はほかにあるだろうかと考える。これまでは、アジアにはあまり投資していなかった。取引が方向性を持っていることが多かったり、クレジットベットやソブリンクレジットを伴うからである。今後五年以内に、イベント・ドリブン型アービトラージとリストラクチャリングの取引機会がアジアでも見つけられるだろうと考えている。

ポートフォリオにおけるテクノロジーのポジションはそれほど大きくない。意図的に組み入れ比率を引き下げたり、引き上げたりすることもない。

プライベートエクイティには投資していない。ほかのヘッジファンド・マネジャーへの配分もしていない。

ジフ・ブラザーズ・インベストメンツを含め、七人のパートナーがいる。最高財務責任者と各事業責任者がパートナーとなっている。オクは純資産の約八〇%を会社に預けているが、ほかのパートナーも相当額を預けている。

企業のカルチャーは一種のチームワークと言えよう。チームは個々の構成要素よりも強力である。従業員は優秀で強いパーソナリティーを持っているが、個人もチームカルチャーの一部である。この企業カルチャーは、バックオフィスにも管理グループにも見られる。報酬制度は、四つの部門の利益ではなく、会社全体の利益に基づいている。従業員に無限の成長機会を与えているということは、従業員を会社に引き留め、さらに人材を開発するのに有効だろうとオクは言う。

一九九四年と一九九八年

オクージフにとって最高の環境とは、合併などのイベントがたくさんあることである。七年間のオクのトラックレコードで並外れた点は、マイナスになった年がないということである。月別に見てもマイナスは四回しかない。最低のときでも一九九八年八月のマイナス三・二％である。ほかの多くのヘッジファンド・マネジャーと異なる点は、一九九四年と一九九八年にプラスのリターン（それぞれ、二八％と一一％）を上げているということである。S&P五〇〇が下落しても、マイナスの影響を受けることがない。

トラックレコードのボラティリティは非常に低い。ポートフォリオを分散化し、厳密にヘッジし、株式市場と相関性を持たないことで下落リスクを制御しているのだ。

アービトラージ戦略を使用することも、安定したパフォーマンスに結び付いている。機関投資家は一貫性を持って実行される明確な投資戦略と事業計画を求めている、とオクは確信している。ボラティリティは低く、パフォーマンスは堅実であるが、それが限定的な時期もあった。例えば、一九九四年は厳しい年であった。一九九六年の夏には小型株が暴落してしまった。また、一九九七年には、オフィスデポ－ステープルズとMCIブリティッシュ・テレコミュニケーションズの合併が壊れてしまった。「最も大切な目標は、厳しい環境のときに資金を蓄えて損を出さないということです」

投資家

オクージフの投資家には、二年間のコミットメント期間が定められている。このことは、安定した投資家基盤を作り、ハイクオリティーで献身的な投資家を確保するのに役立っている。

オクは、この数年間にヘッジファンドの投資家が変化したと見ている。つまり、リターンを求める個人から、意思決定のために資産配分を使用して卓越性を求める機関投資家へと変わってきたのだ。オクージフの投資家基盤は、常に機関投資家であった。そのため、ビジネス指令を重視した戦略を固めることができたのだ。NACUBOの一九九九年度調査によると、学校法人基金には、アマースト・カレッジ、カーネギーメロン大学、コルゲート大学、ミドルベリー・カレッジ、ミシガン大学、そしてイェシバ大学の名前がある。ファンド・オブ・ファンズはそれほど多くない。

ヘッジファンドにとって一般的に良くない年であった一九九八年以降もオクージフの投資家は特別

の情報を求めてはいない、とオクは判断している。「私たちは、何が期待できるかを伝えていて、何をして何をしないかを常に明確にしてきました。そのため、投資家は透明性について心配する必要がないのです」

投資家に対しては四半期レターを送付し、収益貢献における上位と下位のリスト、ベーシスポイントの増減、ポートフォリオ配分や巨額のポジションについての情報などを載せている。また、オクは、投資家にいつでも会えるようにしている。

オクージフには三つのファンドがある。それぞれに、アメリカのリミテッド・パートナーシップとオフショア会社がある。OZマスター・ファンドは、マルチストラテジーのグローバル・ファンドである。このほかに、欧州でのアービトラージを専門としたOZヨーロッパと、ディストレスクレジットを中心としたO&Fクレジット・オポチュニティーズ・ファンドがある。どのファンドも一・五%のマネジメント・フィーと二〇%のインセンティブ・フィーを課している。最低投資金額は、五〇〇万ドルから一〇〇〇万ドルの間である。そして、二年のロックアップ期間を定めている。

モチベーション

ペンシルベニア大学時代には、もともと化学を専攻していた。ところが一年後、ウォートンに移り、金融に対する関心が高まった。

初めてフルタイムの仕事に就いたのは、ゴールドマン・サックスのリスク・アービトラージ部門だった。そこに一一年もいた。その後、ゴールドマン・サックスを離れ、自分で会社を興した。ゴールドマンでは、キャリアが進むと投資部門から管理部門へと異動させられるが、オクはずっと投資をしていたかったのだ。

オクのモチベーションは、世界でベストの会社にすることで、自分が関与しなくても会社が存続することを望んでいる。五年後には、自分と一〇年間一緒に働いてきたシニアマネジャーが八人になる。「これは最終目標というよりは、むしろビジネスを進めてきた副産物です」

オクは非常にバランスの取れた生活を送っている。スキーやゴルフなどのアウトドア活動が好きである。また、慈善事業にも参加している。ユナイテッド・ジュイッシュ・アピール（ＵＪＡ）のウォール街支部長と、シティ・ハーベストの理事を努めている。自叙伝の作成も進行中である。

業界

新しい世代のマネジャーは、古い世代のヘッジファンド・マネジャーとは異なるタイプのビジネスを行っている。一つのビジネスの意思決定者は必ずしも一人ではない、というのがオクの考えである。

オクージフ・キャピタル・マネジメントのネットパフォーマンス（％）

1994年	28.49
1995年	23.53
1996年	27.36
1997年	26.65
1998年	11.15
1999年	18.80
2000年	20.50
年複利平均	22.02

1994年は４月に取引開始

ダニエル・オク
オクージフ・キャピタル・マネジメント

組織について

創立	1994年
資産	
現在	35億ドル
ピーク時	35億ドル
エッジ	指令重視、これまでにない複雑な証券に注力、チーム
本拠地	ニューヨーク州ニューヨーク、ロンドン
従業員数	50人
組織のタイプ	事業単位
本人の役割	4つの事業単位のリーダー、マネージング・メンバー
投資委員会	あり
報酬制度	会社全体の利益
投資家数	170
投資家のタイプ	機関投資家と学校法人基金、主に米国
ゼネラルパートナー／プリンシパルの投資額	純資産の80%
寄付金（資料：1999年NACUBO）	アマースト・カレッジ、カーネギーメロン大学、コルゲート大学、ミドルベリー・カレッジ、ミシガン大学、イェシバ大学

方法論／ポートフォリオ構成について

スタイル	リサーチ・ドリブン型、ボトムアップ
ポートフォリオのポジション数	140
取引のスタイル	リスク調整後のリターン、潜在的にも明示的にも株式市場との相関性を避ける

米国への投資	75%
テクノロジーへの投資	小規模
プライベートエクイティへの投資	なし
マクロへの投資	なし
ほかのマネジャーへの配分	なし

リスク管理について

ネット・エクスポージャー	10%未満
ヘッジ	さまざまな戦略によって、個々のポジションと全体のポートフォリオをヘッジする
最大レバレッジ比率	転換社債アービトラージのみ（3：1）
記憶に残る損失	非公開
リスク管理	配分をすぐに減らす、現金による株式公開買付の割合を制限する、1つのポジションの最大リスクはポートフォリオの1%

バックグラウンドについて

きっかけ	大学時代
職歴（専門知識など）	ゴールドマン・サックス、トレーダー
学歴	ウォートン・スクール
モチベーション	ベストのチームを作ること
年齢	39歳
余暇の過ごし方	スキー、ゴルフ、慈善活動、子供と過ごす

第12章

ラージ・ラージャラトナム
RAJ RAJARATNAM

ガリオン・グループ（Galleon Group）

テクノロジー・セクターに特化し、
狭くて深く、ボトムアップ型リサーチを追究する

ラージ・ラージャラトナムがほかのスーパースターマネジャーたちと異なるのは、テクノロジー・セクターに特化している点と、レバレッジをまったく利用しない点である。

この数年間で、運用資産は急速に伸びている。一九九八年は一〇億ドルだったが、今では五〇億ドルにまで増大している。ガリオン・グループは、二〇〇〇年四月一日に新規投資家、二〇〇〇年六月三〇日に既存投資家の投資をそれぞれ停止している。しかし、戦略的投資家（テクノロジー関連やヘルスケア関連企業のエグゼクティブ）については募集を受け付けている。

強い倫理的価値観

ほかのスーパースターマネジャーたちとは違い、ラージャラトナムはアメリカ出身ではない。スリランカで生まれ、イギリスで教育を受け、ウォートン・スクールに入学するために渡米してきたのだ。学生としてアメリカに滞在していた。このバックグラウンドは、彼に大きな影響を及ぼしている。アメリカでの支援基盤がないため、現状に満足したことがなく、仕事に対する強い価値観を持っている。また、どんなことでも軽視しない。

ラージャラトナムは、このビジネスを毎日の通知表に例えている。「明確に焦点を絞り、規律を定めています。タフさが必要です。厳しすぎたりスタミナが必要となることもあるかもしれませんが、それを自分に課しています。正しい分析をしていても、マーケットでは間違っていることもあるのです」

ニーダムとのつながり

ウォートン卒業後、ニーダム&カンパニーで働いた。そして一九九一年一二月、三四歳でニーダムの社長になった。数カ月たって、その仕事が自分に向いていないことに気付いた。そこで会社の許可を得て、一九九二年三月に一五〇〇万ドルの資産でニーダム・エマージング・グロース・パートナーシップというヘッジファンドを設立した。資金のほとんどは、知り合いのテクノロジー企業のエグゼクティブからのものだった。ヘッジファンドを運営しながら、ニーダムの社長としての任務を遂行していた。

一九九六年の半ばごろから、自分のすべての時間をヘッジファンドに注ぎたいと考えるようになった。その時点で、ヘッジファンドの資産は二億五〇〇〇万ドルにまで増えていた。会社からファンドを買い取り、ガリオンと名前を変えた。「ガリオン」とは、荒波を乗り越えて金《きん》を運んだスペインの無敵艦隊の名前である。一九九七年一月二日、ガリオンを正式に開始したときの資産は三億五〇〇〇万ドルであった。訪問者たちは、オフィスの至るところにガリオンの船の模型と写真を目にするだろう。

ラージャラトナムと一緒に仕事をしているのは、ゲーリー・ローゼンバック、クリシェン・シュド、アリ・アージャバリンガムである。

トレーディングとリサーチの結合

ガリオンのトレーディング部門とリサーチ部門は強力であり、一方が支配的な立場にあるのではない。七人のパートナーのうち、三人はテクノロジーのアナリスト、二人はヘルスケアのアナリストであり、残りの二人がトレーディングを行っている。このようなデュアルタイプはヘッジファンドでは珍しい。ヘッジファンドでは、トレーダーは短期的視野、リサーチ部門の人は長期的視野に立つ傾向がある。

証券会社出身の七人のパートナーで、このデュアルフォーカスに取り組んでいる。ラージャラトナム、ローゼンバック（トレーディングおよびリスク・マネジメントの共同責任者）、シュドン・ヘルスケア・ファンドのポートフォリオ・マネジャー）、アージャバリンガム（ガリオン・テクノロジー・ファンドの共同マネジャー）は、ニーダム・インベストメンツ出身である。ジェフ・バーンスタイン（ガリオン・ニューメディア・ファンドの共同マネジャー）はプレム・ラックマン（ガリオン・ヘルスケア・ファンドの共同マネジャー）と同様にゴールドマン・サックス、デビッド・スレイン（トレーディングおよびリスク・マネジメントのマネジャー）はモルガン・スタンレー出身である。

ガリオンでは、コアポジションを中心として積極的に取引をしている。例えば、ガリオンがインテルの株を五〇万株持っていて、明白な根拠もなくその株価が七％下落したとしたら、トレーダーは一〇万株を追加購入することもできる。コアポジションを中心として取引するのに二五％を売買できるのである。こうすることによって、マーケットリスクを最小限に抑える一方でリターンを増やしている。そのため、取引の回転は速い。つまりこれは、シニアトレーダーがこのようなポジションにいて、会社の約三分の一を保有しているということでもある。

トレーダーは、いくら利益を上げたかということに基づいて報酬を得ているのではない。「トレーダーはあくまでディフェンスであって、点を稼いでいるわけではありません。損失を抑えるためにいるのです。ホームランを打つ必要はありません」とラージャラトナムは言う。

社内では、ボトムアップ型のリサーチが優位を占めている。毎月、三〇〇を超える企業を訪問している。ウォール街のアナリストをライバルとして見ており、ガリオンはそのポジションについて、ウォール街が出したリサーチと彼の会社のコンセンサスの差をアービトラージするのを目標にしている。例えば、証券会社のアナリストはパソコン業界が一〇％成長すると考える一方で、ガリオンの調査では一五％か三％の伸びになるとしている場合、ガリオンは二つの見解の違いを利用してアービトラージをするのである。

典型的なセルサイド（証券会社や銀行）のアナリストは、三分の一の時間をＩＰＯ（新規株式公募）の探求、株式の売り出し、銀行業務、買収アービトラージに費やし、三分の一の時間は機関投資家を訪問し、リサーチに割いている時間は残りの三分の一しかないとラージャラトナムは見ている。ガリオンのアナリストは、リサーチに一〇〇％の時間を費やすことができるという有利さがある。三〇ページも四〇ページもかけて立派なレポートを作成する必要はなく、問題点を書き出した書類を一ページ作成すればよいのだ。

一〇人のアナリストのうち八人は訓練を受けたエンジニアであり、テクノロジー業界で働いた経験がある。そのため、トレンドを理解していて、正しい質問をすることができる。「マーケティングの過大広告に不意打ちを食らうことはありません」

アナリストは好きなだけ出張をすることができ、行きたいだけ会社を訪問することができる。旅費の予算には制限がない。ただし一つだけルールがある。それは、一日の仕事を終えるとき、その日に学んだ新しいことをeメール、またはファックスで報告しなければならないのだ。これを怠ると旅費を清算してもらえない。

ほかのヘッジファンド・マネジャーとは違い、アナリストは損失を出してもペナルティを科されることがなく、一方、利益を上げても報酬を得ることがない。だれかのせいにすることはない。そうではなく、専門知識や優位性を拡大させたということで報酬を得るのだ。どのアナリストも三五の会社を追跡している。年初に、ラージャラトナムは、いくつのエッジを持っているかと各アナリストに質問する。シニアマネジメント、サプライヤー、顧客、ライバルのつても強みに含まれる。そしてその年の終わりに、エッジの数を目標どおりに大幅に増やしたかどうかがアナリストの報酬を左右する。

例えば、五から一〇に増えたら良好であるが、五から六に増えた程度では良好とは言えない。ラージャラトナムは、安易に優秀な人材を雇用することが会社の成長を妨げる大きな要因となっていると指摘している。

誠実性も重要である。個人アカウントの取引は許可されていない。従業員はこのことを証明する書類に署名しなければならない。違反した場合は解雇される。

スタッフの多くはお互いに一〇年から一五年来の知り合いであり、結束力が強い。仕事上だけでなく、プライベートでも付き合いがある。そのため、社内には対立が存在しない。ほとんどが四〇代前半である。このような雰囲気は、チームアプローチ型の企業文化を強化するのに大いに貢献している。

専門化の時代

ガリオンの戦略は非常に狭いが、非常に深い。三五人の従業員の内訳は、一〇人のテクノロジー・アナリスト、五人のヘルスケア・アナリスト、六人のトレーダー、多数のバックオフィスとサポートスタッフ（会計や投資関連のスタッフも含む）、そして最高財務責任者である。大半のトレーダーがニューヨークのオフィスにいるが、カリフォルニア州サンタクララにもオフィスがあり、半導体、データネットワーク、ハードウエア装置、ソフトウエアのエクスポージャーアナリストがいる。シリコンバレーという土地は、追跡している会社とコンタクトを取るのに適している。

ニューヨークのアナリストは、無線、電気通信、インターネット、ソフトウエア、ヘルスケア業界を追跡している。二つのオフィス間のコミュニケーションには境界がなく、一体化したグループのようである。

ラージャラトナムは、このほかにもいくつかの会社を持っている。ガリオン・テクノロジーとニューメディア・ファンドのマネージング・ゼネラルパートナー兼ポートフォリオ・マネジャーを務めている。自分はチームのクオーターバックだと言う。会社のあらゆることに関与し、ミーティングに数人のアナリストを連れて行くこともよくある。一日に二、三社を訪問する。ひと月のうち一週間は、カリフォルニア州の約二五の会社を訪問する。

会社へ歩いて行くことからラージャラトナムの一日は始まる。午前七時三〇分から八時四五分まで、ブローカーの電話を受けて、ウォール街のアナリストが何を言っているのかを聞く。八時四五分になると、約一時間のミーティングが始まる。追跡している会社について、あらゆる問題を話し合う。どの会社も相互関係があるため、お互いの分野のアイデアを聞くことは非常に有益である。カリフォルニアのオフィスとはコンファレンスコールでつながっている。一〇時には、その日のゲームプランが作成されている。

ポートフォリオ・マネジャーとアナリスト間のコミュニケーションを促進するため、全員がブルペンにいる。ファンドには五人のポートフォリオ・マネジャーがいる。それは、ラージャラトナム、アージャバリンガム、バーンスタイン、シュド、そしてラックマン（ガリオン・ヘルスケア・パートナーズの共同ポートフォリオ・マネジャー）である。

これもほかのヘッジファンド・マネジャーと違う点であるが、ガリオンには投資委員会が設置されていない。チームとして働いているのである。ガリオンはテーマ型投資家であり、セクターごとにポートフォリオを最適化するのではない。五、六件のメインテーマがあり、それに基づいて取引を行っている。テーマの一つに、「インターネットの成長」がある。ラージャラトナムいわく、株式の時価総額に関しては独断的な意見にとらわれていないのである。流動性は重視していない。

ラージャラトナムは、つとめて投資家に会うようにしている。マーケットが閉まると、午後四時から夜遅くまで投資家に会う。投資家に会うのは重要なことである、とラージャラトナムは考えている。一年に一度、パートナーたちは欧州に行って投資家に会う。「投資家との関係をとても大切にしているのです」

全部で約五五〇の投資家がいる。アメリカは約二〇〇で、そのうちの約一二五は戦略的投資家（テクノロジー企業のエグゼクティブ）である。海外については、ほとんどが機関投資家である。透明性に関しては、ロングとショートのポジション、ならびにトップ五のポジジョンを記載したレターを毎月送付している。ガリオンはポートフォリオの詳細をファックスで投資家に送ったりはしない。

税効果については、一〇月～一二月の期間には考慮するものの、それほど重視していない。

ガリオンには、スタンレー・ドラッケンミラー、ペインウェバーのドン・マロン、そして二人のオフショアアドバイザーから成る諮問委員会がある。委員会ではプライベートエクイティの役割についいて話し合ったことがあるが、現時点では実施の予定はない。

四つのファンド

四つのファンドの資産を合計すると五〇億ドルになる。すべて株式であり、テクノロジー、ヘルスケア、インターネット、通信に特化している。これらのセクターは、S&Pの約四五%を占めている。テクノロジーとインターネットと通信が約三二%、ヘルスケアが約一〇%である。「これらのセクターは経済の成長分野です」

オリジナルのファンド、ガリオン・テクノロジー・パートナーズIは、三〇億ドルのファンドであり、テクノロジーに集中している。ここしばらくは、通信帯域幅、半導体と半導体機器業界における循環的な景気回復、インターネットの継続的な成長を求めるテーマが強かった。

利益の約七〇%はロング、三〇%はショートによる。最近のショートは、利益の大部分を無線とインターネットから上げている。インターネットのB to Cセクターでは、ショートで利益を上げている。一九九九年のネットエクスポージャーは、三〇~四〇%であった。

ガリオン・ヘルスケア・パートナーズは、医薬品、医療機器、バイオテクノロジー、ヘルスケアサービス、ヘルスケア情報テクノロジーに集中している。一九九四年一〇月に設立されたこのヘルスケア・ファンドは、一二億ドルにまで増大した。

バイオテクノロジー分野に関しては、成長が加速している製品を製造していたり臨床試験の最終段階にある製品を製造しているけれども、正当に評価されていない会社に集中している。ゲノムに関しては、遺伝子認定を重視することで利益を得る可能性があって特許問題に関係していないインフラ企業に集中している。ヘルスケアサービスについては、ヘルスケア機関は一〇%を超えるプレミアムを得られるだろうと予想している。また、ガリオンは、薬品流通業者のマージンもやがて拡大されるものと確信している。さらに、ブランド力のある医薬品を物色している。医療機器や医療品の分野では、アメリカのステント（血管の亀裂を支えるために血管の内側に挿入するコイルまたは筒状の金属）のマーケットは成熟しているため、心臓病関連の会社についてはニュートラルの姿勢をとっている。ヘルスケア情報テクノロジー分野では、従来型企業（つまりインターネットベースのソリューションを利用していない企業）についてはネットショートである。

ガリオン・ニューメディア・ファンドは、インターネット・セクターを専門的に投資することを目的として、一九九九年六月に設立された。現在の資産は五億ドルである。マーケットの開発がまだ初期段階であることを考えると、インターネット関連銘柄のほとんどは変動的である。そのため、このファンドは、旗艦のテクノロジー・ファンドと比較すると、リスク／リターン率が高い。インターネット・セクターでは大規模な数社のみが勝者となって、多くは敗者となるだろうということを前提として投資戦略を考えている。つまり、その少数の勝者を見極めること、時間をかけて投資ポジションを作り上げていくこと、そしてボラティリティを抑えてリターンを増やすためにコアポジションを中心として、取引を行うことを投資戦略としている。ガリオンでは、ビジネスモデルに根本的に欠陥のある会社、あるいは需要の原動力があまり強くない会社をショートしている。

さらに、インターネット・セクターを五つのサブセクターに分類している。それは、インターネットインフラ、インターネットソフトウエア、B to C、B to B、インターネットコンサルティングサービスの五つである。特に、インターネットインフラとインターネットソフトウエアとB to Bについては、リターンが期待できると考えている。情報テクノロジーの予算がY2K関連リスクからフォーチュン二〇〇〇企業のeビジネス戦略に急速に移行したことが、トレンドを動かす要因となっている。B to Cとインターネットコンサルティングサービスはショートである。ドットコム企業が十分な資金を調達できるかという点、そしてインターネット関連広告の需要低下が株価に影響する点を懸念しているからだ。

最も新しい通信のファンドは二〇〇〇年七月に設立されたが、その資産はすでに一億二五〇〇万ドルになっている。ガリオン・コミュニケーション・ファンドは、通信セクターの会社に絞って投資をしており、電子通信、音声通信、データ通信がこれに当てはまる。

ラージャラトナムいわく、ガリオンは口コミで成長してきたのであり、マーケティングを重視してこなかった。ある企業がガリオン向けにファンドを作ったが、全体のなかの約五〇〇〇万ドルにすぎない。

ガリオンのパートナーと従業員は、いくつかあるガリオンのファンドに三億ドル以上を投資している。どの従業員も、ガリオンのオーナーシップに参加できる。

ボラティリティと下落リスクの管理

ラージャラトナムは、下落リスクが管理されているから投資家はヘッジファンドに投資するのだと考えている。投資家は、下落リスクを管理するためなら上値を追うのをあきらめる。ラージャラトナムは、ゴールドマン・サックス・インターネット・インデックスが二〇〇〇年前半に四五％下落したことを指摘している。一方、ガリオン・インターネット・ファンドは三〇％のアップであった。「私たちは、下方向のボラティリティに対処することができたのです」

ポートフォリオのポジションは約一〇〇である。一つのポジションがポートフォリオの五％を超えることはない（調整前に七％にまでなることはある）。それでも五％配分されているのは五つ程度であり、ほとんど（二〇～三〇）がポートフォリオの一～二％でしかない。

取引の大半が、アメリカベースまたは海外企業のＡＤＲ（米国預託証券）である（ノキアやエリクソンなど）。ラージャラトナムはＡＤＲ企業を好む。その理由は、ＡＤＲ企業が米国ＧＡＡＰ（一般に認められた会計原則）に従って報告していること、投資家のミーティングに参加できること、そしてマネジメントにアクセスできることである。授業料が高くつかないように、地元の専門家の意見を重視する。

レバレッジは利用しない。ヘッジする場合には株の空売りをする。オプションは利用するが、割高になる傾向がある。暫定措置として、モルガン・スタンレー・ハイテクノロジー・インデックスのナスダック・オプションを扱うことがある。ショートは非常に重要である。ロングとショートのエクスポージャーは一〇〇％を下回ることが多い。一九九九年にはリターンが一〇〇％であったが、七〇％はロングで三〇％がショートだった。ラージャラトナムは、テクノロジーは最大の富を生み出すと同時に富を浪費することにもなるため、ショートポジションの機会が多いと指摘している。さらに、テクノロジーの製品サイクルは短いため、ショートポジションの機会はますます増える。ショートもロングと同じように重視しているため、従来型モデル（つまり、A・W・ジョーンズ）に似ていると言える。

別な方法として、キャッシュへ移行することもある。二〇〇〇年第2四半期の騒乱の際には、キャッシュを大きく増やしてニューメディア・ファンドのリスクを抑えている。

損失とほかの潜在的問題

ガリオンの目的は、一八カ月間の年平均リターンを二〇～二五％にすることである。実際、一九九二年に創設してから現在までの平均リターンは約三四％である。「一八カ月間の状況が厳しいとしたら、規模に問題があることが考えられます。そのような場合には投資家に資金を返還します」

そのような時期があったのだろうか？　ラージャラトナムいわく、三カ月間は厳しい状況が続いたことはあったが、六カ月間で見るとそのようなことはなく、マイナスになった年もない。損失が生じたときは、最高財務責任者やシニアマネジメントのことを誤って解釈していたのだ。「彼らのモチベーションを理解せずに、マーケティングの過大広告にひっかかってしまったのです」

記憶に残っている損失は、一九九七年第４四半期のアジア危機のときのことである。これにはいくつかの原因があるが、ガリオンが世界のマクロについて正しい見解を持っていなかったこと、テクノロジー銘柄をロングで保有していたことなどが考えられ、一九九七年一〇月に一〇〜一二％の損失を出してしまった。

そこから学んだレッスンは、マクロの問題にもっと時間を割くということであった。また、一カ月に四〜五％ダウンした場合にはリスクを削減するようにするということも学んだ。

プライドと競争心

ラージャラトナムは、自分のことを競争好きだと言う。「これは私のプライドです。勝つことが好きなのです。お金自体はモチベーションではありません。常に勝ちたいと思っているのです。リスクが高まると、自然とアドレナリンが噴出してくるのが分かります」

また、同じ土俵で競争することを好む。ニーダムにいるころ、投資銀行には競争の公平性が存在していなかったと感じていた。海外の銀行のなかには膨大なリソースを有しているものもあった。しかし、ヘッジファンドでは公平性を感じている。そこが魅力なのだ。

チームが一丸となって働くこと、そして官僚的でない企業カルチャーを構築することに満足感を抱いている。「堅実な協力関係があり、目標に向かって進んでいます。従業員は、この会社で働くことを喜んでいるのです」

ラージャラトナムは、家族と旅行するのが好きである。年に二カ所は、行ったことのない国を訪問している。「まるで冒険です」。海外の政治、特に、内乱が起こっている母国スリランカの政治に関心がある。スポーツでは、テニスとスカッシュと水泳をする。

「スポーツは、勝ちたいと思う私の競争心に火をつけます。一方で、家族と一緒に過ごすことでバランスを取っています。ポートフォリオのリターンを目指すことよりも、大切なことがあるのだと私に気付かせてくれるのです」

業界の見通し

ヘッジファンド・マネジャーに新しい世代と古い世代があるのかどうかという点について、ラージャラトナムは明確な意見を持っているわけではない。それでも、ヘッジファンド業界は専門化の方向に進みつつあると見ている。「ヘッジファンド・マネジャーは、各自のエッジを認識する必要があります」

また、機関投資家が権利を主張するようになるだろうとも考えている。投資家の要請によって、透明性も高まる。投資家は組織のことをもっと理解したいと考えているのだ。

ラージャラトナムは、ヘッジファンドがあまりにも増大しすぎたため業界再編も起こるだろうと考えている。ヘッジファンドの多くは、レバレッジを多用したロングオンリーのマネジャーが運用している。「今の状態は供給過剰です」

ガリオンのテクノロジー・ファンドのネットパフォーマンス(%)

1992年	33.20
1993年	21.10
1994年	29.30
1995年	56.10
1996年	34.80
1997年	6.60
1998年	30.50
1999年	96.30
2000年	16.00
年複利平均	33.98

ラージ・ラージャラトナム
ガリオン・グループ

組織について

創立	1993年
資産	
現在	50億ドル
ピーク時	50億ドル
エッジ	ハードワーク、カルチャー、トレーディングとリサーチ、専門化
本拠地	ニューヨーク州ニューヨーク、カリフォルニア州サンタクララ
従業員数	35人
組織のタイプ	アナリストとトレーダーのチーム
本人の役割	ポートフォリオ・マネジャー
投資委員会	なし
報酬制度	全体の利益性、専門知識をどれだけ増やしたか
投資家数	550
投資家のタイプ	米国ー主に戦略的投資家 海外ー機関投資家
ゼネラルパートナー／プリンシパルの投資額	3億ドル
寄付金	非公開

方法論／ポートフォリオ構成について

スタイル	ボトムアップ、テクノロジーとヘルスケア・セクターに集中
ポートフォリオのポジション数	100
取引のスタイル	ウォール街のアナリストのリサーチに対してアービトラージ
米国への投資	100%
テクノロジーへの投資	100%

プライベートエクイティへの投資	0％
マクロへの投資	0％
ほかのマネジャーへの配分	なし

リスク管理について

ネット・エクスポージャー	30〜40％
ヘッジ	株の空売り、キャッシュ
最大レバレッジ比率	利用しない
記憶に残る損失	1997年のアジア通貨危機
リスク管理	レバレッジを利用しない、キャッシュへの移行、取引当たり最大5％

バックグラウンドについて

きっかけ	ニーダム・インベストメンツ
職歴（専門知識など）	証券会社
学歴	ウォートン・スクール
モチベーション	プライド、競争心
年齢	43歳
余暇の過ごし方	旅行

第13章

ポール・シンガー

PAUL SINGER

エリオット・アソシエーツ（Elliott Associates）

アービトラージ／ディストレスで
プロセス・ドリブンの積極行動型

一九六九年、ハーバード・ロースクールを卒業後、ポール・シンガーはニューヨークで有名な二カ所の法律事務所に勤めた。同時に、趣味として投資を行っていた。「投資に夢中になってしまいました。趣味に取りつかれてしまったのですね。それで相場の研究を楽しいと思うようになりました。それはまるで、ゲームとかパズルをしているようでした」。そして、一九七七年、自分のミドルネームから名前をとったエリオット・アソシエーツを設立した。設立時の運用資産は友人や家族のものだった。「損を出さない」ということがその目標だった。

シンガーと話していると、高潔で辛抱強い人物という印象を受ける。歯切れが良く、当を得た発言をする。系統立てて考え話すこと、そしてハードワークを心がけている。

シンガーは五六歳である。ニューヨークのセントラルパークを見下ろす会議室に座り、分散化かつオポチュニスティックのアプローチについて話してくれた。「世界は急速に動いています。同じ場所に長く留まっているわけにはいきません。一〇分しか止まってくれないウエルカムワゴン（新規の居住者に地元の情報や土産を届けてくれる歓迎の車）みたいです。出遅れるとクッキーをもらい損ねてしまいます」。また、シンガーは、取捨選択するというのは気まぐれとは違うのだと強調している。

シンガーの目的は、できるだけ高い利益率を実現することである。これは、資本の保全という目標に一致している。ビジネスの二つ目の柱は、ディストレス（破産証券）とアービトラージである。現在はまさにアービトラージの機会があるため、投資信託アービトラージや関連証券のアービトラージといったアービトラージ戦略が資本の大半を占めている。また、主にディストレスと転換社債投資から派生する、長期株式リンクのポジションも資本投下の多くを占めている。以前はディストレス投資に最大配分していたが、現在は縮小傾向にある。

当初、シンガーのビジネスでは転換社債アービトラージの割合が大きかった。しかし、一九八七年の暴落後、債券はクロスの相関性が強すぎること、株式市場との関連性が強すぎること、そしてヘッジするのが難しすぎることに気付いた。「多少大げさかもしれませんが、強気相場の商品と呼ぶことができます」。例えば、一九七三～一九七四年のマーケット低迷時、一九八七年、一九九四年、一九九八年、二〇〇〇年四～五月期などの検証期間には、転換社債は供給豊富とは言い難かった。長期的な弱気相場では、転換社債が十分に取引されないことがある、とシンガーは考えている。金利急騰と弱気相場は、転換社債が圧迫される要因の一部である。それ以来、転換社債アービトラージがシンガーの取引に占める割合は縮小されている。日本での転換社債のヘッジも一九八八年から一九九三年にかけては活発であったが、それ以降は縮小傾向にある。現在は、転換社債についてはオポチュニスティック・アプローチを取っている。

ポートフォリオのポジション数は、通常、約二〇〇である。ポートフォリオ最適化に関して、量的手段と質的手段の両方を取っているということを教えてくれたが、それ以上詳しいことは説明してもらえなかった。この状況は常に再評価されている。取引しているマーケットの流動性も、高低さまざまである。

努力（人的資源）を惜しまない活動

シンガーは、プロセス・ドリブン型の活動によって付加価値を高めている。例えば、ディストレス証券に関しては直接関与する行動主義型のトレーダーであり、交渉や委員会にも積極的に参加している。ビジネスの価値は主な不確実性要素ではないかもしれないが、法的決定が利益率や収益率を左右するような場合、シンガーはビジネスに深く関与する。アービトラージ戦略においても直接関与する行動に出る。投資信託アービトラージに関して、シンガーは「単に相場で取引しているだけではありません。物事を起こそうとしているのです」と言う。

シンガーは、会社の活動を小規模ポジションのプライベートエクイティ・マネジャーの行動になぞらえている。プライベートエクイティ・マネジャーは一〇のポジションを持つこともあるが、プライベートエクイティのような投資は、エリオットの分散化ポートフォリオの一％でしかない。

つまり、エリオット・アソシエーツがほかのマネジャーと異なる特徴は、仕事に多くの資源を投入し、一生懸命努力するということである。投資した資金に対して丁寧に対処し、仕事も複雑である。シンガーは、努力、つまり人的活動を要する分野に集中している。ほかのマネジャーとは異なり、エリオットは単に破綻した安価な株式を購入しているのではない。個々の状況に見合ったアプローチを適用しているのである。

エリオットは定量分析のスキルに優れているが、定量分析の「専門店」ではないとシンガーは付け加えている。多くの取引には、アービトラージ、定量、デリバティブの要素があるが、それはごく一部でしかない。「私たちは会社について詳しく理解しています。一生懸命仕事をしています。数字についても理解しています」。言い換えると、そのアプローチは定量スキルと定性スキルを組み合わせたものであり、いずれも欠かすことはできないということだ。

シンガーは、「エッジ」という言葉を使うのを好まない。だれとも競争しているつもりはないからである。うまくやり遂げようとしているだけなのである。「ストックピッカーやバリュープレーヤーと違う点は、運命が私たちの手のなかにあるということです。運命は、仕事のクオリティと判断のクオリティに基づいて決まります。うまくやり遂げるかどうかということなのです」

チーム

ニューヨークとロンドンのオフィスを合わせると、約六〇人の従業員が働いている。シニア・ポートフォリオ・マネジャーは、さまざまなセクター、業種、状況に責任を負っている。アナリストはシニア・ポートフォリオ・マネジャーをサポートしている。そして、トレーダーが取引を行っている。ポートフォリオの大半はアメリカ中心であるが、グローバルトレーディングにおいてはロンドンのオフィスが重要な役割を果たしている。投資委員会は設置されていない。報酬制度は、シンガーの裁量によって決まる。

エリオット・アソシエーツのゼネラルパートナーとして、シンガーはすべてのポジションに責任を負っている。シニア・リスク・マネジャーであり、ポジションの規模に関して意見を述べる一方で、ほかの人に権限を委譲して意思決定させることを目指している。彼が指導者となり、創造的な考えを付言するのだ。従業員が正しく考えることができるように、従業員の行動を承認し、確認している。

通常の日は、まず、新聞、コンピューター、ニュースなどで世界の情勢を確認する。株価の動きを調べたら、ポートフォリオ・マネジャー、アナリスト、トレーダー、ウォール街の「人脈」と話をする。そしてポジションを調整しようとする。つまり、強化できるポジションについて考慮する。ポートフォリオのさまざまなセグメントを調べ、何を調整すべきか考える。タイミングは合っているか、規模は適しているかと考える。「付加価値を高めて、痛みを和らげようとしているのです」。顧客との対話にはあまり時間を割いていない。

シンガーは、ファンドの利益を上げること、スマートに遂行すること、ほかの人の学習を支援することなど、さまざまな活動領域で充実感を得ている。

ファンドの最大の投資家は、シンガー自身、家族、そしてプリンシパルである。取引禁止方針が定められていて、従業員は個人の取引アカウントを持つことができない。従業員の取引資金は、すべてエリオットのファンドに投資されている。

リスク・マネジメント

マネジャーは成功に甘んじることはできない。成功したとしても、それは単に前の四半期のパフォーマンスが良かったに過ぎないのだ。

エリオットのトラックレコードは、一九七七年の創設以来、平均して毎年約一五％の利益を上げている。ほとんどのヘッジファンド・マネジャーがマイナスだった一九九四年も、フラットで締めくくることができた。シンガーは、一九九四年のパフォーマンスの要因は信用の縮小（貸し渋り）とクロスの相関性であったと考えている。一九九八年に初めてマイナスになった。

これまでのマーケットは良好であったが、これからは厳しい状況が待ち受けているというのがシンガーの見解である。現在の株式市場は転換期にあると見ている。環境は厳しく、方向感の定まらないちゃぶついた環境になる。そこで、控え目なアプローチを取る必要があると考えている。現時点では、レバレッジを制限することが最も有効なリスク・マネジメントである。エリオット・アソシエーツは、債券アービトラージのポジションを除き、レバレッジ比率が非常に低い。その範囲は一・三：一〜一・五：一であり、ほかのヘッジファンドと比べても低い。債券アービトラージのレバレッジ比率は二〇：一であり、これはほかのヘッジファンドと同程度である。この戦略は何年間も変わっていない。

シンガーは、長年リスク・マネジメントを重視してきた。そして最近、ニューヨークのある会議でリスク・マネジメントについて話をしている。一九八七年一〇月の暴落に触れ、小惑星が地球に衝突するといった一〇〇分の一レベルの事件だったのか、一生涯に一度しか起こらない事件なのか、それとも何かが起こる前兆なのかと問いかけた。一九八七年以降では、一九九四年と一九九八年にも暴落を経験している。[1]

シンガーは、主に三つのリスクに注目している。それは、モデルリスク、集団行動リスク、そして株式市場リスクである。「モデルを信用する人は、危険を冒してまでもそれに従おうとします。モデルが間違っていたら痛手を受けてしまうでしょう。現実の世界は過去のモデルの世界とは違うこともあるのです」。さらに、テクノロジーが発展し、レバレッジが簡単に利用でき、瞬時にコミュニケーションを図ることができ、集団行動（大量のモメンタム取引）が生じるという変化も生じている。

集団行動の影響を抑えるには、自分と同じスプレッドの人を見つけ、そのモチベーションを判断することである、とシンガーは指摘している。トラブルに巻き込まれている人が集まった場合も、集団行動の影響が出ることがある。その例として、クエストとUSウエスト、GMとヒューズの合併が挙げられる。どちらのケースもアービトラージの規模が大きく、ウォール街が痛みを被る結果となってしまった。別な例では、ノーテルを所有していてスピンオフしたベル・カナダがある。アービトラージャーは、一方の取引が開始されたとき、実際よりも高く評価されることを期待していた。「今、アービトラージャーは、これを見守って息が詰まりそうな状態です。まだまだ長い時間がかかるでしょう」

シンガーの目標の一つに、株式市場との相関性をできるだけ持たないようにする（つまり、株式市場のリスクに手出しをしない）ということがある。ヘッジするのが難しくなってきているからである。シンガーは、「株式市場」という言葉の持つコンセプトは一つではなくなってきていると考えている。マーケットのセクターによって、さまざまな意味を持つようになってきているのである。

株式市場が下向きになると、シンガーは保護される。シンガーが好んで扱うタイプのディストレス証券は、株式市場や債券市場とは相関性がない。全体としてアービトラージのポジションを取っていて、弱気相場から十分に隔離されているとシンガーは確信している。長期的な株式リンクのポジションはその執行によって左右されるものだが、株式市場の影響を受けることもある。エリオットでは、そのようなリスクをヘッジしようとしている。ヘッジ方法には、株の空売り、インデックス、オプション、ボラティリティ・ポジション、ボラティリティ・スワップ、デリバティブなどがある。

ストレスを感じない

シンガーは、近い将来キャパシティの制約に直面することはないだろうと考えている。二つのファンド（アメリカ投資家向けのエリオット・アソシエーツ、海外投資家とアメリカの非課税投資家向けのウエストゲート・インターナショナル）の資産は現在ピークを迎えていて、約一九億ドルもある。

「私たちが成長するのと同様に、金融市場も成長してきました。取引機会もたくさんあります。ドレクセル（一九八〇年ごろのトップ投資会社）の時代は、ハイイールド債発行市場の債券総額は一五億ドルでしたが、一九九〇年代には六五億ドルになりました」

また、自分の仕事にストレスを感じていない。「一〇億ドル超の資産を運用しているということはストレスにはなりません。ストレスは、従業員、相場、ミス、損失といった要因から生まれるのです」。シンガーの哲学は、ストレスを最低限に抑える投資スタイルで運用するということである。その目標は、スマートで才能があってリスク意識のある人物に権限を委譲する道筋を整え、自分が独創的なリスク・マネジメントを実施できるようにすることである。

生活と仕事のバランスも重要である。「私は漸進していくタイプの人間で、消耗していくタイプではありません」。今していることは長期にわたってもできるはずであり、「リタイアすることは考えていません」

仕事以外ではファミリー財団を運営し、さまざまな評議会に積極的に参加し、社会政治グループにかかわっている。シンガーは、個人の力が大きな差に結び付くということを固く信じている。

投資家

個人、ファンド・オブ・ファンズ、学校法人基金も含め、約三〇〇の投資家がいる。NACUBOの一九九九年度調査によると、学校法人基金にはバッサー・カレッジの名前がある。

透明性に関しては、四半期レポートと年次監査を投資家に送付しているが、正確なポジションの規模については明らかにしていない。税効果については、アメリカのファンドで考慮している。長期的な利益を目標にすることで税効果を達成することができるという。

業界の見通し

シンガーは、古い世代と新しい世代のヘッジファンド・マネジャーを線引きするのは、割りきりすぎだと考えている。「それぞれに独自のアプローチがあります。マネジャーは各自のスキル、スタイル、癖を、組織に合わせているのです。その方法は、マネジャーの経験や逆境によって異なります」新しい世代のマネジャーのなかには、ヘッジファンドを始める前とヘッジファンド初期のマーケット状況について十分に認識していない人もいるのだろう、とシンガーは考えている。つまり、五年、一八年、二六年のいずれかのサイクル（トレンドのとらえ方によって異なる）で異常なマーケット状況になり、それによって成功を収めたのだということを考慮しなければならない。実際のところ、強気相場は一九七四年一〇月四日から二〇〇〇年初期まで続いていた。

シンガーは、二〇〇〇年初期までのマーケットは個人投資家が驚くほど多かったと述べている。「情報が不足したままパフォーマンスを追求し、モメンタムを追求しているのです。その姿はまさに群衆とかやじ馬のようです」。そして、何年も前に読んだ本の内容を思い出してこう言った。「だいたいこんな感じでした。『殺到した大衆のパワーは予想もできない』。現在のマーケットのさまざまなセクターでは、評価に一貫性がありません」。デイトレーダー（つまりインターネットトレーダー）とテクノロジーの登場によって、プロの投資家にとって株式市場は信じられないほど危険なものになった。株式市場では激しい動きが見られ、合理性やファンダメンタルズは必要とされない。「マーケットはボラティリティが高まり、効率性が低下します。そうなると空売りするのが難しくなってしまいます」

シンガーは、環境の変化の速さについても言及している。「あるコンセプトで長く支持され、アイデアやムードやマーケットが一つの方向に進むことがあります。でも気まぐれにまったく別な意見が台頭して、それが二〇年続くこともあるかもしれません」。一九六八年から一九八二年までの時期は、多くのマネジャーにとって厳しく破壊的な環境であった。

シンガーは、機関投資家の世界ではプロ意識が低下していると考えている。新しいスターたちのほうがパフォーマンスとモメンタムを追求し、多くの資金を投入している。さらに、多くの機関投資家が株式市場から撤退するべき時期を認識していないか、あるいは撤退することを恐れている。株式市場では、低いボラティリティで長期にわたって一五％の年利を上げるというようなことが不可能になるため、機関投資家はヘッジファンドへの配分を増やすだろう、とシンガーは確信している。

マネジャーとしての二三年間の経験から、（インフレの時期もデフレの時期も、金利が低いときも高いときも、貿易赤字の時期も、ドル暴落時も）さまざまな環境で長期にわたって一貫して利益を上げることができる選ばれたマネジャーを重んじている。これに対して、新しい世代のマネジャーのなかには一九九九年と二〇〇〇年前半にかけて、強気相場における取引戦略でうまく立ち回った者もいる。投資家たちは、投資に見合った利益を得ていないことに徐々に気付くようになるだろう。強気相場で株式を追求する能力は、時間がたつとその魅力が薄れることもある。「ダマシが多くちゃぶついた環境では、道を見失ってしまうマネジャーも出てくるでしょう。策略とリスク・コントロールがうまくかみ合ったビジネスを創造できるマネジャーは、ごくわずかしかいませんね」。シンガーは、ビジネスの意思決定と投資の重要性についても認識している。どちらも必要不可欠なものである。これは科学というよりも芸術（その道のプロが長年の間に身につけるもの）なのだ。

エリオット・アソシエーツのネットパフォーマンス（％）

1977年	6.70
1978年	9.90
1979年	16.60
1980年	22.60
1981年	23.40
1982年	17.60
1983年	22.10
1984年	16.40
1985年	22.50
1986年	10.70
1987年	6.60
1988年	13.40
1989年	23.80
1990年	13.40
1991年	12.40
1992年	15.10
1993年	21.60
1994年	0.00
1995年	18.30
1996年	19.00
1997年	12.10
1998年	−7.00
1999年	18.10
2000年	24.00
年複利平均	14.71

1977年は２月１日に取引開始

ポール・シンガー
エリオット・アソシエーツ

組織について

創立	1977年
資産	
現在	19億ドル
ピーク時	19億ドル
エッジ	"エッジ"という言葉は好まない、ハードワーク、プロセス・ドリブン型
本拠地	ニューヨーク州ニューヨーク、ロンドン
従業員数	60人
組織のタイプ	ポートフォリオ・マネジャー、アナリスト、トレーダーから成る
本人の役割	リスク・マネジャー、規模に関して意見を述べる
投資委員会	なし
報酬制度	任意
投資家数	300
投資家のタイプ	個人、ファンド・オブ・ファンズ
ゼネラルパートナー／プリンシパルの投資額	シンガー、家族、プリンシパルは最大の投資家
寄付金（資料：1999年NACUBO）	バッサー・カレッジ

方法論／ポートフォリオ構成について

スタイル	オポチュニスティック型、ディストレス・アービトラージ
ポートフォリオのポジション数	200
取引のスタイル	特別な規準はない
米国への投資	大多数

テクノロジーへの投資	小規模
プライベートエクイティへの投資	小規模ポジション
マクロへの投資	なし
ほかのマネジャーへの配分	なし

リスク管理について

ネット・エクスポージャー	株式市場へのネット・エクスポージャーをゼロにしようとしている
ヘッジ	株式、インデックス、オプション・ボラティリティ・スワップ、デリバティブ
最大レバレッジ比率	債券アービトラージを除き、低水準
記憶に残る損失	ノーサンプトン／ポンデローサの再生紙工場の債券
リスク管理	ほかの人のスプレッドとそのモチベーションを見極める、非相関性

バックグラウンドについて

きっかけ	趣味
職歴（専門知識など）	弁護士
学歴	ハーバード・ロースクール
モチベーション	チャレンジ、楽しむ、パズル、他人の成長を支援する
年齢	56歳
余暇の過ごし方	公共問題、財団

第14章

ブライアン・スターク

BRIAN STARK

スターク・インベストメンツ（Stark Investments）

転換社債アービトラージで
海外市場に非効率性を見つける

約一七億ドルの資産を運用する従業員数八五人のスターク・インベストメンツは、ミルウォーキーの郊外にある。一九八七年に設立され、（開始順に）転換社債アービトラージ、リスク・アービトラージ、第三者割当債（プライベート・プレイスメント）、キャピタル・ストラクチャー・アービトラージに集中している。設立当初は、スターク・パートナーズという名前であった。

スタークは、ニューヨーク、次にコネティカット州グリニッチと会社の場所を移転し、最終的に、一九九三年八月にウィスコンシン州メクォンにたどり着いた。メクォン郊外のホワイトフィッシュ・ベイで、ブライアン・スタークは育ったのだ。ハーバード・ロースクールでマイク・ロスと出会い、一九九二年にパートナーとなって二人でスターク・インベストメンツを設立した。ロスもウィスコンシン州の出身である。

メインの二つのファンドは、マルチストラテジーである。スターク・インベストメンツLPは一九九四年一〇月に設立され、シェパード・インベストメンツ・インターナショナルは一九九五年七月に取引を開始した。資産の内訳は、約六〇％がスターク・インベストメンツ、約四〇％がシェパードである。専門ファンドもいくつかあり、日本の転換社債アービトラージと欧州の転換社債アービトラージに投資している。また、第三者割当債のアービトラージ・ファンドもある。

ミルウォーキーで取引をしているにもかかわらず、スターク・インベストメンツは、おそらく、ニューヨークに拠点を構えるスーパースターたちよりもグローバルな視野を持っているだろう。設立当初から、海外にも積極的に投資をしてきた。「海外のマーケットは非効率的な状況にあります。一九八七年に取引を始めたときは、アービトラージャーはあまりいませんでした。いたとしても、主にアメリカマーケットに集中していました。海外マーケットでのアービトラージの取引機会を認識している人は少なかったのです」

アメリカだけでなく、日本にも注目してきた。日本は最大の転換社債マーケットである。欧州は商品が少なく評価が高いため、投資の規模はあまり大きくなかった。しかしここ数年は状況が変わり、魅力的な評価での発行も増えている。

スタークは、より魅力的な取引機会を求めて資金を移行させている。そのため、海外とアメリカの割合は変動的である。これまでは、海外が六五％でアメリカ国内が三五％というのが通常のスタンスであった。現在は、海外が七〇％で国内が三〇％である。これまでに国内配分が最も高かったのは六五％である。一方、海外配分が九〇％を占めていた時期は二回もあった。

一回目は、一九八七年七月から一九九〇年半ばまでであった。その時期は、アメリカマーケットから少し距離を置いていた。アメリカの転換社債市場でグッドバリュー（割安）を見つけることができなかったこと、海外マーケットの非効率性が顕著であったこと、アメリカの株価評価について懐疑的であったこと、アメリカマーケットがやや投機気味であったことなどがその要因である。二回目は一九九三年後半以降であり、アメリカへの投資を大幅に削減し始めた。一九九四年第1四半期の終わりには、アメリカマーケットへの投資は一〇％を下回った。「過去の基準に照らしてみると、アメリカの転換社債市場のプライシングはかなり高くなっていました。そのため、アメリカの転換社債取引が不利な環境でも持ちこたえるだろうとは考えにくかったのです」

一九九四年第4四半期の初め、スタークは意図的にアメリカマーケットに戻ってきた。それ以降、一九九八年までに、アメリカへの投資がポートフォリオの六五％を占めることが何度かあった。

オフィスのロケーションとグローバルフォーカス以外にも、スタークがほかのスーパースターたちと異なる点がいくつかある。スタークとロスは、ハーバードで法律を学んでいるのだ。スタークによると、このバックグラウンドはリスク・アービトラージに役立っている。リスク・アービトラージでは、規制上のリスクを評価することと文書を分析することが非常に重要となる。規制上の障害と訴訟は、リスク・アービトラージ取引の結果に影響を及ぼす要素となることが多い。「法律を学んだことは、分析プロセスに役立っています。規律を浸透させるという点でも役に立っています」

スタークと話をしていると、法律のバックグラウンドを感じ取ることができる。用意周到であり、細部まで分析的に考えているからだ。

影響を受けた本、そして著書

高校生のある夏休み、積極的に投資を行っていた会計士の父親の下で働いたことがあった。会計士の仕事には興味を示さなかったが、父親からエドワード・O・ソープの『市場をやっつけろ』を渡され、投資に目を向けるようになった。この本には、ワラント・アービトラージのことが詳しく書かれていた。一九四六年から一九六六年のマーケットにこの戦略を科学的に適用していたら（この本は一九六七年出版である）、投資家は、毎年利益を上げることができただろう。この本の影響で、スタークと父はワラントとリスク・アービトラージに投資をするようになった。

スタークは、ブラウン大学四年のときに本の執筆を始め、ハーバード・ロースクールに通っている間もそれを続けた。ダウジョーンズ・アーウィンから出版された『スペシャル・シチュエーション・インベスティング（特殊状況下における投資手法）』では、特殊な状況についてと、効率的と思われるマーケットに永続的な取引機会が存在する理由について述べている。

この本の影響を受けている投資家も多い。本書の二人のスーパースター、エリオット・アソシエーツのシンガーとパロマ・パートナーズのサズマンもそうである。スタークとサズマンは、一九九二年の初めまで運用されていたスターク・パートナーズの共同ゼネラルパートナーであった。

転換社債アービトラージを中心としたアービトラージに集中

スターク・インベストメンツの目的は、絶対リターン、リターンの低ボラティリティ、資本の保全、株式市場と債券市場との低い相関性、そしてアービトラージに集中した専門化である。

スタークは、マルチストラテジーの重要性を強調している。アービトラージは会社が得意とするところであり、転換社債アービトラージを中心としてその他の戦略を追加している。最適にリスク調整された機会が存在するところに資産をシフトするのだ。

五年前、スターク・インベストメンツは、転換社債アービトラージとリスク・アービトラージだけを国際的に扱っていた。プライベート・プレイスメントを始めたのは三年半ほど前のことである。当時は資産のごく一部しか配分していなかったが、開始以降、優れたパフォーマンスを上げている。現在、このほかに三つのアービトラージ戦略を計画中である。その一つにハイイールド債がある。ハイイールド債アービトラージの大部分は、キャピタル・ストラクチャー・アービトラージである（つまり、上位債をロング、劣後証券をショートにする）。現時点では、少額で戦略を検証し、システムを構築し、つもり売買をしているところである。「実際の資本を投入する前に、経験を積んでおこうとしているのです」

転換社債アービトラージとリスク・アービトラージは、長年安定したパフォーマンスを上げているが、リスク・アービトラージについては、少なくとも理論上はやや不安定なパフォーマンスになる傾向がある。プライベート・プレイスメントはもっと荒れている。スタークが考えるところによると、しばらくは何も起こらないが、やがてマーケットは不安定になり、初期投資を手仕舞って新しいポジションを構築する機会が現れるだろうという。

ポートフォリオ最適化についてはコンピューターで管理せず、定量分析と定性分析を組み合わせて実施している。スターク・インベストメンツでは、リスクと予想されるリターンについての戦略を国際的なベースで選択している。転換社債アービトラージでは、理論上のミスプライス（定量オプション分析によるミスプライス）について調べる。ミスプライスを発見したら、転換社債の信用度と現物株のファンダメンタルズを調べる。さらに、全体のポートフォリオ分析を行う。「戦略と地理の分散化についても考えています。あらゆる環境でうまくいくポートフォリオにしたいのです。そのために、一般的なマクロ環境のリスクと、個々のポジションのリスクの両方を調べ、そして全体のポートフォリオのバランスを図っています」。リスク・アービトラージでも、同様のプロセスを踏んでいる。

取引戦略は、三つの方法で利益を上げている。一つ目は、利息、または転換社債や信用売り代金のリベートの配当からのキャッシュフローである。二つ目は、ボラティリティによる利益である。通常は、マーケットの中立性を維持するために、株価が上がったら売りを増やし、株価が下がったらいくらか買い戻しをしなければならない。このようにして、マーケットの中立性を保ちつつ、ボラティリティによる利益を得る。さらに、マーケットが不安定になると非効率性も高まる。三つ目は、ミスプライスである。つまり、理論上の価格を下回ったら買い、転換社債アービトラージやリスク・アービトラージのスプレッドが適正水準に達したときや、リスク・アービトラージの取引を手仕舞ったときに売る。

ネットエクスポージャー

ネットエクスポージャーは変動的であるが、ショートの平均はロングの七〇～九〇％である。ロングの七〇％程度のショートでも十分ショートとなり得るため、これは真のエクスポージャーを測る良い指標とは言えない。転換社債の動きは株式より遅い。さらに、現金による株式公開買い付けにはショートサイドがいない。

スタークは、ヘッジ比率と量的モデルによる理論上のデルタをどのように比較するかという点で、エクスポージャーについて考慮している。ポートフォリオベースでは理論上、五～一〇％（もっと多いこともある）である。アービトラージのポジションでは偏る傾向があるため、このようにしている。株価が大幅に上昇すると理論予測より良くなり、株価が大幅に下落すると予測よりも悪くなる。

ツールとしてのレバレッジ

「レバレッジは、慎重にそして正しく利用しなければならないツールです。マクロ環境とポートフォリオの過小評価の程度によって、レバレッジ比率は異なります」。その範囲は一・五：一から七：一である。「マクロ環境が不安な状況になったり、アービトラージのミスプライスが緩和されると、レバレッジを下方修正します。マクロ環境が良好になったりアービトラージのミスプライスが拡大されると、上方修正します」

通常、投資家は、レバレッジ比率が高いということはリスクが高いということを意味していると考えるだろう。しかし、アービトラージにおいてはその関係が当てはまらない。レバレッジ比率が非常に高くてもリスクが限定されている状況もある、とスタークは説明する。例えば、債券にほとんどプレミアムがなく一〇〇％ヘッジされている転換社債アービトラージのポジションでは、実際の資産はほとんど必要ない。現物の普通株が大幅に下落すると、そのポジションはかなりのリターンを生み出し、収益も大きい。レバレッジはほとんど無限であるが、そのようなポジションの信用リスクと株式リスクは最小になる。「適度にレバレッジを効かせてヘッジしたアービトラージのポートフォリオは、ヘッジしていないアウトライト（片張り）の株式ポートフォリオよりもリスクが小さいと考えています」

レバレッジ比率は、量と質の両方の面から判断する。「ポートフォリオの信用度が高いということは、もっとレバレッジを利用できるということを意味しています。転換社債ポートフォリオの大部分がアセットスワップやデフォルトプロテクトである場合、信用リスクは限定されます。破綻しかけている会社の信用リスクを持たずに、クオリティポジションを作り上げることができるのです」

スタークは、マクロ要因をどのように組み込むかということを検討している。アービトラージのスプレッドが縮小されると、慎重に行動する。一九八七年や二〇〇〇年第１四半期のように、株式市場が投機的で実質のないものになると、プライシングは荒くなる。そのような状況では、マーケット調整のリスクが高くなるため、ポジションのヘッジが強化され、レバレッジ比率は低く保たれる。このような調整局面では、アービトラージのスプレッドは拡大し、高いヘッジ比率と低いレバレッジ比率によって相殺されない場合は時価評価の悪化に苦しめられることになる。

スタークいわく、ポートフォリオのほとんどのリスクをヘッジする（そして、一般的なヘッジファンドよりもリスクをヘッジする）ことに努めている。「私たちは、理論上はオーバーヘッジです。一般的に、株式市場が上昇すると、理論予測より良くなります。ベンチマークに従う努力をしているアウトライトの人たちが、高いプレミアムで転換社債を買うからです。逆に言えば、株式市場が下落すると、転換社債は予測よりも悪くなります。下落リスク対策をとっていないアウトライトの人たちが、理論値よりも安く転換社債を売るからです。私たちは、オーバーヘッジによってこのゆがみを相殺しているのです」

為替リスクについては完全にヘッジしているが、金利リスクのヘッジは変動的である。これは、転換社債のプライシングと金利の相関性が理論上の予測よりもずっと小さいことが多いからである。さらに、完全な金利ヘッジを継続するにはコストがかかり、時間とともにその計画は縮小される傾向にある。このように、アメリカに関しては部分的なヘッジを実施している。一方、条件が確かであれば金利を完全にヘッジするだろう。例えば、日本の金利は非常に低い。マーケットの転機に不利な立場にいるのは好ましくない。そのため、完全にヘッジしているのである。

妥当な水準でのアセットスワップの実施やデフォルトプロテクトの購入が可能になれば、それを実施する。また、ハイイールド債やその他の転換社債、あるいは信用デリバティブを空売りしたり、信用デリバティブを買ったりすることもある。しかし、すべての信用リスクを継続的にヘッジすることは非常に高くつくため、オポチュニスティックのアプローチを取っている。

数日間のトレードもあれば、四、五年抱えているトレードもある。スターク・インベストメンツでは、ミスプライスが正されるまではポジションは保持し続ける。

なぜアービトラージ戦略に魅力を感じているのだろうか？　なぜ非効率性に固執しているのだろうか？　スタークいわく、アービトラージ証券は非常に複雑になりがちで、テクノロジーのスキルは異なり、資金調達手段はさまざまであり、人はいろいろな角度から商品を分析する。アービトラージャーの競争上の利点もそれぞれ異なる。マーケットは欲とパニックと恐れの影響を大きく受ける。ときには、そのような感情が顕著に表れて非効率性を生み出すこともあるのだ。

ポートフォリオにおけるテクノロジーの割合はどの程度だろうか？　テクノロジー企業は、アメリカと日本での主な転換商品発行体であった。したがって、転換社債アービトラージ・ファンドはテクノロジーに相当投資をすることになる。「私たちは、多くのニューエコノミー企業の信用度には懐疑的です。そのため、転換社債インデックスに比べてテクノロジーの組み入れ比率は低いかもしれませんが、それを特別だとは思っていません」

スターク・インベストメンツは、転換社債アービトラージのどの辺りに位置するのだろうか？　スペクトルの左端が純粋なブラックボックスで、右端がファンダメンタルズに基づいて投資したりヘッジしたりするマネジャーであるとしたら、スタークは、定性判断とブラックボックスの間に位置するだろうと言う。「モデルを見ればどこにいるべきか分かりますが、私たちは質的に調整しています。定量的な事柄も勘案しますが、それだけでは判断しません」。ヘッジを調整するには、ファンダメンタル分析や信用分析だけでなく、人間の意見も加味する。

組織のオーバーラップ

ほかのスペシャリスト組織とは異なり、スターク・インベストメンツにはオーバーラップしている部分がある。

スタークが転換社債アービトラージ分野を指揮し、ロスがリスク・アービトラージを担当する。その下には、経験豊富で有能なポートフォリオ・マネジャーたちがおり、ポートフォリオ構成に対して影響力を持つ。スタークはこの状態を、「シニア層の重複」と呼んでいる。経験豊富な人物が少なくとも二人いて、各戦略と戦略内の地理的分野に目を光らせている。さらに、トレーダーのほとんどが経験豊富であり、リスク・アービトラージと転換社債アービトラージの取引を行っている。この点で、スターク・インベストメンツはほかのアービトラージ企業とは異なっている。

リスク・アービトラージはすぐに転換社債アービトラージにもなる（その逆もある）ことから、スターク・インベストメンツはこのようなオーバーラップを選んでいる。例えば、現在のリスク・アービトラージ取引では、キャップが定められていたりカラーが付いていることが多く、ポジションに自由選択性が組み入れられている。トレーディングの自由選択性は、転換社債アービトラージには欠かせない。したがって、スタークのトレーダーたちは、取引方法と価格設定方法を積極的に知ろうとするのだ。

スターク・インベストメンツは急激な成長を遂げてきた。一年半前は、現在の規模の半分しかなかった。現在の従業員は八五人であり、スペースが狭くなってしまったので近くにオフィスを建設することも検討している。

スタークは、チーム型アプローチを重視している。シニアスタッフには、最高業務責任者、最高財務責任者、テクノロジー責任者がいる。そして、七人のリサーチアナリスト、二人の定量アナリスト、約二〇人の情報テクノロジー担当者がいる。さらに、二つのコンサルティンググループではテクノロジー商品を支援している。ポートフォリオミーティングを毎週開催し、トレーディングスタッフのメンバーがベストとワーストの取引について話し合ったり比較をしたりしている。

スタークもロスも、全体の資産配分に責任を負っている。また、ポートフォリオ・マネジャーの共鳴板の役割も果たしている。通常、スタークとロスはトレーディングデスクにいる。これが二人のオフィスなのだ。スタークは自分の時間の八〇～八五％、ロスはそれよりやや少ない時間を、投資マネジャーとしての業務に費やす。マーケット開発の仕事をこなし、個々の取引について話し、資産配分についても注意を払う。

取引時間が終わったとき、あるいは場中でも必要に応じて、二人はビジネスサイドの仕事をする。

スタークとロスは主たる株主であり、三人のシニアマネジャーも株式を保有している。スタークは、その人数が増えることを期待している。というのも、スタッフには長期的に働いてもらいたいし、会社に出資してもらいたいからである。報酬は主に、会社全体のパフォーマンスに基づいている。一部のポートフォリオがほかのポートフォリオより良い結果を残すことがあっても、十分に仕事をしていれば、どのトレーダーも報酬は同じである。「厳しいマーケットでも立派な仕事をすることはできます。それでも損は出てしまうのです。厳しい環境に直面している人にペナルティを与えたりはしません。ほかのトレーダーが急騰するセクターで取引していますから」

ウィスコンシンというロケーションは、ほかのマネジャーやブローカーとの交流があまりないため、集団心理の影響を受けることが少ない。スタッフを採用するときは、特定のライフクオリティを求める人を探す。多くは、中西部に何らかの結び付きがある人である。「わが社のスタッフは、忠実で、安定性があります。長期的に働いてくれる人を採用しようと考えています。転職率は低い水準を維持しています」

スタークは、MBA（経営学修士）プログラムの卒業生を採用して、企業内で育成することを好む。シカゴ大学、ノースウエスタン大学、ウィスコンシン大学、インディアナ大学からは採用するが、銀行や証券会社といったセルサイドの出身者はほとんど採用しない。経験のある人材が必要な場合は、ミューチュアルファンドやヘッジファンドなどのバイサイドから探す。

企業文化は「慎重」である。「新しい戦略をゆっくりと登場させます。リスク・アービトラージでは、うわさに影響されて投資するようなことはありません。正式な発表があるまで待ちます。それに、常にヘッジをしています。『リスク嫌悪者』とでもいうのでしょうか」

キャパシティを固定しない

キャパシティに対する考えは、ほかのスーパースターたちとは少し違っていた。スタークは、マーケットや環境に応じてキャパシティも変えているのだ。「特にキャパシティの水準を定めていません。……十分な取引機会がない場合とか、マクロリスクが大きい場合は、資金を投入することは正しい判断とは言えません。そうでない場合は、最大のアービトラージ・ファンドの資金を超えることもあります」

転換社債では、発行額は増大していて取引規模も大きくなっている。欧州では最近、ある会社が二五億ユーロの転換社債を発行した。一〇年前は、新規発行の規模としては二億ドルが適正だった。リスク・アービトラージでは案件が次々に現れているため、今は素晴らしい機会に恵まれている。

大規模ファンドの利点について質問すると、スタークは、借入金利におけるメリットを挙げた。借入金利、リベート、証券貸借においては、規模が重要な役割を果たす。ファンドがショートを維持できるような規模の影響は、新規発行を引き受け、セカンダリーブロックでファーストコールを受け、マーケットでの存在性と重要な関係を維持することができる。マーケットは、今は魅力的ではなくても、やがてタイミングが良くなるかもしれないのだ。会社の信用度を評価するときには、大人数のアナリストチームが必要になる。テクノロジーの分野でも規模が重要である。

会社の哲学、戦略、目標は創設以来、変わっていない。「私たちの目標は、マーケットの方向とは関係なく利益を上げることです。リスクを嫌っています。元本を保護したいと考えていますが、二〇％以上の利益も上げたいと思っています。そのために、常にアービトラージをしているのです」

とは言うものの、戦術も手段も年月と共に変化している。転換社債のなかには、もはや存在しないタイプのものもある。転換社債の投資家は増え、技法はより洗練され、テクノロジー情報の重要性も高くなっている。ヘッジの水準も高度になっている。

一〇年から一五年前は、アービトラージャーも少なく、マーケットも小規模であった。当時はスプレッドシートに頼ることができた。今はツールの数が増え、複雑になっている。世界ベースでそのツールを選別し、潜在的な取引を監視する必要がある。一つのポジションに一〇～一五の取引が織り込まれることもある。テクノロジーをコントロールする必要がある。株式、オプション、転換社債はどれも必要であるが、それぞれのヘッジ比率は異なる。そのため、効果的なリスク・マネジメント・ツール、確固たる選別ツール、そしてこれらを維持する大勢のスタッフが必要となる。取引機会の選別、リスクの追跡、取引の実施のときには、テクノロジーが非常に重要となる。

パフォーマンス

一九八七年の暴落の年、スタークは初めてプロとして資金を管理した。その年のパフォーマンスはかなり良かった。それはおそらく、海外マーケットに集中していたからだろう。

一九九〇年は「ジャンクボンド恐慌」と呼ぶことができるだろう。業績の良くないアービトラージャーが多かった。スタークに関して言えば、S&P五〇〇が三%下がったにもかかわらず、六・四%のプラスだった。

一九九四年は、ヘッジファンドにとって厳しい年だった。金利が変動し、多くの人が打撃を受けた。それでもスタークは一〇・三六%のプラスであった。

このような激しい時期にも、スターク・インベストメンツはレバレッジを削減し、うまくヘッジし、悪化する前にアメリカマーケットから撤退してしまった。

しかし、一九九八年は違った。ロシア危機とアジアの通貨不安によってアービトラージのスプレッドが大幅に拡大し、さらにLTCMの破綻によって流動性に問題が生じた。スターク・インベストメンツは、この年初めてプラスのリターンを上げられなかった。メインのファンドは七・九%のダウンであった。スタークは早くからアジアの状況を認識していた。九月にはアメリカのポジションを減らし、レバレッジも下げた。しかしこのとき、アメリカのポジションを完全には売り尽くさなかった。

転換社債商品が値を下げたため、アメリカのポートフォリオの良い部分を手放さないことにしたのだ。世界的な大混乱から見ると、アメリカは天国のようだった。予想される第4四半期の株価急落に対処するために、ヘッジを高め、堅固な買い手となるポジションを取った。そして、LTCMが破綻してしまったのだった。売りを強いられる人もいた。「アメリカが安全な天国だと考えることは、少なくとも短期的には間違っていました。流動性の危機が起こったのです。幸いにも、私たちはポートフォリオを保持することができました」

その経験から、スターク・インベストメンツは、一九九九年と二〇〇〇年に利益を上げることができた。投資家に対する年間ネットリターンは、それぞれ二五・九％と二八・八％であった。

一九九八年の出来事から何を学んだのだろうか？　スタークいわく、マーケットが混乱していてもアービトラージのポジションを維持できることの重要性を認識した。長期的なファンダメンタルズについて正しく判断していても、短期的な流動性の制約がアービトラージのプライシングを左右することもある。そのため、スターク・インベストメンツは、すでに分散化されていたポートフォリオを、戦略と地理的な面でさらに分散化したのだ。通常は、一度に、G7諸国で四〇〇～六〇〇のポジションを持っている。そして、クレジットによるポートフォリオ構成要素をさらに重視している。また、格付けの低い商品と比べて高い場合でも、あらゆる環境で投資適格商品を利用するようになった。アセットスワップとデフォルトプロテクトの範囲も大幅に拡大した。

アセットスワップとは、転換社債の株式オプション（ならびに、アセットスワップの買い手から債券要素を買い戻すオプション）だけを残して、転換社債の債券要素をマネジャーが売り尽くすためのプロセスである。アセットスワップの買い手は、利回りを求めてアセットスワップを買うことに関心があり、株式転換権のない普通債を買っている。アセットスワップは、転換社債の保有に伴う信用リスクを排除することになるため、スタークはアセットスワップを好む。

一九九八年の経験に基づき、スターク・インベストメンツはポジションの制限をさらに狭めた。これまでは一つのポジションのリスクは四％だったが、現在は、転換社債アービトラージでは三％、リスク・アービトラージでは二％に制限している。

記憶に残る取引とモチベーション

記憶に残る取引について尋ねると、スタークは一九八七年にまでさかのぼるさまざまな「ネタ」を持っていた。一つの例として、一九八〇年代後半に針を戻して、日経平均先物のプットの市場間取引のことを話してくれた。日本の株式市場は崩壊に向かっていて、日経平均は毎日激しく変動していた。北米の投資家は、大災害から利益を得る方法をしつこく要求していた。アメリカとカナダのアンダーライターたちは、日経プットを発行してこの要求に応じていた。各プットの価格は、日経平均の価格によって左右された。つまり、日経平均が下がるとプットの価格が上がる。各証券の価格は、一定期間の日経平均の終値を平均して決められた。

日経平均が引けてからプットが取引されたこと、行使価格に相違があったこと、最大で三種類の通貨と金利が関与していたこと、そして証券を現金化する方法に大きな相違があったことによって、この取引はますます複雑になった。数学的公式、ならびにリアルタイムのプライシングと通貨供給によって、証券を均等化することができた。一つのマーケット内およびマーケット間で、異なる証券クラスの間に価格の不均衡が生じた。これは、翌日の日経平均の動きに興奮気味に投資する投機家がトレーディングを左右していたこと、そしてそのような投資家がほかのプットの有無を認識していなかった、あるいはプットをすぐに均等化したり空売りする証券を借り入れたりするための手段や理解が欠如していたことが原因であった。ある種類のプットを買って同時に別の種類のプットを売ることで、非常にリスクの低い利益を得ることができた。さらに、投資家は北米時間に起こったニュースに過剰反応して、メインの移動平均が翌日の日経平均の動きよりずっと小さいことを無視してしまったり、あるいは過小評価してしまったりした。そのため、日経平均が驚くほど大きく動かないかぎり、利益を得る可能性が非常に高い取引を生み出すプットの買いや売りが可能になったのだ。

スタークは、このような取引にモチベーションを見いだす。「このような取引があるとわくわくします。マーケットの誤りを見つけるのが好きなのです。マーケットは理にかなっていて効率的であるべきです。大きなミスプライスを見つけると、なぜかとてもうれしくなってしまいます。まるで、ややこしいパズルを解いたり、のみの市で掘り出し物を見つけたような気分になるんです」

さらに次のように続けた。「マーケットというのは、パフォーマンス志向のビジネスです。自分と投資家の資金を危険にさらしている実生活のパズルです。ほかの知的活動にはないリスク要素がそこには存在しているのです」。また、マーケットは彼の競争心のはけ口にもなっていると言う。

二二カ国の投資家

当初は、資産家を主な投資家としていた。しかし現在は、機関投資家の割合も増えている。「機関投資家は保有期間が最も長くて安定しています。ビジネスのこともよく理解しています。アービトラージ取引では、物事を徹底的に見て、そして最後まで続けていく必要があります。機関投資家はこれを実行しています」

投資家は二二カ国に分散している。日本人の投資家は増大傾向にある。規制が変更されたため、アービトラージに対する日本人投資家の関心が高まっているのである。さらに、アービトラージについて、そしてアービトラージが安定性や一貫したリターンの追求にいかに適しているかということについて、日本人がよく理解するようになってきている。日本人投資家からの需要が増えたため、スタークは、日本のアービトラージ戦略にのみ集中した商品を作った。

また、ファンド・オブ・ファンズの投資家もいる。スタークの最も古い投資家のなかにはファンド・オブ・ファンズもいる。「どのファンド・オブ・ファンズを投資家に入れるかを慎重に選ばなければなりませんが、目下人気の腕前を誇るファンドを追うのではなく、マーケットの中立性にコミットしているファンド・オブ・ファンズは非常に安定しています。そのようなファンドは、私たちのようなマネジャーに依存して一貫性を実現しています。そのため、ファンドのポートフォリオの中心に私たちを組み入れる傾向があります」

スタークは、顧客を選別していること、そして潜在的な投資家を断る場合もあることを明らかにしている。安定していて、長期的な資金を持ち、アービトラージのことを理解している投資家を好む。

「アービトラージにおける最大のリスクは、思わしくない時期に資金が逃げてしまうかどうかということです。証券間の一時的なミスプライスを利用しようと努めています。証券間の正しい関係が修復されたときに、成功を収めることができます。一方で、関係が矛盾していて資金が逃げてしまうときは、痛手を受けることになります」

スタークとロスの純資産の約九五％がファンドに預けられている。ゼネラルパートナーとスタッフの投資額は、総資産の約八・三％にあたる。

透明性の問題について、スタークは、アービトラージでは個々の取引について知られると、マネジャーは損害を被ることがあると言う。レバレッジとポジションの地理的配分についての情報を提供している。しかしそれ以外の内容については、投資家からアービトラージ・ポジションの特定情報について要求があった場合、機密を厳守するということにサインさせ、その場でポートフォリオを見ることしか認めていない。

スタークとロスは、いつでも投資家と話ができるようにしている。現在、マーケティングと顧客サービスには三人のスタッフがいるが、今後は二人のプリンシパルも投資家の呼び出しに応えるようにする。

仕事と趣味の密接な関係

スタークは、週末にはオフィスに現れない。仕事以外の時間は妻と二人の子供と一緒に過ごしたり、慈善活動に参加したり、エクササイズをしたりする。仕事については楽しいと思っている。なにしろ、法律を学んでいるときに趣味としてこの世界に触れたのだから。スタークは、時は飛ぶように過ぎ去り、仕事と趣味のコンセプトはお互いに密接に結び付いていると言う。

いつまでスターク・インベストメンツを続けるつもりなのだろうか？　この質問に対して、現在、八三歳の父親のことを話してくれた。彼もオフィスを持っていて、自分のポートフォリオをチェックするために毎日出社している。スタークは、少なくともあと一〇年はこの仕事を続けるつもりであるが、自分がいなくても組織は機能するはずであると言う。「わが社のスタッフは、非常に信頼できる人ばかりです。マネーマネジメントの世界をリタイアしても、自分の資産はここで運用してもらいたいですね」

スターク・インベストメンツのネットパフォーマンス（％）

1987年	22.44
1988年	26.78
1989年	15.41
1990年	6.40
1991年	20.22
1992年	21.63
1993年	39.75
1994年	10.36
1995年	42.89
1996年	27.30
1997年	19.35
1998年	-7.88
1999年	25.89
2000年	28.80
年複利平均	20.71

1992年の３月と４月には取引なし

ブライアン・スターク
スターク・インベストメンツ

組織について

創立	1986年
資産	
現在	17億ドル
ピーク時	17億ドル
エッジ	グローバル・フォーカス、チームの経験と教育指導、証券会社と投資銀行との関係
本拠地	ウィスコンシン州メクウォン
従業員数	85人
組織のタイプ	重複管理するアービトラージのスペシャリスト
本人の役割	転換社債アービトラージ分野の指揮、ポジションの配分全体に責任を負う
投資委員会	あり
報酬制度	主に企業全体の業績に基づく
投資家数	215
投資家のタイプ	ファンド・オブ・ファンズ、機関投資家、ファミリー企業、資産家、22カ国の投資家
ゼネラルパートナー／プリンシパルの投資額	スタークの純資産の95%、ゼネラルパートナーとスタッフの投資は総資産の約8.3%
寄付金	非公開

方法論／ポートフォリオ構成について

スタイル	転換社債アービトラージ、リスク・アービトラージ、第三者割当債、キャピタル・ストラクチャー・アービトラージ
ポートフォリオのポジション数	400～600

取引のスタイル	ポートフォリオを分析したリスク調整後のリターン
米国への投資	変動的であるが、通常は約35%
テクノロジーへの投資	相当額を投資、米国と日本においてテクノロジー企業は転換商品の主な発行体である
プライベートエクイティへの投資	第三者割当ファンドであるベイスターの上場直前プライベートエクイティに対して少額
マクロへの投資	なし
ほかのマネジャーへの配分	なし

リスク管理について

ネット・エクスポージャー	ショートはロングの70〜90%
ヘッジ比率	5〜10%
ヘッジ	アービトラージ
最大レバレッジ比率	1.5：1〜7・1
記憶に残る損失	1998年
リスク管理	戦略と地理ごとに分散する、必要に応じて投資適格商品を利用する、ポジション当たりの最大リスクをリスク・アービトラージでは2％、転換社債アービトラージでは3％にする

バックグラウンドについて

きっかけ	高校生のとき
職歴（専門知識など）	弁護士
学歴	ブラウン大学、ハーバード・ロースクール
モチベーション	パズルを解く、マーケットのミスを見つける
年齢	45歳
余暇の過ごし方	子供と過ごす、スポーツ

第15章

S・ドナルド・サズマン
S. DONALD SUSSMAN
パロマ・パートナーズ（Paloma Partners）

マーケットニュートラルに集中し、
オポチュニスティック型の
「内部マルチストラテジー投資プール」方式を採用

一九八一年にパロマ・パートナーズを設立したS・ドナルド・サズマンは、自らを「最高臨機応変責任者」と呼んでいる。マーケットニュートラル戦略のみに集中し、取引機会がどこにあるかを探すことがサズマンの役割である。取引機会を見つけると、今度は、適切な戦略を実行する人を探す。

五四歳のサズマンは、一九八一年以来、資産配分をマネジャーたちに任せている。そこには、パロマがマネジャーの単独の後援者となるという独占的な関係が築かれている。サズマンはこれらのマネジャーの会社の株を保有しておらず、インセンティブ配分も受け取っていない（マネジャーが受け取る）。現在、二二人のマネジャーに資産を配分していて、さらに三人を検討中である。マネジャーと戦略の数を増やすということは、分散化につながる。トレーディンググループは、別個の部門として機能している。パロマ設立以来、実質的に株式市場との相関性はない（連動性を示す相関係数は〇・〇五）。現在の総資産はおよそ一六億ドルであり、一九九八年のピーク時には二〇億ドルあった。

異色の構造

このような構造になっているため、パロマのことを理解するのは少し難しい。パロマはファンド・オブ・ファンズなのか、それともマネジャーなのか？　サズマンの説明によると、ファンド・オブ・ファンズに共通する部分もあるという。つまり、分散投資を行い、複数のマネジャーが存在し、複数の戦略を実施しているという点である。

しかし、大きな相違点もある。一つ目は、パロマはマネジャーと独占的な関係を築いている、つまり個別のアカウントを維持しているという点である。ファンド・オブ・ファンズの場合は、マネジャーとアカウントをプールしている。二つ目は、マネジャーが実施する各取引について、リスク・コントロールの完全な透明性を実現しているという点である。セクターごとやポジションごとの集中度を認識していて、オプションのボラティリティに基づいてポートフォリオにオーバーレイも付加している。これは、資本のごく一部しか使用していないが、まさに幾何級数的な成果を上げている。大きな変動があったときには、過小評価されているオプションを見つけ、ポートフォリオを保護する。これに対し、ファンド・オブ・ファンズの多くは、毎月のリターンのみを受け取り、集中リスクについて毎日認識することはなく、リスクを管理することもできない。

資本の配分に関しては、パロマはボトムアップの視点に立っている。資本配分は毎日変わる。「私たちはオポチュニスティックに行動しています。マーケットの盛衰をうまく利用しています。取引機会は消えてもまた現れてくるものです」。しかし、ファンド・オブ・ファンズは、トップダウンでマクロのアプローチを取る傾向があり、通常は、資本が清算されるとマネジャーとファンド・オブ・ファンズの関係も終わる。パロマでは、短期的にマネジャーの取引やアイデアを拒否してポジションを解消することは珍しいことではない。しかし将来、取引機会が現れるときのために、その関係は維持している。

バックオフィス、クレジット、法律、貸株の活動は、すべて企業内で行っている。パロマの本社には約一七五人のスタッフがいて、このほかに約五〇人が世界中のオフィスに散らばっている。ファンド・オブ・ファンズでは、ほとんどのマネジャーは自分で管理し、独自の財務手法を取っているため、パロマのように集中管理を実施して規模の経済を達成することはない。これらのことをまとめると、パロマは「内部マルチストラテジー投資プール」と表現することができる。マネジャーではなく、投資家の代表者であるサズマンが管理しているのである。

量的な要因も質的な要因も考慮する。証券と取引相手について信用分析を行うが、実際の選択は量的に実施している。

マネジャーの配分に制限はあるのだろうか？　文書化された公式なルールはないが、資本の五％を超えてマネジャーに配分することはない。

サズマンは、個人資産の大半をパロマに預けている。パロマのポートフォリオの一〇％以上が身内の資金である。

スタティスティカル・アービトラージの増大

パロマを設立したときは、ファンド・オブ・ファンズのビジネスを行い、転換社債アービトラージに一〇〇％配分していた。配分先は、ポール・シンガーのエリオット・アソシエーツとプリンストン－ニューポート・パートナーズの二カ所であった。両方とも転換社債アービトラージに集中していた。当時、エリオットは保守的な転換社債アービトラージ取引を行っており、一方、プリンストン－ニューポート・パートナーズは積極的な手段を用いてレバレッジが高かった。一九八五年の終わりには、約一六のマネジャーに資産を配分していた。サズマンはマネジャーを選別し、企業内マネジメントに着手した。

取引機会があるところには、その他のマーケットニュートラル戦略も追加していった。一九八〇年代半ばには、買収アービトラージがポートフォリオの大半を占めるようになった。一九八七年になると、買収アービトラージ戦略の利益が減少し、九月末にこの投資を閉鎖した。それはブラックマンデーの二週間前のことだった。

現在、パロマの主な戦略は、アメリカ、カナダ、欧州、アジアの転換社債アービトラージ（四二％）と、買収／イベント・アービトラージ（二八％）と、スタティスティカル・アービトラージ（二四％）の三つである。あとは、ボラティリティ・アービトラージ（二％）、証券貸借（二％）、G10諸国の債券（一％）、その他（一％）である。

分散化も重視している。各戦略は複数人のマネジャーが取引している。スタティスティカル・アービトラージは一三人のマネジャー、日本の転換社債は五人のマネジャーが取引している。サズマンは、マネジャーごとに使う戦略が異なるということを重視している。それが分散化に結び付くのだ。朝のミーティングを実施している企業は多いが、サズマンは、マネジャーがコミュニケーションを図ったり、情報を共有することを望まない。マネジャー同士を離しておくのだ。マネジャーは、グリニッチの本社に勤務することもできるし、自分の好きな場所にいてもよい。結局、グリニッチを選んだのは六人だった。オーストラリアのメルボルンやシアトルにもオフィスがある。「リスク・マネジメントはここ（グリニッチ）で行っています。トレーディングセンターは至るところにあります。トレーダーが最も生産性を高められる場所を拠点としているのです」

サズマンは、分散化には限界があるということを認識している（つまり、マネジャー間のポートフォリオにオーバーラップが生じる場合がある）。諸経費が高くない場合はマネジャーを追加できるが、諸経費が高い場合には、マネジャーの追加は出費に見合わない。

現在、サズマンはスタティスティカル・アービトラージに非常に関心を持っていて、今後成長が望める分野であると考えている。スタティスティカル・アービトラージでは、高等数学を利用して大量の関連証券を取引する。三人のスタティスティカル・アービトラージ・マネジャーに新規配分する予定である。これらの戦略がうまくいったら、会社全体のキャパシティは数億ドル拡大するだろう。

スタティスティカル・アービトラージのアービトラージャーは、マーケットメーカーとスペシャリストが生み出した利益の一部を獲得することができる、とサズマンは言う。「システムには一万件の注文が入っており、アービトラージャーはそれらをすべて監視しています。そのなかの一つでビッドとアクスのスプレッドを取ることもできます。展開が気に入らなければ、マネジャーは引き揚げることもできます」。スペシャリストの役割をまねることで、アービトラージャーは、レバレッジとボラティリティを低く保ちつつ法外な利益を得ることができる。

サズマンの成功について語るとき、D・E・ショー・インベストメンツのデビッド・ショーとの関係を欠かすことはできない。一九八〇年代、ショーには野望があったが、トラックレコードがなかった。そこで、サズマンはビジネスを創造するための研究開発資金をショーに提供し、ショーの後援者となった。サズマンは何年間も利益を得ることができた。しかし一九九八年、パロマは約二〇%のマイナスを喫した。その主な損失は、ショーへの投資によるものであった。今でもショーのアカウントを維持しているが、ショーは、債券アービトラージから転換社債アービトラージとスタティスティカル・アービトラージへと方向転換している。二〇〇〇年にMIT出身のアンドルー・ロー（金融エンジニアリング研究所の責任者）がパロマに参加し、現在はスタティスティカル・アービトラージ戦略の取引を行っている。サズマンは、アンドルーの採用によって、コンピューター化されたトレーディング技法が大きく進歩するだろうと確信している。

サズマンは、本書のほかのスーパースターたちに資産を配分したことがある。一九八一年にはシンガーに資産配分している。また、ブルース・コフナーとブライアン・スタークの最初の投資家でもあった。

リスク・マネジメント

サズマンは、チーム（マネジャーではない）がパロマの配分を決定するということを重視している。

サズマンいわく、ほとんどのファンドでは創設者であるマネジャーが配分を決定している。マネジャーのエゴから近視眼的な取引になってしまうことも避けられない。サズマンは、このような状況は業績の悪化やリスクの増大に結び付くと考えているのだ。

パロマでは、独立したマネジャーであるリスク・マネジャーが意思決定をしている。そのプロセスは、質的要因と量的要因を組み合わせたものである。配分割合は機会によって左右される。それぞれの投資について、期待収益率と予測されるリスクをコンピューターがはじき出す。取引機会の分析とシミュレーションも実行する。主観的立場から、サズマンはさまざまなビジネスで得られる利益率を調べ、シミュレーションを行い、ほかの戦略との相関性を考え、リスク調整後のリターンがポートフォリオに及ぼす影響を計る。

判断にオーバーレイをかける（つまり、関連情報を付加したりして手を加える）ことも重要である。一九九八年のＬＴＣＭの破綻とデビッド・ショーの失敗は、統計を完全に信用していたことにある、とサズマンは考えている。判断にオーバーレイをかけなかったのだ。

一九九八年以降の変化

一九八一年の創立以来、パロマは二年を除き二桁のリターンを実現している。例外の二年というのは、一九九四年（五・四％ダウン）と一九九八年（二〇・九％ダウン）である。創立以来の年平均リターンは、一四・三％である。

一九九八年には一体、何があったのだろうか？　五月と六月に債券アービトラージでの問題を発見し、そのポジションを解消し始めた。LTCMが破綻するまでに、債券のポジションを完全に売り尽くしていた。ところが、まだデビッド・ショーの投資があったのだ。

損失の大部分は債券アービトラージによるものであった。ほかの債務の金利は急騰したのに、最も安全な国債の金利が下落してしまったのだ。世界の債券市場が崩壊すると、流動性が低下した。LTCMが破綻した結果、スプレッドは過去に例を見ないほど拡大した。それでも、日本のアセットスワップのスプレッド（日本政府債と銀行融資債との信用の差）は、実際にはゼロに向かっていた。日本の国債（信用が高い）は銀行債券（信用が低い）と等しい利回りで取引していたということになるため、変則的な結果になってしまった。過去にも質への逃避が起こったとき（一九九四年のメキシコ銀行危機など）、スプレッドは大幅に拡大した。パロマは、流動性が崩壊している間はスプレッドが拡大するだろうと予測していた。そして、ほかの債券アービトラージ取引のための保険として、この取引は記録に載っていた。では、なぜ一九九八年に生かすことができなかったのだろうか？

LTCMのポートフォリオにおける数少ない流動性商品が日本の国債であるということが明らかになった。そしてLTCMは、ポジションの流動性の低い部分をサポートするために日本の国債を売らなければならなくなった。やがて、スプレッドはフラットに戻り、銀行債は国債と同等の利回りとなった。債券市場は流動性が非常に低かったため、LTCMは、短期国債の中規模のポジションでさえ動かすことができなかった。サズマンは、スプレッドが戻るのを見たとき、債券ポジションから手を引く決心をした。そのときは、自分には分からない何かが起こっているとしか言えなかった。「パロマのリスクシステムは機能していました。何しろ脱出することができたのですから」

一九九八年、一〇億ドル以上のバランスシートを持つ三つの投資マネジャーが存在していた。それは、LTCM、パロマ、そしてD・E・ショーであった。残念ながら、パロマはその二つにかかわっていた。「ライバルたちは、同じ土俵に立てるほど大きくなかったのです。かえってそのことが彼らを有利にしてしまいました」

一九九八年の経験から、何よりも、デビッド・ショーのケースのように自分が制御できないところに資本を投入してはならないということを学んだ。一九九三年にショーとパロマが締結した複数年の独占契約に基づき、お互いに身動きが取れなくなってしまったのだ。ショーはサズマンに従う必要がなかったし、実際に従わなかった。それでもサズマンは、ショーの資金を引き出すことができなかった。今でもショーとの独占的関係は続いているが、ショーに対するパロマの流動性は非常に高く、ショーの取引権限も制限されている。

現在のパロマのポートフォリオは、レバレッジ比率が三・五：一であり、これは二〇〇〇年初頭と比べると約一〇〇ポイントも下がっている。また、一九九八年に八：一であったことを見ても、大幅に下がっている。一九九八年の終わりに債券アービトラージから手を引き、転換社債アービトラージとスタティスティカル・アービトラージを重視することにした結果、レバレッジ比率が大幅に下がったのである。

サズマンは、高いレバレッジはもはや必要でないと考えている。「一九九九年はパロマにとって最高の年でした。前の年が最悪の年だったのに、三〇％もアップしたのですから。……レバレッジ比率を高くする必要はありませんでした」。LTCMの破綻によって、多くのディーリング業務が閉鎖に追い込まれてしまった（ただし、ゴールドマン・サックスは例外だった）。そのため、競争が弱まり、トレーディングを続けている者にとっては取引機会が増えた。銀行や保険会社が自己アービトラージ・ビジネスにすぐに戻ってくるとは考えられないため、サズマンはこの状況がしばらく続くものと見ている。さらに、クレディスイス・ファーストボストンとＤＬＪ、そしてＪ・Ｐ・モルガンとチェースの合併により、新たなプレーヤーの参加が難しくなっている。

サズマンは、流動性の高い証券と転換社債の取引を好んでいる。キャッシュフローが高いからである。株式市場が弱気になると椅子取りゲームのようになるかもしれないため、Ｒｅｇ　Ｄの転換社債（私募市場で資金を調達している微小および小型株の上場企業に投資するイベント・ドリブン戦略）の取引は避けている。これまでの強気相場では、このような証券も救済されてきた。しかし、割高な資金調達をしている企業は、経営難に陥るか、少なくとも弱体化している。

二〇〇〇年も、パロマ・パートナーズにとって良い年だった。二七％のプラス、これは一九九九年の記録に次ぐリターンである。サズマンは次のようにコメントしている。「私たちが取引機会を利用することができた要因の一つに、アービトラージ取引の世界に資本が不足していることが挙げられます。かつてはライバルだった多くの銀行が合併し、一九九八年の事件で資金の回収が生じたのです」

その他のビジネス

サズマンは、ニュー・チャイナ・マネジメント・コーポレーションの会長でもある。この会社は、中国での直接投資を引き受けることを目的として設立されたキャセイ・インベストメント・ファンドの投資マネジャーである。キャセイには、六つの上場企業（NYSE、そして中国と香港とシンガポールの取引所に上場している）がある。また、インフラプロジェクト、食品製造会社、インターネット会社など七つの非上場企業がある。したがって、ある意味ではプライベートエクイティと言える。その他に、パロマはキャセイ・ファンドにも少額ながら投資している（総資本の一％未満）。

一九九〇年、サズマンは、独立した融資会社であるロンドン・グローバル・セキュリティーズ（LGS）を設立した。内部の転換社債マネジャーにサービスを提供し、取引資金調達を支援する一方で、融資による第三者手数料収入でファンドに利益をもたらすことを目的としている。一九九七年にはこのLGSをDLJに売却したが、パロマは、主に内部トレーダー向けに融資ビジネスを続けている。

手数料

一九九九年のある出版物で、パロマは手数料の構造について批判を受けたが、[1] サズマンは、ファンド・オブ・ファンズの手数料よりずっと低いと主張している。パロマでは、ファンドが一二カ月間利益を出している場合には一・五％のマネジメント・フィーを請求している。基礎となるマネジャーは、通常、純利益の二〇％を受け取るが、条件としてハードルが定められていて損失を繰り越す。インセンティブ・フィーについては、サズマンは明らかにしていない。

透明性

パロマは、課税対象顧客と海外の顧客に対して月次レポートを、アメリカの非課税顧客に対しては四半期レポートを提示している。サズマンは、ポートフォリオについて顧客と話す時間を積極的に持つようにしている。戦略に対する資本配分の割合、戦略ごとのポートフォリオ全体におけるバランスシートのレバレッジ、全体および戦略ごとのポジションの数、転換社債取引関連のポジションにおける平均利回りとヘッジ比率（アメリカ、カナダ、日本、欧州に類別する）、戦略ごとの収益性の要因分析などについて話し合う。

どの顧客とでもグリニッチに腰を下ろして話をする。そして、トレーディングの特徴、配分プロセス、戦略について見直している。

過去と将来

一九六〇年代に証券会社にいたころ、サズマンは転換社債のトレーダーとして働いていた。そこで、資産家層に適したリターンとリスクの特性について理解した。資産家層のほとんどは地方債を使用していたが、サズマンは、転換社債アービトラージのほうが優れていると感じていた。税引後ベースでは、金利リスクやマーケットリスクもなく二倍の利益を得ることができるのだ。やがて、多国籍トレーディング会社の最高財務責任者になり、その後、ニューヨークの法律事務所でパートナー向けの資金を運用した。

パロマ・パートナーズを始めたのは一九八一年のことだった。社名は、ティファニーの宝石デザイナー、パロマ・ピカソからとったものである。サズマンのキャリアは、「知的刺激」「仕事に対するプライド」「プロ意識」を原動力としてきた。

企業文化は、「アントレプレナーシップ」と「知性の尊重」である。博士号などの学位を持っていて経験も豊富なプロが大勢いる。また、会社には「大家族的な雰囲気」もある。スタッフの装いも態度もカジュアルである。「従業員には、各自の生産性が最大になるような環境を見つけてもらいたいのです」

現在、アメリカ投資家向けに四つ、オフショア投資家向けに三つのファンドがある。顧客数は三〇〇を超え、そのほとんどがアメリカを拠点としている。保険会社、ファミリー企業、機関投資家が中心である。パロマ・パートナーズが最も古く、そして最も大きい。パロマ・パートナーズ・インステイテューショナル・インベスターズ、キャピタル・プレザベーション・パートナーズ、ヨーロピアン・マージャー・ファンドがアメリカ投資家向けのファンドであり、パロマ・インターナショナル・ファンド、キャピタル・プレザベーション・パートナーズ・リミテッド、ヨーロピアン・マージャー・ファンド・リミテッドはオフショア向けである。

パロマの将来についてはどのように考えているのだろうか？　サズマンの目的は会社を制度化することであるが、取引機会を見極めることと資本を配分することは自分の役割として残しておこうと考えている。

ヘッジファンド業界については、数年後にはもっと成長しているだろうと見ている。ただし、ヘッジファンド業界が大きくなれば、コントロールできないほど大きいマネジャーが現れるかもしれないと懸念している。「投資家は、だれが取引しているのか、その人はいくら受け取っているのかということを知る必要があります」。例えば、メインのマネジャーがあまり知られていないマネジャーを採用して、サブポートフォリオを安い報酬で運用させることがある。また、資産規模が大きくなりすぎると、マネジャーは間違った考えから脱却することが難しくなる危険性がある。

環境に対する情熱

サズマンは、セーリングのほかに環境問題にも関心を持っている。二人の子供は幼いころからベジタリアンであり、このことがきっかけとなって環境に関心を持つようになった。森林の維持を支援していて、メーン州では木々を伐採しようとした製紙業界と闘争したことがある。相当な資金や資源を寄付していて、別荘のあるメーン州にはフルタイムで働くロビーイストを雇っている。

サズマンはリベラルな民主党支持者であり、過去にはクリントン、二〇〇〇年にはアル・ゴアを支援している。数年来、上院議員のクリス・ドッドとジョー・リーバーマンを支持している。

このほかに、イスラエルのバイツマン研究所の純科学研究を支援している。過去に全米資金調達団体の理事長を、現在は国際理事会の副議長を務めている。一九九六年には、バイツマンのキャンパスに環境科学のためのサズマン・ファミリー・ビルディングを設立した。カーネギーホールの管財人、ニューヨークにある倫理協会フィールドストン・スクールの管財人委員会の共同理事長も務めている。

パロマ・パートナーズのネットパフォーマンス（%）

1981年	7.80
1982年	17.41
1983年	18.77
1984年	13.46
1985年	25.09
1986年	16.51
1987年	25.75
1988年	16.69
1989年	20.73
1990年	11.32
1991年	19.31
1992年	11.01
1993年	15.45
1994年	−5.41
1995年	11.66
1996年	19.87
1997年	17.33
1998年	−20.95
1999年	30.45
2000年	27.00
年複利平均	14.34

1981年は12月に取引開始

S・ドナルド・サズマン
パロマ・パートナーズ

組織について	
創立	1981年
資産	
現在	16億ドル
ピーク時	20億ドル
エッジ	マネジャーとの独占的な関係、毎日のポジションの透明性、洗練されたリスク管理制度
本拠地	本社はコネティカット州グリニッチ、トレーディング・センターはニューヨーク、シアトル、トロント、ロンドン、東京、メルボルン
従業員数	200人以上
組織のタイプ	独占的マネジャー
本人の役割	資産配分とリスク管理の会長および責任者
投資委員会	なし
報酬制度	ハードルを越えるとインセンティブ・フィーを受け取る
投資家数	300以上
投資家のタイプ	保険会社、ファミリー企業、資産家、年金基金、財団、オフショアの個人と団体
ゼネラルパートナー／プリンシパルの投資額	総資本の10%を超える
寄付金	非公開
方法論／ポートフォリオ構成について	
スタイル	マーケットニュートラル
ポートフォリオのポジション数	2500超
取引のスタイル	マーケットニュートラルの範囲内でオポチュニスティック型

米国への投資	ポートフォリオの3分の1から3分の2
テクノロジーへの投資	ごくわずか
プライベートエクイティへの投資	ごくわずか
マクロへの投資	ごくわずか
ほかのマネジャーへの配分	あり
リスク管理について	
ネット・エクスポージャー	ロングとショートを一致させる
ヘッジ	ポジションごとにヘッジする、ポートフォリオ全体ではボラティリティ・オプションにオーバーレイをかける、毎日キャッシュに移行できる
最大レバレッジ比率	あらかじめ決めてはいないが、5：1を超えることはほとんどない
記憶に残る損失	1998年
リスク管理	戦略ごとの分散化とマネジャー数、内部リスク管理制度
バックグラウンドについて	
きっかけ	証券会社でのサマージョブ
職歴（専門知識など）	転換社債のトレーダー
学歴	ニューヨーク大学、MBA
モチベーション	プロ意識、知的刺激、仕事に対するプライド
年齢	54歳
余暇の過ごし方	子供と過ごす、慈善活動、環境問題、セーリング、モダンアート

第16章

デビッド・テッパー

DAVID TEPPER

アパルーサ・マネジメント（Appaloosa Management）

**バリュー志向のオポチュニスティック、
イベント・ドリブン型で、
建玉とともに手仕舞い方針も立てる究極のトレーダー**

アパルーサ・マネジメントは、ニューヨークから車で四五分ほどのニュージャージー州チャタムにある。そこは、いかにも郊外の雰囲気を漂わせていた。私が訪問したとき、四三歳になるデビッド・テッパーは、ビジネスについて率直にそして誠実に話してくれた。最近になって、事業を縮小して初心に返る決心をしたと言う。一六億ドルの資産は大きすぎると感じたのだ。資金を投資家に戻すことで、的を絞って収益性のある事業を進めることができるだろうと考えた。最適な規模は一〇億ドルと見積もっている。

テッパーは、会社に規律をもたらしたいと望んでいる。「あやふやなポジションを脱却して、本当に優れたポジションだけを確立したいのです」。また、ポジション数を減らして的を絞ったビジネスをしたいとも考えている。通常、アパルーサでは五〇〜七〇種類のポジションを持っている。現在(二〇〇〇年九月)は三〇である。集中型のアプローチを好み、「分散化しても利益を上げることはできません」と分散化の理論を認めていない。ポートフォリオの約三分の一を株式市場に投資している。オポチュニスティック型のポジションを取る。たいてい、小型株については二倍のリターン、大型株については五〇％のリターンを求める。ポジションの規模によってマネジャーがいくら損を出せるかが決まる、とテッパーは言う。あるポジションを取った時点で、もう撤退の方針を考えている。

究極のトレーダーであるテッパーは、カジュアルで気取らない人物である。度胸が大切だと考えている。今はマーケットを好ましいと思っていないため、多くのキャッシュを保有している。マーケットは方向性を失い、潜在的なリスクを抱えていると考えているのだ。テッパーは、良くない結果になる公算が高いと確信している。「今は度胸がありません。マーケットに見込みがないのでね」。しばらくは良くない状態が続くだろうと考えているが、二〇〇一年に期待している。

　的を絞ることを求めて、ジャンクボンドとして知られているハイイールド債を中心に据えることを考えているが、ジャンクな会社に投資するつもりはない。ほかの取引機会を見つけるための手段にしようと考えているのだ。

バリュー志向のオポチュニスティック型

　アパルーサのビジネスの中心は、昔も今もハイイールド債とディストレス証券である。現在、ジャンクボンドとディストレスはポートフォリオの約三分の一を占めているが、その割合は増えるだろうと考えている。テッパーは、自分のアプローチを「バリュー志向のオポチュニスティック型」と呼んでいる。クレジット志向であり、企業のキャピタル・ストラクチャーについて分析している。アパルーサはオポチュニスティック型であり、さまざまな商品やマーケットを短期的に扱う。しかし、基本はアメリカのキャピタル・ストラクチャーである。

　過去に油田開発会社のマクダーモットの債券を購入したことがある。その子会社の一つであるバブコック&ウィルコックスは、アスベスト騒動が原因で破綻してしまった。だれもがこの債券を放り投げたが、オポチュニスティック型のテッパーは、非常に低価格で購入できると考えたのだった。

私がテッパーにインタビューをした会議室は、アパルーサが数々の取引を行った思い出の場所であった。Kマート、クロール、インターメディア・パートナーズⅣ、グッドマン、ユナイテッド・インダストリーズ・コーポレーション、パーカー・ドリリング・コーポレーションなどとの取引である。これらの規模や取引のタイプがさまざまであることから、アパルーサのオポチュニスティック型アプローチがよく分かる。

九五～一〇〇％はファンダメンタルズであり、社債のリターンよりも高いリターンを提供することを目標としている。

新興市場――ロシアと韓国

テッパーは、ミクロのオポチュニスティック・アプローチの例をいくつか説明してくれた。まず、ほかの人が取引を危ぶむような新興市場に参入した。ソブリンやエマージング債券に関してほかのトレーダーと違う点は、テッパーは進んで大きなポジションを取るという点である。「底値で拾うことが多いですね」

一九九八年のロシア債務不履行では多くのヘッジファンドがダメージを受けた（アパルーサも二九％のマイナスであった）が、その後、一一月にアパルーサはロシア国債を大量に購入した。結局は「確率」（これはテッパーが好むテーマの一つである）が重要だとして、テッパーは進んで購入したのだった。債券は一五セントで売られ、最悪のケースがすでに起こってしまったかのように取引されていた。債券が下がるという確率は高くないが、上昇する確率は高かった。新興市場はさらに状況が悪化し、コンゴ国債やベトナム国債などは一〇セントで取引されていた。ウォール街は、もはや債券を購入できる状況ではなかった。アパルーサが一九九九年に六〇％の利益を上げたのは、このような積極的な行動によるものだった。

一九九八年に二九％の損失を出したことが変化のきっかけとなったのだろうか？　そうではなかった。「流動性について誤った考えに陥っていました。流動性があると思っていたのですが、実際にはそうではなかったのです。ロシアではいろいろなことが急速に進み、私たちはそこから抜け出せなくなってしまいました」

このほかにもオポチュニスティック・アプローチの例として、アパルーサは西欧諸国で初めて韓国のTビル（短期債券）を買った会社であるということが挙げられる。それは一九九七年一一月のことであった。アメリカの主な投資銀行は、韓国に進出しようと考えていなかった。信用格付け機関は韓国の投資格付けを引き下げ始めていたところであり、それによって債券の価格が急落した（今のところ、アメリカ国債を八％上回る程度（一三～二〇％）。

二〇〇〇年九月には、海外商品の割合は、ポートフォリオの四％だけになってしまった。

テッパーは、自分のアプローチの脆弱さを認識している。「そのような状況に長く留まることはできません。ミクロのレベルで戦っているのであり、それは本来の戦いの場ではありません」。そして、ジャンクボンドとディストレス証券のことに話を戻した。これはテッパーが最もよく知っている分野である。

テッパーは、ディストレス証券やジャンクボンドや新興市場ヘッジは難しいと感じている。また、ヘッジとしてS&P先物や米国債を使用する傾向がある。「これは芸術であり、科学ではありません。パーセンテージというのは常に動いているのです。本当に強気の場合はヘッジしないかもしれません」

アパルーサでは、この二年間レバレッジを利用していない。最も高いときでも三：一であった。これは、コロンビア・ガスの投資適格債券を購入したときである。利回りはTビルを六〇〇ベーシスポイント上回り、リスクも小さかった。コロンビア・ガスやマクダーモットの債券のように安全でボラティリティが低い場合、レバレッジ比率を高めることもある。しかし、通常は一・五：一から二：一である。担保付き銀行債券ファンドであるサラブレッド・ファンドでは、レバレッジ比率は四：一から七：一である。

三年間のロックアップ

一九九八年末、投資家の資金回収は通常どおりだった。その要因として、多くの投資家が長期のタイプであったことと、パフォーマンスが良かったことが挙げられる。また、テッパーは、三年間の資産ロックアップを要求している。

三年間のロックアップ期間が定められているため、ファンド・オブ・ファンズの投資家や欧州の投資家はあまりいない。したがって、顧客は学校法人基金やファミリー企業や資産家が多くなる。一九九九年のNACUBOの調査によると、デビッドソン・カレッジとミドルベリー・カレッジがテッパーに資産配分している。全体では、約一五〇の投資家がいる。

透明性に関しては、四半期ごとにカテゴリー別の投資内容を投資家に提示している。それには、アメリカ株式の割合、国別新興市場、カテゴリー別株式投資についても記載している。ただし、個々の社名については明らかにしていない。

どのファンドにも、馬の名前が付けられている。アパルーサ・インベストメントLPIはアメリカ投資家向け、パロミノ・ファンド社はアパルーサと並行して投資しているが海外投資家向け、サラブレッドLPIは担保付き銀行ファンドである。最低投資金額はどれも五〇〇万ドルであり、マネジメント・フィーは一%、インセンティブ・フィーは二〇%である。

組織について

アパルーサは二五人のスタッフで構成され、そのうちの七人がパートナーである。テッパーは唯一の株主であり、一〇〇%の議決権を有している。ポジションの規模に関して意思決定をする。また、ポートフォリオにもかかわっていて、破産や新興市場や株式などさまざまな分野に注目している。ゼネラルパートナーとプリンシパルは、パートナーシップの総資産の一〇％以上を保有している。

六人のアナリストが信用分析を行っている。社内弁護士もいて、破産手続きを行っている。

組織は比較的自由である。投資委員会ではミーティングを開催しない。全員がブルペンにいてひざを突き合わせて座り、カジュアルなスタイルで話し合いをする。月一回、テッパー、パートナーのジム・ボーリン、最高財務責任者のロン・ゴールドスタインが、近くのメキシカンレストランで昼食を取りながらポートフォリオについて検討する。

アパルーサは、ほかのマネジャーに配分をしていない。特殊な状況でのみ、プライベートエクイティに配分している。

間接的ではあるが、アパルーサはマイケル・スマーロックと結び付きがあった。一九九四年、モーゲージ証券を取引して新たに資金（マスタング・インベストメンツ）を調達させるため、スマーロックを採用した。スマーロックはそのプリンシパルとなった。一九九七年には、マスタング、シェトランド、トラケーナーの三つのヘッジファンドを運用していた。一九九七年八月、スマーロックは新たな登録投資アドバイザーであるレーザー・アドバイザーズを創設し、ヘッジファンドと不動産投資信託（REIT）を扱った。この時点で、レーザーはアパルーサの組織ではなかった。会長であるスマーロックは、レーザー・アドバイザーズの実体の八〇％を所有し、テッパーが残りを所有した。[1] 結局、スマーロックは証券にミスプライスをつけてしまい、ヘッジファンドとREITの推奨をするマネジメント会社であるレーザー・アドバイザーズのCEO（最高経営責任者）を辞任し、レーザー・モーゲージのCEOの座も追われた。

バックグラウンド

テッパーは、一一歳のときに父親が株式の売買をしているのを見て、初めて投資に関心を持った。カレッジに通っているころ、一六分の一ドルで買って八分の一ドルで売却するオプションのスキームを開発した。

ピッツバーグ大学を卒業すると、ピッツバーグにあるエクイ・バンクの証券アナリストになった。その後、カーネギーメロン・ビジネススクールを経て、オハイオのリパブリック・スチール、ボストンのキーストン・ミューチュアルファンドで働いた。そして一九八五年、ニューヨークのゴールドマン・サックスにハイイールド債のグループが設置されると、そこに移った。

ゴールドマン・サックスのハイイールド債部門のヘッドトレーダーを約八年間務めた。主に、破産と特殊状況を扱っていた。一九九三年に退職し、ゴールドマン・サックス・アセット・マネジメントのシニア・ポートフォリオ・マネジャーであったジャック・ウォルトンと一緒にアパルーサを立ち上げた。インタビュー時にはウォルトンもオフィスにいたが、今はアパルーサでの活動はしていない。

なぜ馬の名前をファンドに付けているのか？　会社を設立した当初はペガサスという名前にしたか

ったのだが、その名前はすでに存在していた。ペガサスは馬なので、ほかの馬の名前を探してみて最初に見つけた名前がアパルーサだったのだ。Aで始まる名前は、ファックスや電話などで最初に情報を得られるというメリットもある。

テッパーはゲームが好きである。トレーディングをしていないときは、ゴルフや水泳をしている。三人の子供の、野球とソフトボールとサッカーのチームのコーチも引き受けている。

アパルーサ・マネジメントのネットパフォーマンス（%）

1993年	57.62
1994年	19.03
1995年	42.06
1996年	78.46
1997年	29.54
1998年	−29.19
1999年	60.89
2000年	0.03
年複利平均	27.59

1993年６月１日にファンド設立

デビッド・テッパー
アパルーサ・マネジメント

組織について	
創立	1993年
資産	
現在	12億ドル
ピーク時	16億ドル
エッジ	経験、オポチュニスティック
本拠地	ニュージャージー州チャタム
従業員数	25人
組織のタイプ	トレーディング
本人の役割	あらゆる分野に積極的に関与
投資委員会	あり
報酬制度	企業全体と専門分野のパフォーマンス
投資家数	150
投資家のタイプ	主に米国のファミリー企業と学校法人基金（ファンド・オブ・ファンズはない）
ゼネラルパートナー／プリンシパルの投資額	10～15％
寄付金（資料：1999年NACUBO）	ミドルベリー・カレッジ、デビッドソン・カレッジ

方法論／ポートフォリオ構成について

スタイル	オポチュニスティック、イベント・ドリブン型
ポートフォリオのポジション数	平均50～70、現在は30
取引のスタイル	オポチュニスティック
米国への投資	変動的
テクノロジーへの投資	変動的
プライベートエクイティへの投資	選択的（ほとんどない）
マクロへの投資	変動的

ほかのマネジャーへの配分	なし
リスク管理について	
ネット・エクスポージャー	ポートフォリオの３分の１
ヘッジ	S&P先物、米国債、現金
最大レバレッジ比率	ボラティリティが低く安全な状況で３：１、ここ数年は非常に低い
記憶に残る損失	1998年のロシア債務不履行
リスク管理	低いレバレッジ、現金への移行、取引当たり最大５％
バックグラウンドについて	
きっかけ	父親が株式売買するのを見て
職歴（専門知識など）	ゴールドマン・サックスのヘッドトレーダー
学歴	ピッツバーグ大学、カーネギーメロン・ビジネススクール
モチベーション	ゲーム
年齢	43歳
余暇の過ごし方	子供のスポーツ・チームのコーチ、ゴルフ、水泳

第17章

ブルース・ウィルコックス
BRUCE WILCOX
カンバーランド・アソシエーツ(Cumberland Associates)

権限委譲に成功し、
三世代にわたる長期的なバリュー型投資家

カンバーランド・アソシエーツは、世代交代に成功している唯一のヘッジファンドである。現在は三代目であり、三〇年ものトラックレコードを誇る。一九七〇年に、シェアソン・ハミル&カンパニーの二人のベテランであったドン・セシルとウォルター・ミンツが設立し、一九八二年に、セシルとミンツはカンバーランド・アソシエーツのマネジメントをリチャード・ライスとK・タッカー・アンダーセンに委譲した。そして一九九六年、ライスとアンダーセンは引退し、次の代がそれを引き継いでいる。一九九七年には、会社の形態もゼネラルパートナーシップから有限責任会社に変わった。

カンバーランドのインタビューは、会社の代表として、そしてほかのパートナーの代理として、経営管理委員会の現在の議長であり、六人のパートナーの一人であるブルース・ウィルコックスが対応してくれた。「初めに言っておきますが、これは私たちの組織であって私の組織ではありません」とウィルコックスは念を押した。

カンバーランドは個人の名前ではなく、ロンドンのあるホテルの名前である。このホテルで、創始者はベンチャーに参加する協定を結んだのだった。

見識の蓄積

カンバーランドのエッジは、見識と三〇年の経験が蓄積されていること、そして現在のプリンシパルと引退したプリンシパルが今でも密接に関係していることである。洞察力とこのような背景もこの会社の重要なところである。

カンバーランドは正真正銘のパートナーシップとして運営されているという点で、ほかのヘッジファンドとはまったく異なる。シニア・ポートフォリオ・マネジャーが資本に対する決定権を有していて、会社の株式の大半も保有している。

パートナーとは、五人のポートフォリオ・マネジャーと最高財務責任者である。ファンドは分散化して管理され、各ポートフォリオ・マネジャーが一定割合（二〇％と仮定する）の資本を直接運用している。つまり、自分たちの資本の八〇％はほかのポートフォリオ・マネジャーが運用しているのである。そのため、各マネジャーは互いに依存した状態になる。このことは、ポートフォリオ全体の運用方法についてマネジャーが関心を持つことにもつながる。ポートフォリオ・マネジャーはそれぞれの違いについて強く主張しているが、それぞれが依存関係にある。その結果、ギブアンドテイク、チャレンジ、ディベート、歩み寄りが生まれる。企業文化は「権限委譲による正真正銘のパートナーシップ」と言うことができる。

経営管理委員会は、ウィルコックス、アンドルー・バラッハ、そして最高財務責任者のゲーリー・タインズから成る。委員会は、ポートフォリオ全体の投資範囲を管理する権限を有し、各マネジャーが資本をどのように使用するかについてガイドラインを定める。これは、セクターアロケーションではなく、リスクの制限である。委員会の役割は、コンセンサスをまとめ、最終的な決定を下すことである。

経営管理委員会は、毎年初めに各ポートフォリオ・マネジャーに資産を配分し、必要であれば年度の途中にそれを調整する。配分の基準とする要素には、特定のポートフォリオ・マネジャーの直接機会、各マネジャーのスタイル、ほかのマネジャーからの要望などがある。そして、相談と協議のうえ、決定する。カンバーランドではボトムアップのアプローチを取っていて、ポートフォリオの構築は一度に一つのポジションである。トップダウンのセクターアロケーションはしていない。

ウィルコックスは、石油・ガス、金融業界、そして金融関係のテクノロジーに集中している。バラッハの専門分野は、通信、メディアとエンターテインメント、テクノロジー、資本財、環境汚染抑制、ディストレス証券である。オスカー・シェイファー（スタインハルト・パートナーズのポートフォリオ・マネジャーを九年間務め、その後、ゼネラルパートナーになり、一九八二年からカンバーランドに参加している）は、ヘルスケア、化学物質、コングロマリット、化粧品、製紙や森林製品、鉄道、繊維とアパレル、陸運に集中している（シェイファーは、二〇〇〇年末にリタイアした）。グレン・クレブリンは、飲料、食品、家庭用品、住居、レストラン、小売業、消費者サービスが専門である。ディパク・パテイルは、インターネット、eコマース、テクノロジー、エンターテインメントを専門としている。

ポートフォリオは、アメリカをメインとしている。というのも、ディスクロージャー（情報公開）が十分であり、パートナーが会社の運営について理解することができるからである。海外はポートフォリオの約五％である。

二〇〇〇年八月末のポートフォリオを見ると、消費者循環はロングエクスポージャーの二三％、ショートエクスポージャーの六％であることが分かる。テクノロジーは、ロングの一七％、ショートの三％である。金融、ヘルスケア、エネルギーがその次に多く、それぞれロングエクスポージャーの約八～九％となっている。

ミーティングは週に二回開催される。月曜日の朝、ポートフォリオ・マネジャーたちがカレンダーを見て、マーケットの動向について話し合い、主な購入と売却を吟味し、全体の状況を評価する。金曜日の朝は、ポートフォリオとポジションを徹底的に見直す。特別な問題については、その週のうちに話し合う。

四半期ごとに、ポートフォリオ・マネジャーは各自のポートフォリオについて正式なレビューを行う。マネジャーは、それぞれの株式ポジションについて内部メモを作成しなければならない。

情報だけではエッジにはならないとウィルコックスは言う。今や情報は当たり前のものとなっている。洞察力があることが競争上のエッジとなるのだ。カンバーランドには見識が蓄積されているため、洞察力を維持することができる。退職者を仲間として迎え入れたり、そうでない場合でも関係を維持したりしている。当初の七人のリミテッドパートナーのうち、三人は今でもカンバーランドに関与している。セシルとミンツは今でもカンバーランドにオフィスを構えている。また、カンバーランドは、メディア銘柄に集中しているライスのジョージカ・パートナーズに対して、経済的に関連する立場にある。アンダーセンもカンバーランドにオフィスがあり、非公式のコンサルタントとして活動している。

運用資産のうち、約一〇%が現在のパートナーと退職したパートナーの資産である。このような構造であるため、転職率は低い。人材を雇用するときは、必ずしもウォール街から見つけるわけではない。企業評価の経験がある人材を探すのだ。パテイルはマッキンゼー出身、ラリー・リフキンは投資銀行の出身である。「パーソナリティを重視しています。それに、長く働いてくれる人材を求めています。派手な名選手や必殺仕事人が欲しいわけではないのですから」

お金はメインのモチベーションではない。自己実現と達成感がカギとなる。

長期的なバリュー志向

三〇年のトラックレコードを通して、アプローチと企業の構成にはほとんど変化が見られない。いつの時期にも、たいてい四〜六人のポートフォリオ・マネジャーがいた。

五人のポートフォリオ・マネジャーにはそれぞれ独自のアプローチやスタイルがあるが、長期的なバリュー型投資という点では一致している。大きな取引機会やリスク要因に対して調整されたディスカウンテッド・キャッシュフローを調べるのだ。

ブラックボックスとファンダメンタルズの位置関係について考えた場合、明らかにカンバーランドはファンダメンタルズの側にいる。EPS（一株当たり利益）、キャッシュフロー、企業価値の評価に基づき、大幅にミスプライスとなっている銘柄を見つけ出すのだ。

カンバーランドでは、グロース投資（成長株投資）とバリュー投資（割安株投資）は並立可能であると考えている。適切な資本コストで調整された将来のネットキャッシュフローに基づき、事業の妥当な時価を定量化しようとしている。「取捨選択した価値の定義によって、私たちはさまざまなマーケットやビジネスサイクルにも順応でき、さまざまな業界や資本規模にも対応できます。通常は、市場価格と価値に大きな格差があるだけでなく、市場価格、ひいては株主価値を最適化する何らかのカタリスト（触媒）があるような状況を、ロングとショートの両方で求めています」

バリュー型投資家として、カンバーランドは、「会社の価値は？　価値の増加率は？　いくらで買えるのか？」と考える。一株当たり取引価格に対比するものとして、ＢＰＳ（一株当たり純資産＝価値）について調べる。価格と価値は必ずしも一致しない。価値の概念に関しては、一株当たりの将来の取引レンジについて考える。ロングで考えると、一〇〇ドルの価値のものを六〇ドルで買った場合に一〇〇ドルの名目価値（名目元本）が上昇しているというのが理想的な状態である。

この二年間は、株式市場のボラティリティが高くなったため株価は大きく変動したが、ＢＰＳの動きは緩やかだった。「一〇〇ドルの価値が一〇〜一七五ドルの範囲で取引されることが考えられます。過大評価と過小評価が激しいのです。そのため、私たちは広く考える必要があります。現在の環境は厳しいものですが、それは私たちのスキルに適しています」とウィルコックスは言う。

カンバーランドの取引アプローチに最適な環境は、ボラティリティがかなり大きくフラットからやや上昇気味の時期である。まさに二〇〇〇年がそうである。カンバーランドはバイ・アンド・ホールド戦略を取る傾向があまりないため、変動が激しいマーケットは彼らの長期的な方針にとってやりがいのある環境となる。一方、一九九〇年代後半のような無節操な上昇マーケットは、カンバーランドにとって最悪の環境であった。

「私たちはマラソンをしているのです。トレーディングの組織ではなく、投資の組織ですから。何年も投資を保留することは珍しいことではありません」

カンバーランドは、五億ドルから一〇〇億ドルまでの株式資本を持つ企業に集中している。加重時価総額は約六〇億ドルである。そして、一〇〇を超すポジションに分散したポートフォリオを運用している。

設立以来、カンバーランド・パートナーズの年複利平均は約一九％である。マイナスの年は六回あり、一九七三年が二・二％、一九八七年が三・五％、一九九〇年が一八・八％、一九九四年が六・四％、一九九八年が三％、そして二〇〇〇年が〇・五％のマイナスであった。

カンバーランドにとって一九九〇年は忘れられない年であり、多くのことを学んだ。優れた分析を行ったのだが、狼狽したハイイールド債市場（カンバーランドはハイイールドに重点を置いていた）は流動性が低下してしまった。その年の終わりには償還の問題に直面し、マーケットが切迫しているにもかかわらず、資金調達をしなければならないという事態になってしまった。そのとき、ポートフォリオの流動性を重視する必要性を学んだ。

たいてい、厳しい年の次には非常に良い年がやってくるものだとウィルコックスは言う。（一九八七年以来）下降した年の翌年は常に大きな利益を上げている。

リスク・マネジメント

ポートフォリオ・マネジャーの資産は投資家の資産と一緒にされ、相当分散化して流動性のある商品に投資される。ポートフォリオ・マネジャーは、体系的なレビューを実施しなければならない。レバレッジはあまり利用しない。「諸刃の剣」になると考えられているのだ。

ウィルコックスは、株式市場のグロスエクスポージャーはネットエクスポージャーと同じくらい重要である、と強調している。というのも、ロングでもショートでも損失を出す可能性があるからだ。ネットエクスポージャーは、ロングエクスポージャーとショートエクスポージャーの差であるが、グロスエクスポージャーはロングとショートの合計である。

株の空売りは、ヘッジするためというよりは利益を上げるために行う。マネジャーたちは現金を保有することもあるだろう。また、分割会社の株から価値を生み出すためにペアトレード戦略を採用したり、インデックスや企業固有のオプションによってショート戦略の効果を上げることもある。

永続的な投資家基盤

マネージドアカウントのほかに、六つのファンドがある。一九七〇年に設立されたカンバーランド・パートナーズが旗艦ファンドである。四つのロングビュー・パートナーシップのうちの一つ目は、一九八七年に創設された。年間八％という素晴らしいリターンを売り物にしている。八％を超える純利益は、八〇％を投資家に、二〇％をゼネラルパートナーに配分している。カンバー・インターナショナルは一九八四年、カンバーランド・ベンチマークド・パートナーズは二〇〇〇年一月にそれぞれ事業を開始している。マーケットベンチマーク超過の二五％を利益配分している。ただしこの場合、パートナーシップはプラスの利益があり、ハイウオーターマークを超えているものとする。

一九九九年、カンバーランドは、S&P五〇〇とラッセル二〇〇〇の平均で構成される正式なベンチマークを採用した。この混成ベンチマークは、ポートフォリオ企業の特性を反映している。ベンチマークを超えることは全ファンドの目標の一つであり、ベンチマークド・パートナーズのインセンティブ・フィーにも関係している。

現在のパートナーと退職したパートナーの資産が一〇％であるが、このほかに投資家の二五％が学校法人基金や財団などアメリカ内の非課税団体である。オフショアの構成割合は小さい。残りは、資産家と、カンバーランドに好印象を持ったため投資することを決意した企業のエグゼクティブである。

ウィルコックスは、カンバーランドは最も透明性の高いヘッジファンドの一つであると思っている。トップ三〇のロングポジション（ドル換算）、持ち分比率、それぞれの損益をカンバーランドの投資家に毎月提示している。また、グロスのロングポジションとグロスのショートポジション、ロング・コール・オプションとショート・コール・オプションに関するポートフォリオ構成、ロングとショートの業界別ポートフォリオ分析についても提示している。このほかに、ポートフォリオポジションの詳しい評価についても記載している。

サーフィンと音楽

ウィルコックスは楽しんで仕事をしていて、そのことが幅広い嗜好と関心を満たしている。カンバーランドに参加したのは一九八六年である。カンバーランドに魅力を感じたのは、ヘッジファンドであるということではなく、その投資哲学であった。ウィルコックスは株式を保有することを熱望していたのだった。

カンバーランドに参加する前は、コンチネンタル・イリノイ・ナショナル・バンクの融資担当者、そしてセントラル・ナショナル・ゴッテスマンのアナリスト兼ポートフォリオ・マネジャーであった。一九九七年に経営管理委員会のメンバーになり、一九九八年には議長になった。自分の時間の約六割をさまざまな会社の経営幹部、アナリスト、業界関係者との交流に費やし、二割をマネジメント業務に充てている。

ウィルコックスは、組織の健全性に非常に注意を払っている。「自分のスクリーンを見る時間はあまりないですね」

ハワイのサンセット・ビーチでビッグウエーブに乗っている写真を見ると、彼のサーフィンに対する情熱が伝わってくる。また、音楽も好きであり、バンドでロックギターを弾いている。ピアティゴルスキー（アメリカのチェロ奏者）財団の理事長も務めていて、ノースカロライナの農村地域やテキサスの少年更生施設など、クラシック音楽があまり演奏されないような場所に音楽を普及させる活動をしている。

業界の将来

ウィルコックスは、ヘッジファンド業界は急速に拡大したためやがて整理統合の時期がやってくると確信している。「一％のマネジメント・フィーと二〇％のインセンティブ・フィーを得られないマネジャーもいました。その結果、プライシングに格差が生じることになりました」。カンバーランドがベンチマークド・パートナーズと一緒に制定したような、ハードルベンチマークの利用が増大していることもその例である。ウィルコックスは、一％と二〇％のフィー構造がプレッシャーになるため、パフォーマンス志向が高まると予測している。

カンバーランド・パートナーズのネットパフォーマンス（%）

1970年	34.70
1971年	26.00
1972年	10.70
1973年	−2.20
1974年	4.10
1975年	45.20
1976年	38.40
1977年	13.90
1978年	20.20
1979年	38.40
1980年	40.70
1981年	11.70
1982年	34.50
1983年	29.70
1984年	7.30
1985年	41.70
1986年	18.40
1987年	−3.50
1988年	21.00
1989年	26.40
1990年	−18.80
1991年	37.50
1992年	24.10
1993年	31.10
1994年	−6.40
1995年	21.40
1996年	17.90
1997年	32.00
1998年	−3.00
1999年	35.00
2000年	−0.50
年複利平均	19.04

1970年６月１日に取引開始

ブルース・ウィルコックス
カンバーランド・アソシエーツ

組織について

創立	1970年
資産	
現在	7億5000万ドル
ピーク時	12億ドル
エッジ	洞察力、前後関係、見識の蓄積、退職者との関係維持
本拠地	ニューヨーク州ニューヨーク
従業員数	22人
組織のタイプ	チーム型(5人のポートフォリオ・マネジャー)
本人の役割	ポートフォリオ・マネジャー、経営管理委員会の議長
投資委員会	なし
報酬制度	ファンド全体に基づく
投資家数	150
投資家のタイプ	25%が米国の非課税団体、調査した会社のエグゼクティブ、資産家
ゼネラルパートナー/プリンシパルの投資額	10%
寄付金	非公開

方法論/ポートフォリオ構成について

スタイル	バリュー型投資
ポートフォリオのポジション数	100
取引のスタイル	オポチュニスティック型
米国への投資	95%
テクノロジーへの投資	17%
プライベートエクイティへの投資	5%未満、特殊な状況
マクロへの投資	0%

ほかのマネジャーへの配分	なし

リスク管理について

ネット・エクスポージャー	65%
ヘッジ	株の空売り、現金保有、ペアトレード、オプション、現金への移行
最大レバレッジ比率	通常は利用しない
記憶に残る損失	1990年
リスク管理	低いレバレッジ、分散化、流動性

バックグラウンドについて

きっかけ	カンバーランドの投資哲学に魅力を感じた
職歴（専門知識など）	銀行業
学歴	カリフォルニア州立大学の国際経営学大学院 大学院卒
モチベーション	多方面的な関心
年齢	46歳
余暇の過ごし方	サーフィン、音楽

第3部
投資家の立場から

Part Three

The Reverse Side Of The Coin

—— What Investors Have To Say

第18章

機関投資家

INSTITUTIONAL INTEREST

主な投資家のカテゴリーには、ファミリー企業、資産家、機関投資家、銀行、ファンド・オブ・ファンズなどがある。世界的に見ると、機関投資家とファンド・オブ・ファンズの割合はそれぞれ二五％、一四％となっている。

ファミリー企業、資産家、銀行については、アメリカと海外で明確な違いがある。銀行は、アメリカ国内よりも海外のほうが配分割合が大きい。一方、個人投資家は、海外よりもアメリカ国内のほうがずっと活発である。学校法人基金や年金基金も、海外よりも国内のほうが多い（表18・1参照）。

ヘッジファンドのニーズや目的は、投資家のカテゴリーによって異なる。それには地理的要因も関係している。

表18.1　ヘッジファンドにおける投資家の内訳（推定）

	米国投資家	海外投資家
資産家／ファミリー企業	55.1%	34.8%
機関投資家		
学校法人基金	8.8	2.2
年金基金	8.5	3.5
法人	3.8	7.3
財団	2.1	2.6
保険会社	0.3	6.7
信託	4.1	4.3
銀行	3.2	23.2
ファンド・オブ・ファンズ	13.5	15.4
その他	0.6	0.0

出所：Joseph Nicholas, Market Neutral Investing : Long/Short Hedge Fund Strategies, September 2000, pages 22-23

ファミリー企業と資産家

富裕層がその投資ポートフォリオを運用するために企業を設立していることから、ファミリー企業の数は増大傾向にある。ファミリー内で運用する場合もあれば、外部の専門家に任せる場合もある。また、ファミリーと専門家が一緒に運用することもある。専門家の人数は各企業によって異なる。ニューヨークのロックフェラーには、マネジャー、アナリスト、信託担当者、弁護士、バックオフィスなど、一四〇人を超えるスタッフがいる。一八八二年の設立以来、三代目、四代目、五代目の一七八人にも上る家族と家族以外のメンバーのために、五五億ドルもの資産を運用している。ロックフェラー家以外の資産は、その約半分である。[1] ほかのファミリー企業が一人で切り盛りしているのと比べると、明らかな違いが分かる。

企業を拡大して、家族や友人以外の資金を運用するようになる場合もある。ロックフェラーは、一九八〇年以降、家族以外の資金にも拡大し、一九九九年一月にはファンド・オブ・ファンズも導入した。

最近では、「複合ファミリー企業」というものが広がり始めている。スポーツ選手のために設立されたファミリー企業、特定の国や地域の投資家を対象としたファミリー企業などがそうである。密接に結び付くことで、公式にも非公式にも、グループ内のメンバーが影響力を持つようになる。

個人投資家やファミリー企業は、税引後利益に関心がある。税を控除した後のパフォーマンスについて知りたいのだ。また、フィーについても関心があり、マネジャーが特定のベンチマークに達したときに受け取るハードルレートに興味を示すことが多い。ベンチマークには、Tビル、S&P、LIBOR（ロンドン銀行間取引金利）などの指標がある。

一九九七年までは、ヘッジファンドが登録投資アドバイザーとしてSEC（証券取引委員会）に登録されていなかった場合、一つのヘッジファンドの公認投資家数は九九人しか認められていなかった。アメリカにおいて、公認投資家とは、最低一〇〇万ドルの純資産があること、あるいは二年連続で最低二〇万ドルの年収（夫婦では三〇万ドル）があることを条件としている。一九四〇年投資会社社法3（c）（7）に基づくと、現在の適格ヘッジファンドは五〇〇に上る。一九九六年一〇月、3（c）（7）はアメリカ株式市場改革法の通過を待って、一九九七年六月に効力を発した。適格投資家は五〇〇万ドルの証券／投資、機関投資家は二五〇〇万ドルの証券／投資があることを条件としている。

機関投資家

私は、アメリカ、スイス、日本の大規模機関投資家にインタビューをした。そして、ヘッジファンドに関するそれぞれのフィードバックと経験について知ることができた。国や文化が違うため明らかに違う点もあるが、主な共通のテーマについて紹介する。

ファンド・オブ・ファンズのアプローチと分散化

機関投資家が手がけるには、ファンド・オブ・ファンズは一般的で扱いやすい方法である。時間帯に相違があり、言語の障壁があり、戦略が複雑なため、企業はファンド・オブ・ファンズを利用するのが賢明だと考えられる。

ＬＴＣＭの破綻後、リスクを削減するにはマネジャーと戦略の分散化が適していると考えられるようになった。ファンド・オブ・ファンズのアプローチを取る以外にも、日本の機関投資家は三〇のマネジャーに、スイスの保険会社は九〇のマネジャーに資本を配分している。

プライベートエクイティとヘッジファンドのとらえ方

機関投資家は、ヘッジファンドとプライベートエクイティについて同じ特性を期待している。例えば、スイス生命保険は、ヘッジファンドとプライベートエクイティにそれぞれ五％配分している。カリフォルニア州職員退職年金基金（ＣａｌＰＥＲＳ）は、プライベートエクイティと株式ロング／ショートの要素を持つクロスオーバー、またはハイブリッドのファンドに関心を持っている。クロスオーバーファンドは、プライベートエクイティのセクターからのものが多い。日本の機関投資家は、ベンチャーキャピタルについて詳しい情報を得てきたが、同じことをヘッジファンドにも期待している。また、ほかにどのような投資家がいるかということと、ポートフォリオの詳しい内容についても関心を示している。

透明性

機関投資家は、透明性に高い関心を示している。ヘッジファンドの戦略は、慣れ親しんでいるロングオンリーの投資とはまったく異なるからである。さらに、異なる戦略のリスクを一緒に位置付けるのは非常に難しい。透明性が高まることで、このような問題の解決に役立つだろう。マネージドアカウントも透明性を可能にし、リスク・マネジメントに役立つ。マネージドアカウントでは、投資家は問題を見つけやすく、さらに、マネジャーのパフォーマンスが期待に沿わなかった場合にも対処できる。

満足なリターン

その時期によって異なるプログラムが存在していたが、機関投資家は自分たちの目的は満たされていると感じている。カリフォルニア州職員退職年金基金はポートフォリオのギャップを埋めるためにヘッジファンドを使用している。日本の企業は調整されたポートフォリオを構築し、日本の株式市場との相関性を低くしている。

ほかの機関への配分

機関投資家の三分の二が、自己資本をヘッジファンドに配分するようになった。そして、それぞれの国において、ほかの機関向けに商品を開発したり開発の計画を立てたりしている。

アメリカの状況

カリフォルニア州職員退職年金基金は、一六八〇億ドルを運用する公的年金制度であり、一九九九年八月に、二〇億ドルの資産（アメリカの株式投資で積極運用している資産の五％にあたる）をハイブリッド戦略に投資すると発表した。ハイブリッド戦略には、ヘッジファンド、マーケットニュートラル・ファンド、アービトラージ・ファンド、コーポレートガバナンス・ファンド（企業経営に働きかけてリターンの改善を求めるファンド）などがある。カリフォルニア州職員退職年金基金では、これらの投資を、オルタナティブ投資の組み入れというよりもアメリカ株式配分の一部だと考えている。二〇〇〇年一一月、カリフォルニア州職員退職年金基金はヘッジファンドに一〇億ドルを投入するつもりであると発表した。
カリフォルニア州職員退職年金基金の行動によって、ヘッジファンドに対する信頼性が高まった。アメリカ最大の年金制度が配分をしたことで、ほかの年金制度も関心を持つようになった。二〇〇〇年五月には、シカゴ公立学校教職員退職年金基金が、ヘッジファンドと新興マネジャーのプログラムに六億ドルを追加することを発表した。その結果、オルタナティブへの投資はファンド全体の四%にまで増えた。
このほかにも、九一〇億ドルのファンドを持つニューヨーク州職員退職金制度はそのコンセプトを調べているところであり、一〇億ドル程度を投資するだろうということを明らかにした。現在、数人のマネジャーに対する配分を検討中である。
一四億ドルのファンドを持つオクラホマ消防士退職年金基金は、ヘッジファンドに一億ドルを配分する計画を発表した。ピーコット・キャピタル、キャピタル・ワークス、ワイス・ペック・グリーアは、それぞれ三三三〇万ドルの配分を受け取ることになっている。[2]
一方、五七億ドルのファンドを持つルイジアナ州従業員退職金制度は、五〇〇〇万ドルの配分先としてイベント・ドリブン型のマネジャーを探している。[3]
これらの機関投資家の長期的な目的は、より高い絶対リターンを獲得すること、そして株式や債券といった従来型の投資を多様化させることである(特に変動的な株式市場に慎重な場合)。ヘッジファンドに投資する機関投資家の数が増えているということは、長期的に一五%の年利があることを株

表18.2　ヘッジファンドを利用または考慮している機関投資家の例

エイゴン
ＡＩＧ（アメリカン・インターナショナル・グループ）
アメリテック
ＢＰアモコ
英国石炭職員退職年金制度
CalPERS
コメルツ銀行
コンセコ
大同生命
デュポン
イーストマン・コダック
ＧＭ
ヘルベティア・パトリア
ＩＢＭ
ルイジアナ消防士
ルイジアナ州従業員退職年金制度
マッキンゼー・コンサルティング
メルク
鉱夫年金制度
ナビスコ
ネスレ
ニューヨーク州職員退職年金制度
オクラホマ消防士退職年金基金
ＲＪレノルズ
サンアントニオ警察消防
住友生命
スイス生命保険
東京海上火災保険
ＵＳウエスト
ＶＥＦ（スイスエアーのパイロットの年金基金）
バイアコム
バージニア退職年金制度
ウァイヤーハウザー
ビンテルトゥール保険
チューリッヒ市職員
チューリッヒ保険

式市場に期待していないということである。ヘッジファンドの魅力は、ハイリターンの実績があることと、従来の株式や債券との相関性が低いことである。そのため、機関投資家のポートフォリオ全体のボラティリティを緩和することができるのだ。

機関投資家は、ポートフォリオにおける債券の役割についても考えるようになってきている。この資産クラスには、三〇％程度の配分をしていることが多い。ポートフォリオに占める割合が大きいのにリターンが低いため、オルタナティブ投資など、ほかの投資戦略にも目を向けるようになってきている（表18・2参照）。

戦略の選好

機関投資家の多くは、ロング／ショート、転換社債アービトラージ、買収アービトラージなどのマーケットニュートラル戦略に配分している。これらは、月に一～一・五％のリターンを期待できる。マーケットニュートラルのファンド・オブ・ファンズを好む投資家もいる。

また、オーバーレイ・アプローチを取る投資家もいる。例えば、マーケットニュートラルの株式ロング／ショート戦略にS＆P五〇〇先物をオーバーレイして、拡張型インデックス戦略を取っている。ポータブル・アルファというコンセプトは、先物をオーバーレイしたベンチマークを使用しつつ、マーケットニュートラルのヘッジファンドを中心として構成された商品のことである。例えば、S＆

P五〇〇先物オーバーレイの戦略を使用している年金基金は、S&P五〇〇を上回るリターンを得ることができる。顧客は、ベンチマークとしてどの先物契約でも選ぶことができる。超過リターンを得られるのはどの資産クラスかを判断して、その判断を毎年変更することができるため「ポータブル・アルファ」と呼ばれるのである。

ケーススタディ・インタビュー：カリフォルニア州職員退職年金基金

カリフォルニア州職員退職年金基金がヘッジファンドに投資したのは、一九九九年中ごろのことであった。シニア投資責任者のマーク・アンソンによると、一六八〇億ドルの資産のうちヘッジファンドに配分しているのは一％に満たない。配分を増やすには、理事会の承認が必要となるのだ。二〇〇〇年二月、カリフォルニア州職員退職年金基金はアバクス・パートナーズに一億二五〇〇万ドル配分した。一九九九年八月には、ピボタル・パートナーズ・ファンド（サンフランシスコを拠点として、コンピューター・テクノロジー企業に投資している）に約三億ドルを配分していた。ピボタルの二人の創設者は、一九九八年にヘッジファンドを始める前に、カリフォルニア州職員退職年金基金のために資金を運用していた。[4] 三つのコーポレートガバナンス・ファンドにも、すでに九億ドルを配分していた。

カリフォルニア州職員退職年金基金の目的は、オポチュニスティックにヘッジファンドへ投資することである。「ヘッジするためではなく、むしろ投資機会を広げるためにヘッジファンドを利用しているのです」とアンソンは言う。また、現在のポートフォリオでカバーしていない特定のセクターやセグメントを専門としたマネジャーを探している。つまり、ポートフォリオのギャップを埋めようとしているのである。アンソンによると、目的は達成できているようである。

良いマネジャーと悪いマネジャーについて質問してみた。良いマネジャーとは、競争上の利点とそれを生かす方法を正確に理解しているマネジャーであると言う。

一方、悪いマネジャーとは、自分のしていることを簡潔に説明できないマネジャーである。「投資目的を正確に説明できないヘッジファンド・マネジャーに対して、私は最低の評価を下します。明確にそして正確に投資目的を説明できないようなマネジャーは、投資戦略に関しても明確かつ正確に実行できないでしょう」

このほかに、法外なフィーを請求できる権利を持っているなどと考えているマネジャーも、悪いマネジャーである。「あるヘッジファンド・マネジャーから、『運用資産を数十億ドルに抑えておくには三％と三〇％のフィーを請求するしかない』と言われたことがあります」

カリフォルニア州職員退職年金基金は、クロスオーバーまたはハイブリッドのファンドに関心を持っている。これは、特定のセクターやセグメント内のプライベートエクイティと株式ロング／ショートのプログラムの構成要素を持つものである。クロスオーバーファンドは、プライベートエクイティのセクターからのものが多く、インターネットやメディアや通信など、特定の業種を対象としている。

アンソンいわく、カリフォルニア州職員退職年金基金は、新しいヘッジファンド・マネジャーを探すとき、そのマネジャーがプライベートエクイティなどのほかの分野で成功したかどうかについて考慮する。

ファンド・オブ・ファンズについてはどのように考えているのだろうか？　ポータブル・アルファとしては価値のある商品であるが、まだ不十分であると考えている。「ポートフォリオに取り入れる時期、状況、方法について自分で判断しなければならないという点で不十分と言えます」

ヘッジファンドに配分するに当たってはコンサルタントを利用しないが、選択したマネジャーのデューデリジェンスに関してはウィルシャー・アソシエーツを利用している。

透明性については、二つの理由から重視している。一つ目は、ヘッジファンドの取引プログラムと戦略は、これまで取り組んできた従来型のロングオンリーの投資とはまったく異なるという理由である。二つ目は、ヘッジファンド投資にはスキルをベースとした固有の特徴があるため、あるヘッジファンド・マネジャーのリスクとほかのマネジャーのリスクを合わせて考えることはできないという理由である。ヘッジファンド戦略では、リスクを別々に位置付けている。したがって、さまざまなヘッジファンド・マネジャーのリスクを包括的な方法でまとめることは難しいのである。この問題を解決するには透明性が大いに役立つだろうとアンソンは言う。

日本の活動

日本は金利が非常に低く、逆ザヤの問題を抱え、投資機会が乏しいため、日本の機関投資家の間ではヘッジファンドへの関心が高まってきている。マーケットのバブル時、生命保険会社は、非常に魅力的なリターンを約束したミューチュアルファンドから資金を調達していた。金利が急降下すると、逆ザヤの状態になってしまった。[5] そのため収益の補完を狙って、ヘッジファンドに投資する保険会社が出てきた。

このような機関投資家の配分額は約六〇億ドルと見積もられているが、今後四年間に三倍から四倍には増えるものと予測されている。住友生命は、二二〇〇億ドルの資産の五％をヘッジファンドに投資すると発表した。同社は、生命保険会社のなかでも最も活発にヘッジファンドに投資している。[6] 現在の配分は一％（約二二億ドル）に満たないと考えられているが、住友生命のファンド・オブ・ファンズが欧米の約一〇の資金運用会社に運用を委託し、そして各国のヘッジファンドに再委託している。現在の資産は一〇〇〇億円程度であるが、三五〇〇億円から四〇〇〇億円にまで増やす予定である。目標は、ＬＩＢＯＲの円金利プラス五～七％の利回りにすること、会社の投資構成を分散化すること、そして分散化によってリターンを向上させることである。[7]

大同生命と三菱商事は、欧米のマネジャーに投資するために一〇〇億円規模のファンドを設定した。

運用資産の五％程度を、ヘッジファンドを中心としたオルタナティブ投資に回している。

東京海上火災保険は、ポートフォリオを分散化してリターンを上げるという目的でオルタナティブ投資を強化した。四年後をめどに、プライベートエクイティとヘッジファンドに一〇〇〇億円を投資する。[8]

日本の機関投資家の多くは、オルタナティブ投資を債券の代替であると考えている。戦略がシンプルで透明性があり、低リスクで低ボラティリティの商品を求めている。

一方で、商社も機関投資家向けの商品を設定している。日興証券は、一二のマネジャーのファンド・オブ・ファンズを始め、二〇〇億円の資金調達を目指している。最低投資金額は一億円である。また、日商岩井の関連会社である日商岩井アメリカは、二〇〇一年初めに海外投資家向けのファンド・オブ・ファンズをオープンし、約一五のマネジャー（グローバルマクロ、モーゲージ証券、セクターファンド、新興市場、ショートセラーを除く）に配分する。

伊藤忠キャピタルは、日本の機関投資家向けに三つの商品を導入した。コロンブスは分散型ファンド・オブ・ファンズ、フジヤマは、主に日本のマーケットで取引するマネジャーに集中したファンド・オブ・ファンズ、そしてダイナミック・セレクティブはフィーダーファンドであり、既存のファンド・オブ・ファンズを組み合わせて一つのマネジャーを選択するものである。

ケース・スタディ・インタビュー：日本の大手機関投資家

この機関投資家は、一九九六年以来ヘッジファンドに資産を配分している。当初は、ある大規模な債券マネジャーに配分していた。一九九六年と一九九七年のパフォーマンスは良好であり、一九九七年末に償還を迎えた。

そして、ヘッジファンド・プログラムをこのまま継続し、次のステップとしてファンド・オブ・ファンズに着手することにした。ファンド・オブ・ファンズのマネジャーはポジション、レバレッジ、配分、投資タイプについて徹底的に調べているため、このアプローチはうまくいくと考えている。時間帯にずれがあり、複雑な情報を必要とすることから、そのようなプログラムを日本で運用するのは難しい。そこで、組織のほかの部門とすでに関係のある、確立した大規模なファンド・オブ・ファンズを選んだ。

その目的は保守的だった。つまり、中程度のリスクで、中期的に一〇％台のリターンを上げることであった。そして、多くの投資をしている日本の市場と相関性を持たないことをメインの目的としていた。配分は、組織の総資産の約一～二％である。

四年間でほぼ同じ規模を維持し、現在は三〇のマネジャーに配分している。今後は戦略の分散化を目指す。マーケットニュートラル、マーケットタイミング、イベント・ドリブンへの配分が大きく、第三者割当（プライベート・プレイスメント）、ディストレス、ハイイールド債、新興市場、商品ファンドは組み入れていない。ポートフォリオを年に二回見直し、再配分をする。パフォーマンスの目標を達成できなかったことから、これまでに約二五のマネジャーとの関係を解消している。

マネジャーの採用や解雇についてはファンド・オブ・ファンズのマネジャーが推奨しているが、最終的には機関投資家が判断を下す。

採用基準として、二～三年以上のトラックレコードがあること、一年以内に償還できることなどを定めている。投資する前に、代表者がマネジャーとキーパーソンに会う。このプロセスには七人のスタッフが関与していて、そのうちの二人はアメリカ、一人はイギリスにいる。海外に人材を置くことで、マネジャーに接したり情報を入手したりする機会も確保できる。マネジャーのほとんどは欧米を拠点としているのである。配分を受けているマネジャーには、本書のスーパースターの名前もある。

一九九七年、一九九九年、二〇〇〇年は良好であったが、一九九八年は一般的にヘッジファンドがマイナスであり、同社のポートフォリオも低調であった。ポートフォリオにぶれがなく、日本マーケットとの相関性が低いことが主な利点だった。同社はこのアプローチに満足していて、今後規模を二倍にすることも検討している。

この機関投資家は、さらなるディスクロージャーを求めている。ベンチャーキャピタルについては詳しい情報を得ているが、同じことをヘッジファンドにも期待している。また、ほかにどのような投資家がいるかということと、ポートフォリオの詳しい内容についても関心を示している。フィーに関しては妥当だと考えている。

日本における最大のヘッジファンド利用者であるこの機関投資家は、金融機関だけでなく年金や資産家もこの商品に関心を示すようになるだろうと考えている。一九九八年のマイナスのパフォーマンスで痛手を受けたが、一般の関心は高まる傾向にある。将来的には、ヘッジファンドを日本の個人投資家に販売することも検討している。

欧州の活動

最近の報告によると、ドイツ（特に保険会社）では投資活動がさかんになっているという。多くの企業が保証を求めているが、一〇年間の資産ロックアップに賛成している。[9] 株式公開企業と年金基金も活発であるが、銀行は後れをとっている。

スイスでは、最近、ネスレが四一億ドルの年金基金をヘッジファンドに配分している。スイスエアーのパイロットの年金基金であるＶＥＦは、一九九九年一〇月に三〇〇〇万ドルを配分している。このほかにも、ビンテルトゥール、ヘルベティア・パトリア、チューリッヒ保険、スイス生命保険など、多くの大手保険会社がヘッジファンドへの配分を始めている。スイスの機関投資家は、一般的に、ヘッジファンドに満足している。というのも、スイスの民間銀行は、何年も前からヘッジファンドに自己資本を配分してきたからである。

チューリッヒの公共職員年金基金など、独学を進めている団体も増えている。チューリッヒ市保険組合（ＶＳＺ）が資産の二・五％、つまり三億スイス・フラン（約一億七六〇〇万ドル）をヘッジファンドに投資するためにマネジャーを探している、という報告もある。[10]

ＣＭＴ年金受託者制度では、英国石炭職員退職年金制度と鉱夫年金制度として一六四億ドルを運用していて、オルタナティブ投資に関する調査資料を作成するよう両方の年金基金の受託者から要請を受けている。いずれの団体も、資産の二％を投資することを検討している。

ケーススタディ・インタビュー：スイス生命保険

一九八七年まで、スイス生命は、ポートフォリオの二～三％程度（最高でも五％）しか株式保有していなかった。一九八五年にスイスの年金法が改正され、資産の五〇％まで株式投資できるようになった。これに従って、生命保険会社に対する投資規制にも同様の変更が採択された。スイス生命グループの投資戦略とリスク・マネジメントの責任者であるフレッド・シーグリストの話によると、一九九〇年半ばまでに株式配分は約二〇％に増大した。相互会社としての自由準備、ならびに賠償責任の補償を考慮すると、これは妥当な数字であった。さらに、国内のライバル企業も、同じような理由から株式配分を二〇～二五％に制限していた。

やがて、ポートフォリオを分散化させるために次のステップを考えるようになった。アメリカを参考にして、オルタナティブ投資、特にヘッジファンドとプライベートエクイティについて検討した。
一九九七年、スイスで開始されたファンド・オブ・ファンズに配分をした。それは、持ち株会社として組織化され、スイス株式市場に上場した最初のファンド・オブ・ファンズの一つであった。その後、プライベートエクイティのファンド・オブ・ファンズにも投資した。スイス生命は、今後三年間で、オルタナティブ投資への配分をポートフォリオの五％まで拡大することを決定した。現在、契約者の資金一二〇〇億スイス・フラン（約七〇〇〇億ドル）を運用している。

一九九八年に次のステップに移るとき、スイス生命はRMFグループの株式を取得し、ジョイント・ベンチャーであるスイス生命ヘッジファンド・パートナーズを設立した。この新会社は、スイス生命の資金をヘッジファンドで運用し、外部顧客にも商品を販売する。RMFはシュビッツ州プファフィコンのオルタナティブ投資会社であり、五つのスタイル（株式ヘッジ、イベント・ドリブン、グローバルマクロ、レラティブバリュー、商品ファンド）でマルチストラテジーのポートフォリオ配分を行っている。現在、約九〇人のマネジャーがポートフォリオを管理している。RMFは、戦略の構成について、そしてどのマネジャーに各戦略を任せるかということを決定するときに支援している。シーグリストによると、一九九八年のLTCM破綻以降、ヘッジファンド投資は標準以下のパフォーマンスであったが、この分散化ポートフォリオとアプローチを示すことで、ヘッジファンド投資を続けるようスイス生命の理事会を説得することができた。

一九九八年六月、スイス生命は三億ドルを配分した。年間一〇〜一二％のネットリターン、五〜六

%の標準偏差、〇・〇三～〇・四〇の株式市場（S&P五〇〇）との相関性を目指していた。開始以来、一三億ドルを超える資産を投資し、その目的は達成された。実際、年利益は一一・七%、標準偏差は五・四%、株式市場との相関性は〇・三二であった。この一二カ月でみると、年利益は一三・九%、標準偏差は四・〇%、相関性は〇・二であった。

さらに、二〇〇〇年には、担保付き債務やハイイールド債投資などの商品を増やした。二〇〇〇年九月末までに、これらの資産カテゴリーに二五億ドル超を投資している。

将来的には、ファンドよりもマネージドアカウントをできるだけ利用しようと考えている。透明性を高め、健全なリスク・マネジメントができるようになるからだ。ファンドでは、ロックアップ期間はフレキシブルではない。マネージドアカウントでは、マネジャーが基準を満たさなかったりパフォーマンスが良くなかったりした場合に、マネジメント・チームが迅速に対応することができる。

一九九九年、スイス生命は次のステップに進んだ。スイス生命ヘッジファンド・パートナーズが新商品に着手したのだ。顧客は、前述の五つのスタイルから一つを選択して投資することもできれば、特定のニーズに見合うように組み合わせることもできる。また、スイス生命ヘッジファンド・パートナーズがあらかじめ決めたスタイルの組み合わせを選択してもよい。どのスタイルのファンドも、一五～二〇人のマネジャーで構成されている。

スイス生命とRMFとの関係はジョイント・ベンチャーであり、二社は密接にかかわり合って機能している。現在、スイス生命ではスイス生命ヘッジファンド・パートナーズに七人のスタッフを置いているが、今後はもっと増やそうと考えている。ＲＭＦは一九九八年に二〇人でスタートしたが、現在は九〇人が在籍している。

シーグリストいわく、スイス生命は純粋な生命保険会社から長期的な金融サービス企業へと移行している。「ヘッジファンドやプライベートエクイティだけでなく、欧州におけるオルタナティブ投資の有力企業になることを目指しています」

第19章

学校法人基金の重要性

SIGNIFICANT ENDOWMENT PRESENCE CONTINUES

アメリカにおいて、学校法人基金はヘッジファンドに最も積極的に配分する機関投資家グループであった。これは、投資委員会のメンバーが資産家としてのコンセプトに通じていたことによるところが大きい。年金基金と比べ、学校法人基金と財団は、新しいタイプの投資に迅速に移行している。

NACUBO（National Association of College and University Business Officers）では、一九九四年以降、学校法人基金の調査対象にヘッジファンドも加えている。当時、ヘッジファンドへの配分は、平均で〇・四％しかなかった。しかし、一九九九年には、五〇八の調査対象カレッジと大学基金のうち、一〇四がヘッジファンドに配分している（表19・1参照）。平均すると二・三％になり、三九億ドルに相当する。ポートフォリオにおけるヘッジファンドへの配分割合は、公立大学で二・一％、市立大学で六％となっている。[1]

とはいうものの、大学によってその配分割合は大きく異なる。ニューヨークのイェシバ大学は基金の四二％をヘッジファンドに配分している。二〇％を超えて配分しているのは、ボードン・カレッジ（二七％）、デニソン大学（二七％）、リード・カレッジ（二六％）、クラーク大学（二五％）、アルフレッド大学（二五％）、キングズ・カレッジ（二四％）、ホイートン・カレッジ（二四％）、オーバーリン・カレッジ（二〇％）である。一方で、ヘッジファンドにまったく配分していない学校もある。[2]

一九九九年の調査で、配分先として最も多かったファンドは、（多い順に）タイガー・マネジメント、エベレスト・キャピタル、ピーコット、マベリック・キャピタル、オクージフ、ハイフィールズ・キャピタル、キングドン・キャピタル、オメガ・アドバイザーズであった。NACUBOの調査によると、配分先としてよく名前が挙がるファンド・オブ・ファンズは、コモンファンド、ブラックストーン、トーリーである。[3]

二〇〇〇年三月三一日にロバートソンのタイガー・マネジメントが清算を発表したが、それはつまり、多数の学校法人基金が資産を再配分しなければならないということも意味していた。ざっと調べただけでも、タイガーの学校法人基金の大半がまだヘッジファンド業界にあった。二億五六〇〇万ドルの基金があるテネシー州シウォーニーのサウス大学は、ロバートソンから引き揚げた一五〇〇万ドルについて六～八のヘッジファンドを調べていると発表した。[4] ノースカロライナ大学（ＵＮＣ）では継続的にリバランスをしていて、ロバートソンがこのような状況になったため引退時には配分が三％にまで下がっていた。ほかのマネジャーへの配分を徐々に増やしていたのだ。

二〇〇〇年になると、マーケット関連の証券への依存度を軽減させるため、ヘッジファンドに配分する学校法人基金はますます増えた。三月には、ノックスビルのテネシー大学は、コモンファンドに二〇〇〇万ドルの運用を任せてヘッジファンドに初めて乗り出すことを発表した。また、テキサス農工大学の基金は、一八カ月以内にヘッジファンドの持ち分を三倍以上の一〇％にまで増やすことを発表した。[5]

ルイジアナ州立大学農工カレッジは、二〇〇〇年後半には、ヘッジファンドへの配分を五～一〇％（一一〇〇万～二二〇〇万ドル）にするつもりであると発表している。これも、ヘッジファンドへの初めての進出である。[6]

表19.1　ヘッジファンドに基金を配分している学校法人（1999年）

アルフレッド大学
アマースト大学
ベリア大学
ボストン大学
ボードン・カレッジ
カールトン・カレッジ
カーネギーメロン大学
ケース・ウエスタン・リザーブ大学
チャタム・カレッジ
クリスチャン神学校
クラーク大学
クラークソン大学
コルビー・カレッジ
コルゲート大学
セネカ・カレッジ
ウィリアム・アンド・メリー・カレッジ
ウースター・カレッジ
コロラド州立大学
クランブルック・エデュケーショナル・コミュニティ
デビッドソン・カレッジ
デニソン・カレッジ
ディッキンソン・カレッジ
ドウン・カレッジ
エモリー大学
フェアフィールド大学
フォーダム大学
フランクリン・アンド・マーシャル・カレッジ
ファーマン大学
ジョージ・ワシントン大学
ジョージア工科大学
グランドバレー・ステート大学
ハミルトン・カレッジ
ハムリン大学
ハンプトン大学
ハバーフォード大学
ホリンズ大学
イリノイ工科大学
ジュリアード・スクール
ケニヨン・カレッジ
キングズ・カレッジ
ラファイエット・カレッジ
ラサール大学
レスリー・カレッジ
ライカミング・カレッジ
マギル大学
ミシガン州立大学
ミドルバリー・カレッジ
ミルズ・カレッジ
マウント・ホリーオーク・カレッジ
ニュースクール・フォー・ソーシャルリサーチ
ニューヨーク大学
ノースイースタン大学
ノリッジ大学
オークランド大学
オーバーリン・カレッジ
オハイオ・ウエスリアン大学

パシフィック・スクール・オブ・レリジョン
ペンシルバニア州立大学
ペッパーダイン大学
ピッツァー・カレッジ
ポーモーナ・カレッジ
ランドルフ・メーコン・カレッジ
リード・カレッジ
レジス・カレッジ
レンセラール科学技術専門学校
ロードス・カレッジ
セントジョンズ大学(MD)
セントルイス大学
サンディエゴ大学
シアトル大学
南メソジスト大学
ニューヨーク州立大学ストーニー・ブルック校
トーマス・ジェファーソン大学
トリニティ・カレッジ(CT)
トゥーレン大学
カリフォルニア大学
アイオワ大学
ミシガン大学
ノースカロライナ大学
オレゴン大学
ピッツバーグ大学
ロチェスター大学
カリフォルニア州立サンディエゴ校
南カリフォルニア大学
サウス大学
テキサス大学
タルサ大学
ワシントン大学
ウィスコンシン大学
バッサー・カレッジ
ウエーク・フォレスト大学
ワシントン・アンド・リー大学
ウエスリアン大学
西メソジスト大学
ホイートン・カレッジ（MA）
ウィリアムズ・カレッジ
ウッズ・ホール海洋科学工科大学
イェシバ大学

ケーススタディ

ヘッジファンド業界に対する考えについて知るため、私は四つの学校法人基金に質問をした。その目的は何か？　期待を裏切らないものであったか？　どのようなタイプの戦略とマネジャーを利用したか？　スーパースターのマネジャーは好きか？　マネジャーを解雇したことがあるか（もしそうならその理由は）？　独自で判断したのか、それともコンサルタントに依頼したのか？　ファンド・オブ・ファンズは状況に合うものだったか？　ヘッジファンド業界はどのように変化したらよいと考えるか？

私は、これらの問題に関して多種多様な意見を求めた。チャペル・ヒルのノースカロライナ大学基金は、ヘッジファンドへの投資経験が長い公立大学である。一九九〇年以降一一億ドルをヘッジファンドに配分し、二〇のマネジャーを介して常に約三〇％を配分している。スタンフォード大学基金の八〇億ドルを投資しているスタンフォード・マネジメント・カンパニーも、ヘッジファンドとのかかわりが長い。一九九〇年にヘッジファンドへの配分を始めて、現在では一八のマネジャーに配分している。

六億七五〇〇万ドルの基金があるバッサー・カレッジは、一九九二年にヘッジファンドのプログラムを開始し、ポートフォリオの約一一％を五つのヘッジファンド・マネジャーに配分している。五億八〇〇〇万ドルの基金がある私立ウエスリアン大学は、一九九八年にヘッジファンドへの配分を開始し、現在はその約一〇％を七つのマネジャーに配分している。

各学校法人基金の類似点と相違点は次のとおりである。

類似点

洗練化

インタビューをした四つの基金のうち三つは、最近、投資と配分プロセスを再評価し、大幅な変更を実施した。より専門的な投資オフィスを構築し、その投資ファンドプログラムのクオリティを高めたいと考えていた。何よりもパフォーマンスの向上、オルタナティブ投資の追加、株式への移行、債券からの撤退を考えていた。さらに、主なスタッフも取り換えている。

目的

特定の目的やベンチマークは異なるが、一般的な目標は同じである。つまり、リターンを拡大し、リスクを削減し、分散化を図ることである。

配分

どの基金も、一〇%以上をヘッジファンドに配分している。

プラスの結果

どの基金もヘッジファンドへの投資に満足していて、その目的は達成されていると考えている。特に、二〇〇〇年は良好な年だった。従来型の株式マネジャーには厳しい時期だったが、ヘッジファンドはかなり好調であった。リターンのパターンは株式と異なり、ボラティリティも緩和された。

内部調査とコンサルタントの利用

四つの基金のうち三つが共鳴板、そしてレポートの情報源としてコンサルタントを利用しているが、調査とデューデリジェンス（評価）は内部で実施している。

マネジャーの解雇

パフォーマンスを理由としてマネジャーを解雇することはない。マネジャーが規定された戦略に従わなかった場合、マネジャーが予期しないことをした場合、あるいはマネジャーが自己申告した内容とは異なるタイプだった場合に解雇する。

用語に対する反感

ヘッジファンドへの投資には満足しているが、「ヘッジファンド」という表現は好きではない。というのも、この言葉が、関連のないさまざまな取引スタイルを表現するような包括的な言葉になってしまったからである。ウエスリアンとスタンフォードは「絶対リターン」という表現を好み、UNCは「流用的証券」という表現を使う。

フィー

フィーに関しては高すぎるとは感じていないが、ハードルレートの設定については歓迎していた。ハードルを下回ったマネジャーはフィーを受け取ることができないが、ハードルを上回るリターンを上げたマネジャーはより高いフィーを受け取ることができる。

相違点

マネジャー数

UNCでは、一人のマネジャーに依存した場合の失敗、詐欺行為の危険性、その他の不利な状況を避けるため、多くのマネジャーに配分する必要があると考えている。現在、二〇のマネジャーに配分している。スタンフォード大学でも一八のマネジャーに配分している。一方、ウエスリアン大学の配分は七、バッサー・カレッジは五である。

戦略

四つのうち一つの基金は、絶対リターン戦略にフォーカスしている。マーケットニュートラル、イベント・アービトラージ、債券アービトラージ、ディストレスなどがこれに当てはまり、流動性の低い投資に関してマーケットに流動性を提供することでプレミアムを得る。

その他の三つは、さまざまな戦略を取っている。どの基金でも株式ロング／ショートを好んでいるが、面白いことにマネジャーは重複していない。

その他には、マルチストラテジー、ファンド・オブ・ファンズ、グローバルマクロ／オポチュニスティック型株式、イベント・アービトラージ、ディストレス、絶対リターンがある。

ファンド・オブ・ファンズ

ファンド・オブ・ファンズのアプローチを支持している基金は一つしかなかった。その基金では、五つの配分先のうち一つをファンド・オブ・ファンズにしていた。リバランスに関して内部に問題があるため、ファンド・オブ・ファンズを中心とすることは妥当であり自己規制を課すことになると考えたのだ。

ベンチマーク

リターンを評価するベンチマークに関しては、各基金で異なる。UNCは、ラッセル三〇〇〇とMSCI　EAFE（モルガン・スタンレー・キャピタル・インターナショナルの欧州、オーストラリア、東アジア指数）を使用してロング／ショートのヘッジファンド・マネジャーを評価している。また、MSCIワールドインデックスも使用して、オポチュニスティック型のヘッジファンド・マネジャーを評価している。絶対リターンのマネジャーに関しては、インフレ率プラス八％を基準としている。

これに対し、バッサー・カレッジは一律一三％のベンチマークを使用している。ウエスリアン大学ではベンチマークは明確にしていないが、何らかの形でほかのマネジャーと比較をしている。

リバランス

UNCとバッサー・カレッジは、タイガー・マネジメントに配分していた。しかし、その内容は異なる。UNCは四半期ごとにマネジャーを評価し、基金を常にリバランスしている。つまり、流動的な環境であると言える。タイガーは問題を抱えていたため、UNCはほかのマネジャーへの配分を徐々に増やしていった。

バッサー・カレッジは資産の再配分に苦労したようだった。投資委員会はマネジャー解雇の決定権を持っていたが、迅速に行動しなかった。そのため、パフォーマンスに影響を及ぼすことになってしまった。原則としてはリバランスが承認されたが、実施されなかった。委員会のコンセンサスが得られなかったことが原因だと考えられる。

スタンフォード大学は、一九九八年に困難に直面している。後になって考えれば、ヘッジファンドへの資産配分を減らし、一九九八年末に追加すればよかったのだ。逆張りのアプローチ（つまり、最も地合いの悪い時期、下落後にマネジャーに資金を追加する）を取ればよかったということを認めている。

また、スタンフォードでは常にリバランスをしていて、スプレッドが拡大するとマネジャーへの配分を増やしている。

新しいマネジャー

新しいマネジャーへの配分を容認する傾向が高まっている。その新しいマネジャーが独自のファンドを始める前に有名なヘッジファンドで働いていた経験があれば、なおのこと望ましい。しかし、ある基金では、さまざまな経済サイクルでマネジャーがどのように対処してきたかを見るため、五年間のトラックレコードを条件としている。

アメリカ国内のマネジャー

四つの基金のうち一つは、欧州のマネジャーを積極的に探している。残りの三つは、アメリカのマネジャーがグローバルな取引をしているので十分だと考えている。

透明性

二つの基金は、透明性を重視していない。というのも、パフォーマンス、エクスポージャー、レバレッジ、主な取引に関して、四半期ごとに必要な情報を入手していると考えているからである。詳しい情報を毎日受け取る必要はないという認識なのだ。

一つの基金は、第三者によるリスク報告制度が必要であると考えている。また、大規模で確立されたマネジャーほど透明性が低いと感じている。エクスポージャーとレバレッジについて詳しいリスクレポートを定期的に送付しているのは、一つの基金だけであった。

今後の展開

マネジャーは投資家のニーズに合った商品（リターンが一定で、ボラティリティが低く、従来型商品と相関性が低い商品）を提供すべきであるという苦情が、ヘッジファンド業界に対して寄せられている。マネジャーは顧客のことをもっとよく知り、単に商品を売るのではなくそのニーズを理解しなければならない。

その他に、クローバック（つまり、マネジャーのパフォーマンスやフィーには繰越期間が定められていて、三年間の繰り越しを要する）が提案されている。そうすることで、マネジャーの利害と投資家の利害を調整することができると考えられる。

ケーススタディ：チャペル・ヒルのノースカロライナ大学

チャペル・ヒルにあるノースカロライナ大学（ＵＮＣ）には一一億ドルの基金があり、ヘッジファンドを含めてオルタナティブ投資をいち早く採用している。投資の専門家で構成されている基金委員会では、従来型のコアポートフォリオにオルタナティブを加える計画について細かく取り決めている。ヘッジファンドに関しては、一九九〇年、ジュリアン・ロバートソンが委員会を辞任してＵＮＣの資産を管理すると決定を下している。ロバートソン、ノースカロライナ出身者、ＵＮＣ卒業生、そして委員会メンバーは、ロバートソンが委員会メンバーの一人として活動するのではなく資産の一部を直接運用することで、ファンドの付加価値が高まるものと信じていた。最高投資責任者であるマーク・ユースコいわく、ロバートソンがこのような決定をしたことは大学にとってプラスになった。その後一〇年間に、基金の一部をタイガー・マネジメントに投資して利益を得ることができたのである。

ＵＮＣの基金において、ヘッジファンドは大きな役割を果たしてきた。タイガーへの投資を補完するため、委員会はその他のファンドも追加した。そして、一九九〇年代に基金は急速に増大した。一九九七年の秋には、エールやスタンフォードのモデルに倣い、複雑な投資プログラムにも対処できるようにプロの投資オフィスを作る必要性が生じ、最高投資責任者を探すことになった。

人材探しはサウスベンドまで行き着いた。サウスベンドには、ユースコの母校であるノートルダムがあり、一九九三年から投資プログラムの構築に参加していたのだ。そして一九九八年一月、ユースコはUNCに戻った。プロの投資オフィスを作り、投資ファンドプログラムのクオリティを高めるため、委員会は一連の目標を細かく計画した。最初のステップは、五月に新しい戦略的投資方針を採用するというものだった。その方針とは、オルタナティブ投資を追加すること、株式への集中度を高めること、債券への依存度を低くすることなどであった。UNCは、新興マネジャーの採用にも積極的であった。一九九八年秋には、新しい投資方針に合わせてファンドを再編成するという、大々的なポートフォリオ変更に着手した。

流動性のあるオルタナティブ投資(ヘッジファンドタイプの商品)への配分は、一九九八年以降、三〇%を維持している。UNCプログラム固有の特徴の一つとして、「h」の使用禁止というのがある。前に説明したように、ヘッジファンドという言葉が、関連のないさまざまな取引スタイルを表現するようになってしまったため、UNCではヘッジファンドという言葉を使用していない。また、UNCは、ヘッジファンド、つまりオルタナティブ投資のマネジャーのことを、株式や債券のような特定のアセットクラスへのエクスポージャーを増やすアセットクラスとは考えず、スタイルや戦略と見なしている。

UNCのポートフォリオ・マネジメントのテーマの一つとして、各アセットクラスに複数のマネジャーとの関係を築き、ポートフォリオの分散化を実現するということが挙げられる。投資スタッフは、すべてのマネジャーに関して独自にデューデリジェンスを図り、マネジャーを選ぶときには徹底的に評価する。オルタナティブ投資のポートフォリオ全体で見ると、UNCは、ロング／ショート、オポチュニスティック型株式、絶対リターンの一般的な三つのカテゴリーで二〇以上のマネジャーに配分している。

ロング／ショートのマネジャーは、ロングバイアスであり、アメリカ株式または海外株式のいずれかに焦点を当てることができる。ファイアステイン・キャピタル、ラプター・ファンド、ボイアー・アランなど、さまざまなマネジャーがこのカテゴリーに含まれる。

オポチュニスティック型株式のカテゴリーには、さまざまなタイプのファンドがある。どのファンドも、ロング／ショート・モデルを使用しているが、必ずしもロングバイアスではなく、本質的にはグローバルである。このカテゴリーには、株式マネジャーも株式以外のマネジャーも含まれていて、マベリックや清算前のタイガーなどがこれに当てはまる。タイガー以外のマネジャーへの配分を徐々に増やし、ロバートソンが二〇〇〇年三月にタイガーを清算するときには、タイガーへの配分は三％まで減少していた。

三つ目のカテゴリーである絶対リターンとは、イベント・アービトラージ、レラティブバリュー、ディストレスなど、ボラティリティの低い戦略である。スタイルと戦略ごとに分散化することが重要であるため、この分野のマネジャー数が最も多い。シタデル、サテライト、オーク・ツリーなども絶対リターンのマネジャーである。UNCでは、絶対リターンに一〇％、オポチュニスティック型株式に一〇％を戦略的に配分している。ロング／ショートのマネジャーを対象とした戦略はない。ロング／ショートのマネジャーは、リスクをヘッジして、優れた投資運用の人材に接するために、アメリカおよび海外の株式ポートフォリオに加えられているのである。

UNCは、常にマネジャーの見直しをしている。流動的な環境と言える。「私たちは従来のような方法で探しているのではありません。常に探しているのです」とユースコは言う。恒常的なミーティングに手を加えるため、ユースコは、この二年間に投資チーム（六人の投資専門家、二人の運営専門家、二人のサポートスタッフ）を再編成した。マネジャーの問題についてアドバイスを求めるために、ケンブリッジ・アソシエーツを利用している。しかし、ポートフォリオに最適のマネジャーの発見、評価、選択に際しては、コンサルタントは多数の手段のうちの一つでしかない。投資スタッフは、分析とデューデリジェンスを内部で実施する。そして、ユースコとそのグループは、ポートフォリオの変更について最終的な意思決定権を持っている投資基金委員会に対して推奨をする。

パフォーマンスは語る

ユースコは、パフォーマンスだけではマネジャーを採用したり解雇したりする理由にはならないと考えている。パフォーマンスは、組織や戦略を変える必要性があるという兆候にほかならない。

では、マネジャーはどのようなときに解雇されるのだろうか？　通常は、マネジャーが予期しないことをした場合、あるいはマネジャーが自己申告した内容よりも積極的だったり消極的だったりした場合に解雇する。

ユースコは、マネジャーは今後厳しい時期を迎えることになるだろうと考えている。マネジャーが期待どおりのことをした場合にはそのマネジャーを残しておく。そして、その戦略に有利な状況になる次の投資サイクルに期待を寄せる。戦略が理にかなっていなかったり組織を大幅に変更したりしないかぎり、マネジャーはポートフォリオ・チームの一員でいることができる。

リバランスに関するUNCの哲学は、「強気で売って弱気で買う」ということである。どのマネジャーも四半期ごとに評価されるが、リバランスは必ずしも四半期ごとに実施されるわけではなく、やむにやまれぬ状況になったときに実施される。

結果に満足する

オルタナティブ、特に市場性オルタナティブにかかわることに対するUNCの目的は、ポートフォリオ全体のリターンを拡大することと分散化を図ることである。

UNCはその結果に満足している、とユースコは言う。ロング／ショート戦略については、アメリカ株式のベンチマークとしてラッセル三〇〇〇インデックス、海外株式のベンチマークとしてMSCI　EAFEを採用している。オポチュニスティック株式については、グローバルベンチマークであるMSCIワールドインデックスを採用している。絶対リターン戦略では、八％の実質リターン（インフレ率プラス八％）を採用している。

二〇〇〇年のパフォーマンスは良好であった。ユースコは次のように語っている。「二〇〇〇年前半は、従来型の投資にとって厳しい時期でした。でも私たちは、市場性オルタナティブ戦略、特に絶対リターンマネジャーの結果に満足しています。年の前半だけで一四％もアップしたのです」

関係を重視する

UNCは、マネジャーのキャリアの早い段階で後援している。「一〇億ドルの運用資産を持たない、あるいは五年のトラックレコードがない企業を探しています。……関係を最重視しているのです」。優れたマネジャーたちも、ほかに良いと思ったマネジャーのことをユースコに報告している。「不動産を探すときはロケーションを最重視するでしょう。私たちは関係を最重視しているのです」

マネジメントにおける煙突の原則

ユースコは、「マネジメントにおける煙突の原則」を展開してきた。これは、自然選択の法である。最高のマネジャーを求めて煙突の端を探しているのだ。ソロスの組織やシタデルからどのマネジャーが出てくるかを知りたいと考えている。有力な企業は有力なマネジャーを生み出す。才能のある人材は、最終的に自分の会社を運用してみたいと考えるだろう。過去の例からも分かるように、有力な企業から現れた新興マネジャーは、キャリアの早い段階で後援してくれる勇敢な投資家に対して超一流の結果を残している。

マネジャーは、学校卒業後に大きな組織で仕事を始めるというのが一般的である。その後、小規模の会社に移ることもあるだろう。より大きな利益を求めて、自分で事業を始めるかもしれない。そして最終的に、ヘッジファンドに行き着くのだ。ヘッジファンドでは、投資家の資産と一緒に自分の資産も運用することができる。このような環境では正当なインセンティブを持つことができる。つまり、単に資産を集めてマネジメント・フィーを得るのではなく、ベストの結果を上げるということである。これが煙突型の移行であり、最高のマネジャーは煙突の端にいるのだ。

UNCは、現在、欧州のマネジャーに高い関心を示している。すでにボイヤー・アランに配分をしていているが、ほかのマネジャーについても調べている。今後数カ月以内には、数人のマネジャーを採用する予定である。

ユースコは、アメリカのマネジャーと欧州のマネジャーとの間に何らかの違いを見いだしているのだろうか？　欧州の環境では競争があまり激しくないため、欧州のマネジャーのほうが機会は多い。「欧州の株式市場は一〇年前のアメリカの市場と似ています」。また、欧州ではアントレプレナーシップの考えに抵抗し、ヘッジファンド・マネジャーになるという風潮が見られるとユースコは考えている。

ユースコは、ロンドンにあるマーシャル・ワースの新しいオフィスでのことを思い出して話してくれた。一九九七年一一月、まさにビジネスを始めたときのことだった。箱を椅子の代わりにして座り、いつになったら一億ドルの運用資産を確保できるだろうかとポールとイアンと話していた。今ではマーシャル・ワースの資産は二〇億ドルを超え、新規募集を締め切っている。

うまくやり遂げるマネジャーというのは、いくつものことに精通し、さまざまなスキルを身につけていなければならない、とユースコは確信している。一九八三年から一九九〇年にかけて、テクノロジー・マネジャーにとって、ロングで利益を上げるのが非常に厳しい状況だった。ところが一九九〇年から二〇〇〇年半ばにかけて、テクノロジーは非常に恵まれた環境にあった。

悪評

最近のヘッジファンドに関するスキャンダルは、ヘッジファンドに対するUNCの考え方に影響を及ぼしただろうか？　ユースコは、ヘッジファンド業界は急成長を遂げたと考えている。素晴らしい機会もあれば、挫折もあった。

金融関係のメディアが否定的な報道をすると、リスクがあると書かれている戦略を委員会メンバーに納得させることが難しくなる。つまり、委員会のメンバーを常に教育し、ポートフォリオ全体のリスクに対処しなければならなくなるのだ。メディアはなぜ、マーケット低迷時でもマネジャーがハイリターンと低ボラティリティという優れたパフォーマンスを残していることを強調しないのだろうか、とユースコは不思議に思っている。

「ヘッジファンド」という表現はＬＴＣＭのことを暗に示していて、ＬＴＣＭとはまったく異なるほかのマネジャーはその被害を受けているということをユースコは強調した。「一人のマネジャーがくしゃみをすると、全員が風邪をひいてしまうのです」。また、ＵＮＣが多くのマネジャーに少額を配分しているのは、一人のマネジャーに依存した場合の失敗、詐欺的行為の危険性、その他の不利な状況が及ぼす影響を避けるためだということも強調している。

モメンタムの転換点

驚いたことに、ユースコはロックアップの長期設定を望んでいる。マネジャーを採用して、長期的な関係を築くことを期待している。良好な関係を築くには時間がかかる。流動性を図ってロックアップを短くすることは、理にかなっていない。そうではなく、ロックアップを長くするのと引き換えに、フィーを低くするのである。

ユースコは低いフィーの狂信者ではないが、ハードルレートの正当性に関しては認めている。ハードルを下回ったマネジャーはフィーを受け取ることができない。一方、ハードルを上回ったマネジャーは多くのフィーを受け取り、結果として、報酬の総額は一％のマネジメント・フィーと二〇％のインセンティブ・フィーというモデルに等しくなる。本当に優れたパフォーマンスに対してより高いフィーをもたらす可能性を持っている。

ユースコは、透明性の問題が大きく取り上げられすぎていると感じている。マネジャーを毎日解雇することができないのに、なぜ毎日のデータを見る必要があるのだろうか？　時間の無駄である。「一〇代の子供に車を与えるようなものです。その子を信用しないならば、キーを渡すべきではありません。かといって、毎回一緒に乗る必要もありません」。何人かのマネジャーに対しては月次の情報を求めているが、通常は、パフォーマンス、エクスポージャー、レバレッジ、主な取引について四半期ごとのデータを要求しているだけである。

ユースコは、ヘッジファンド業界はモメンタムの転換点にいると考えている。従来型の投資に対してこれまでと違った評価が下され、従来型のマネジメント会社の多くのマネジャーがヘッジファンドへ移り、機関投資家は上昇の可能性をあきらめずに強気相場で利益を得ようとする。このようにイベントが集中しているということは、ヘッジファンド業界が組織化される重要な時期であることを示している。

業界にとって、商品志向からソリューション志向への移行は重要な課題だ、とユースコは考えている。「何かを作れば人々がやってくる」という時代は終わった。ヘッジファンド業界は、機関投資家のニーズに合った商品やサービス（リターンが一定で、ボラティリティが低く、従来型商品と関連性が低い商品）を提供しなければならない。そして、マネジャーは顧客のことをもっとよく知り、そのニーズを理解しなければならない。単なる商品販売者ではいけないのだ。

確立された企業と比べ、新しいヘッジファンド・マネジャーは顧客志向が高まっている。そのようなマネジャーは、顧客サービスのスタッフと経営マネジャーを採用し、組織の真の価値は人材と関係にあるということを認識している。

現在ヘッジファンド業界は資本不足であるが、年金、学校法人基金、財団の多額の資産が投入されるだろうとユースコは予測している。

ケーススタディ・インタビュー：スタンフォード大学

スタンフォード大学の八〇億ドルの基金を投資しているスタンフォード・マネジメント・カンパニーは、一九八〇年代後半から、オルタナティブ投資の機会を探していた。その目標は、長期株式のリターンに近いリターンを達成すること、ポートフォリオを分散化すること、より良いリターン／リスク率を実現することであった。一九九〇年に初めてディストレス証券に投資し、数年後にはリスク・アービトラージに配分した。

スタンフォードの最高投資責任者であるアン・キャッセルズによると、当初から配分している二人のマネジャーは今でもポートフォリオに組み入れられている。このほかに、一〇年間で一六のマネジャーに配分してきた。現在、ポートフォリオ全体の約一〇％をヘッジファンドに配分している。この割合は、昔からあまり変わっていない。毎月一％の利益を出すこと、そして債券のような標準偏差にすることを目標としている。

「配分のテーマは、マーケットに流動性を提供することで基本的なリターンを得る活動、流動性の低い分野に投資することでプレミアムを得る活動に投資することです」とキャッセルズは言う。

このようなテーマに基づき、ポートフォリオの約二五％をマーケットニュートラル戦略に、三〇％をイベント・アービトラージに、二五％を債券アービトラージに、一五％をディストレス証券に、三％を転換社債アービトラージに、そして残りをその他の戦略（グローバル戦術的な資産配分、新興市場、為替など）に配分している。これらを「絶対リターン戦略」と呼んでいる。これらの戦略は、流動性の危機の時期を除き、株式相場や債券相場の動向にかかわらず利益を上げるものである。

これらの分野では、スキルのあるマネジャーが付加価値を高め、リスクを削減する。このようなマネジャーと保険会社は似ているとキャッセルズは考えている。つまり、リスクの引き受けが優れていれば、厳しいマーケットでも損失を削減することができるのだ。

選択基準

マネジャーの選択、監視、リバランスは内部で実施している。投資部門には八人のスタッフがいる。

一人のマネジャーについて複数のスタッフが対応する。配分を承認するのはシニアスタッフであり、週に一回実施される。

選択するときは、何を基準にしているのだろうか？　キャッセルズによると、五年のトラックレコードに注目しているという。「一九九四年や一九九八年のような厳しい時期にも独立企業として切り抜けてきた経験が大切です」。この時期に投資銀行で働いていたマネジャーは、独立していなかったマネジャーが多い。つまり、膨大なマージンコールを個人的に受けていたわけではないのだ。長期のトラックレコードを持つマネジャーを好む理由はここにある。

このカテゴリーには海外をベースとしたマネジャーが少なく、今のところ、配分しているマネジャーはすべてアメリカベースである。それでも、マネジャーのほとんどはグローバルに取引している。例えば、マーケットニュートラルでは、多数のマネジャーがイギリスと欧州にも対応している。債券アービトラージでは、G７諸国とG11諸国でも取引している。買収アービトラージのマネジャーは欧州で取引している。しかし、ディストレス証券に関してはアメリカ以外には拡張されていない。これは、海外の破産制度が難解であることが原因だと考えられる。

資産規模の問題に関しては、あまり大きくないマネジャーのほうが好ましいと考えている。多くの資産を振り分けるには問題を伴うことが多いからだ。マネジャーの専門分野以外にあまり深くかかわっていないことが望ましいとも考えている。一九九八年に買収アービトラージで痛手を負ったマネジャーは、その手法にあまり慣れていなかった。また、マネジャーの資産はあまり急速に拡大しないことが望ましい。

しかし、最も注目すべき要素はマネジャーの資質と特性である。マネジャーは、正直で信頼性があるのはもちろんのこと、聡明で、モチベーションが高く、横柄でなく、謙虚でなければならない。

リバランス

転換社債アービトラージと買収アービトラージでは、スプレッドが拡大したときにマネジャーへの配分を増やしている。「常に見直しのことを考えています。四半期に一度マネジャーに会っていますが、リバランスのタイミングに関して正式な規定はありません」

これまでに解雇したマネジャーは数人である。一つ目の例は、債券のマネジャーがアービトラージャーではなくポジションに方向性を持っていたときだった。別な例では、正式な手順に背いたときにも解雇している。その他に、マネジャーが自分の戦略に行き詰まって方向転換したため、大きな取引機会を逃してしまったときに解雇している。

スタンフォードは、ヘッジファンドに配分したことに満足している。ただ、一九九八年は厳しい時期であった。今から考えると、配分を減らして後で追加すればよかったのだ。

「逆張りのアプローチを取って、下落後に資金を追加すれば多くの利益を上げることができます。一九九八年一一月は、債券アービトラージに投資する絶好のチャンスでした。精神的に厳しくても、地合いが最悪の時期に資金を追加するべきなのですね」。実際、一九九八年以降債券の配分を追加している。

当時、スタンフォードは転換社債アービトラージへの投資も手掛け始めていた。キャッセルズは、流動性の低い分野に流動性を提供している投資家にプレミアムを与えるという点で、転換社債アービトラージがいかに良い例であるかを強調している。

いくつかのマネジャーの崩壊が明らかになったことはヘッジファンド配分に何らかの影響を及ぼしたのだろうか？「プログラムを再検討する良い機会になりました。そして、私たちのデューデリジェンスとモニタリングがうまくいっていることを確認できました。LTCMのような状況は避けたいと思っています。LTCMは透明性が低く、その利害は投資家の利害と食い違い、専門分野からはずれて投資していたのです」

理想の世界

理想としては、キャッセルズは、TビルまたはLIBORのいずれかのハードルレートがマネジャーに定められているのが望ましいと考えている。これをクリアすると、規定のインセンティブ・フィーを受け取ることができるのだ。マーケットニュートラルのマネジャーのほとんどが、ハードルレートを採用している。債券のアービトラージャーもハードルレートを定めているが、イベントのアービトラージャーは定めていない。

また、マネジャーの利害と投資家の利害を調整することができるように、マネジャーに繰越（キャリー）期間を定めることも考えている。これは、クローバックと呼ばれるものである。例えば、現在の慣習では、あるマネジャーが一年目に一〇〇ドルのキャリーを得て二年目に損失を出した場合、キャリーを失うことはない。しかし、毎年三分の一ずつのキャリーが発生すると、マネジャーは、投資家と利益の分け前にあずかるだけでなく損失も一緒に被ることになる。

理想としては、ポジションの透明性を高めるか、あるいは第三者のリスク報告制度を確立することが望ましいと考えている。ポジションに関して透明性のあるマネジャーもいるが、成功したマネジャーや確立されたマネジャーは透明性が低いことが多い。

ほとんどのマネジャーが、各自のポートフォリオについて説明するだろう。また、郵送で投資家に報告することもあるだろう。債券アービトラージのマネジャーたちは、リスク報告を定期的に送付し、エクスポージャーとレバレッジについて詳しく説明している。

ケーススタディ・インタビュー：バッサー・カレッジ

バッサー・カレッジがヘッジファンドへの配分を始めたのは、一九九二年のことである。配分割合は年々増えているが、投資責任者のジェイ・ヨーダー（インタビューは二〇〇〇年七月に実施したものである。ヨーダーはバッサー・カレッジを離れ、現在はスミス・カレッジの基金に携わっている）の説明によると、一九九五年以来配分の割合は二桁に増大している。現在は約一一％である。二〇〇〇年六月三〇日時点で、オルタナティブ投資（ヘッジファンド、ベンチャーキャピタル、バイアウト、不動産、エネルギーなど）全体では、六億七五〇〇万ドルの基金の二九％を占めている。

一九九三年には二つのヘッジファンドにしか投資していなかったが、一九九九年には五つに配分していた。バッサー・カレッジはさまざまな戦略へ投資しようと考えていている。実際に、グロース株式ロング／ショートのマネジャー（トゥーペロ）、二つのマルチストラテジーファンド（一つはハイリターン／ハイリスクのエベレスト・キャピタル、もう一つはリターンとリスクの特性が中程度のエリオット・アソシエーツのウエストゲート）、グローバルマクロのマネジャー（タイガー・マネジメント）、商品ファンドのファンド・オブ・ファンズ（コモディティーズ・コーポレーション）に配分していた。ポートフォリオが大きくなると、さらに分散化を進める。

ヘッジファンドに投資する基本的理由は、リターンの拡大とリスクの削減である。ベンチマークは一律一三％である。一九九二年七月一日に開始してから二〇〇〇年第1四半期までの年利は、一二・九％であった。「もちろん、もっとうまくいくように目指していましたが、図らずもベンチマークと一致してしまいました」。ヨーダーは、リターンがアメリカ株式市場と関連していないことに満足している。

一九九六年の初めには、その哲学を大幅に変更している。当初、ヘッジファンドについては、ポートフォリオのボラティリティを緩和するための株式代替として利用していたが、株式の代替として考えるのではなく、別個のアセットクラスとして扱うようになったのだ。

リバランスの問題

一九九三年初め、バッサーは二番目の配分先としてタイガー・マネジメントに投資している。リターンが安定していたため、最初は一一〇〇万ドル（ポートフォリオの三・九％）だった配分を一九九八年初めには三九〇〇万ドル（ポートフォリオの七・五％）にまで増やした。その後、タイガーの状況が悪化してしまい、二〇〇〇年初め、リターンの低下を理由として投資委員会はタイガーを外すことを決定した。ところが、行動に移す前にタイガーは清算してしまった。とはいうものの、七年の間に、ロバートソンはカレッジのために年平均一四％のリターンを上げていた。

ヨーダーは、（タイガーを含めて）ヘッジファンド・マネジャーを厳しくリバランスしていれば状況はもっと良かったはずだと強調している。「利益を出したときに資金を引き揚げて、その後、低迷したときに配分を追加していればよかったのです」。ヨーダーはリバランスを推奨していて、方針として書面にも表していたが、投資委員会は、うまくいっているマネジャーから資金を引き揚げたり、パフォーマンスの低いマネジャーに追加したりすることはできないと主張した。「委員会はコンセンサスを必要とするので、そもそも逆張りなど無理なのです」。バッサーの委員会には、受託者委員会のメンバーや非常任メンバーの専門家も参加していて、通常は四半期に一度開催されている。ヨーダーは議題をまとめて上げているが、最終決定権は委員会にある。

どの投資委員会も同じ方法では運営されていない。一般的には、企業内スタッフ、委員会、コンサルタントが参加している。コンサルタントに相当依存している基金もあれば、スタッフの延長としてコンサルタントに依頼している基金もある。

ファンド・オブ・ファンズについて

いろいろな問題の解決法として、バッサーは、コアホールディングとしてファンド・オブ・ファンズのアプローチを検討している。委員会が優れたヘッジファンドを選択してその内訳を厳密にリバランスするという確信が持てない場合、ファンド・オブ・ファンズのアプローチが有効だろうと考えたからだ。

コンサルタントについては検討しないのか？　コンサルタントの多くはゼネラリストであり、必ずしも十分な経験があるとはかぎらない、とヨーダーは考えている。最近では、独自に調査を進めていて、コンサルタントにはあまり依存していない。

業界に対する考え方

ヨーダーは、ヘッジファンド・マネジャーのフィーに問題があるとは思っていない。透明性も向上してきている。マネジャーの戦略と主なエクスポージャーを知ることは重要なことであるが、投資家は、毎日の情報を詳しく知る必要はない。

ケーススタディ・インタビュー：ウエスリアン大学

コネティカット州ミッドタウンにあるウエスリアン大学は一九六〇年代、学生数当たりの基金額ではトップクラスであった。一九六〇年代後半に刊行物の一つである『マイ・ウイークリー・リーダー』を売却し、多額のキャッシュを手にした。基金は二倍に膨らんだ。その結果、支出が増え、寄付金は枯渇し、保守的な投資戦略を余儀なくされた。その間に、学生数当たりの基金額は下位に落ちてしまった。

そして一九九八年、投資方針を作成し直した。パフォーマンスを改善すること、つまり資産配分に集中することを目標としたのだった。長期的な範囲と分散化に関して、リターンとリスクのトレードオフを調べた。そして、リスクと短期のボラティリティを削減してリターンを拡大できるということに気付いた。

資産配分は、七五～八〇％が株式、一五～二五％が債券であった。株式だけで見ると、三〇％がオルタナティブ投資、一五％が海外株式、一〇％が絶対リターン戦略であった。こう説明するのは、投資責任者のトーマス・カナムである。カナムは、一九九八年にダートマスからウエスリアンに移って来た。

ウエスリアンは、一九九八年にヘッジファンド（ウエスリアンでは「絶対リターン」と呼ぶ）への投資を始めた。分散化の実現、リターンの拡大、そしてリスクの削減を目指していた。

五億八〇〇〇万ドルの基金を、スタイルの異なる七つのヘッジファンドに配分している。いずれも、株式市場との相関性はない。当初、七つそれぞれに五〇〇〇万ドルの資産を配分した。その後、三つのファンドに追加配分を実施した。配分を受けたマネジャーのスタイルは、イベント・アービトラージ、ディストレス、アメリカのロング／ショート、日本のロング／ショート、マクロであった。

追加配分を受けたマネジャーのなかに、ピーター・ショーエンフェルド・アセット・マネジメントがある。このマネジャーは、欧州での買収アービトラージ取引を多く扱っている。ディストレスに集中しているケルベロス・インターナショナルも追加配分を受けた。ブラック・ベアー・ファンド（アメリカのロング／ショート）は、三番目に多くの追加配分を受けている。

一九九九年のＮＡＣＵＢＯ調査によると、ウエスリアンは、ローズヒル、ＲＳインベストメント・マネジメント、ＳＣＩキャピタル・マネジメントにも資産を配分している。

タイガー・マネジメントについても考えたが、規模があまりにも大きかったため投資を見送った。カナムは、規模は戦略に影響を及ぼすと考えているため、規模については慎重に調査している（特に一〇億ドルを超える場合）。

ウエスリアンでは、調査とマネジャーのデューデリジェンスを内部で実施している。基本的にはケンブリッジ・コンサルティングに依頼していてレポートも受けているが、ヘッジファンドの分析は内部で実施している。内部分析チームは、カナム、投資専門家、アナリスト、そして二人のサポートスタッフで構成されている。

現時点では、ファンド・オブ・ファンズにはそれほど熱心でない。「ポートフォリオを構築したので、その動向を見守りたいと考えています。ファンド・オブ・ファンズについてはその後でも検討できますから。今は、自分たちでできると考えています」

通常、ウエスリアンでは、特定の戦略について考えるところから着手する。そして、それに合ったマネジャーを探す。新しいマネジャーも含め、すべてのマネジャーを対象としている。「ベストの人材を見つけたいと考えています。ヘッジファンドでもプライベートエクイティでも、新しいマネジャーを進んで受け入れます。それが大規模で有名なヘッジファンドの出身であれば、なおのことです。新しい仕事に取り組むときは野心的で、信望を得たいと思っているはずですから」とカナムは言う。また、ほかのところで一緒に働いたことのあるチームも探している。

ウエスリアンは、絶対リターン計画がうまく進んでいることに満足している。「従来型の株式マネジャーは（二〇〇〇年に）落ち込んでしまいましたが、ヘッジファンド・マネジャーは好調でした」。リスクが低くなったため、従来型の株式のリターンとは違う結果が得られている。

「マネジャーを評価するベンチマークは完全ではありません」とカナムは言う。現在、Tビルの倍増にも成功しているほかの学校法人基金について調べている。また、リバランスの重要性について認識している。

まだマネジャーを解雇したことはない。マネジャーを解雇する主な理由は、公認のスタイルや戦略と一致していないということである（例えば、レバレッジを使用しないと言っていたのに使用したというような場合）。

七つのヘッジファンド・マネジャーについて個々に考えるのではなくサブポートフォリオとして考えるようカナムはウエスリアンの理事会に働きかけている。相当変動的なロング／ショートのマネジャーもいて、一九九九年には七つのなかで最高の実績を収めたが、二〇〇〇年は最下位である。

大人数の投資委員会を小人数のグループに分けているため、ウエスリアンのスタッフと委員会との関係は良好だとカナムは見ている。スタッフが推奨をして、理事会はその判断を委員会の小グループに委託している。

ウエスリアンでは、ヘッジファンド業界がどのように変わっていったらよいと考えているのか？カナムは、豊富な情報と透明性を望んでいる。フィーについては最終的には低くなることを期待しているが、支払った分だけ利益も得ることができるため、現在のフィー構造には問題を感じていない。

第4部
今後の展望

Part Four
Moving Forward

第20章

ヘッジファンド業界はどこへ向かうのか

WHERE THE HEDGE FUND INDUSTRY IS HEADED

ヘッジファンドは、まさに岐路に立たされている。新たに設立されたヘッジファンドの数も、ヘッジファンド・マネジャーのスタイルの多様性も、ピークに達している。一方で、機関投資家の関心と機関投資家からの配分はかつてないほど高い。

二〇〇〇年は、トップのヘッジファンド・マネジャーたちにとってリトマス試験のような年であった。ダウ平均、S&P五〇〇、ナスダックはそれぞれ五・六%、九・四%、三九・七%も下落してしまい、真のヘッジファンド・マネジャーだけがリトマス試験紙で正しい色を示した。うまくヘッジできなかったマネジャー、あるいは適切なリスク・コントロールができなかったマネジャーは試験に通ることはできなかった。

このような転機において、成長を継続して長く繁栄するため、ヘッジファンド業界は変化の必要性に迫られている。その変化は、マネジャーの側からも投資家の側からも、である。

ヘッジファンドの世界と機関投資家の世界では、そのカルチャーに違いがある。このことを理解していれば、お互いにプラスとなるような歩み寄りを考えることができるだろう。例えば、ほとんどのヘッジファンド・マネジャーは絶対リターンを目的としているが、機関投資家は相対パフォーマンスやベンチマークを使用している。また、ヘッジファンド・マネジャーは規制を避けるためにファンド構造を利用しているが、機関投資家は透明性を高めるために個別のアカウントを好む。

透明性の分野に関しては、何らかの努力が必要である。ヘッジファンドのトレーディング・プログラムと戦略は、機関投資家が取り組んできた従来型のロングオンリーの投資とはまったく異なる。へッジファンドの戦略ごとにリスクもそれぞれ異なる。その結果、さまざまなヘッジファンド・マネジャーのリスクを包括的に要約するのが難しくなる。透明性が高まれば、この問題を解決するのに役立つだろう。さらに、ベンチャーキャピタルへの投資経験がある機関投資家は投資の詳細を知らされていたため、ヘッジファンドにも同じことを要求しようとするだろう。ほかにどのような投資家が関与しているのか（少なくとも、ほかの投資家はどのようなタイプなのか）ということも知りたがる。

機関投資家は、ヘッジファンドのことをよく知るようになってきている。その多くは、マーケットニュートラル以外の戦略に焦点を当てていること、あるいはファンド・オブ・ファンズ以外の戦略に投資していることに十分満足している。新しいマネジャーや海外のマネジャーに投資をしている投資家もいる。特定の戦略に注目している投資家も多い。フィーが高すぎるとは感じていないが、ハードルレートを採用することには賛成している。この特徴は今後も求められるだろう。

機関投資家は、自分たちのニーズを理解して、既成の商品を売るだけでなくニーズに見合った革新的な商品を開発するようにマネジャーに要求している。機関投資家が求めているのは、リターンが安定していていて、ボラティリティが低く、従来の投資との相関性が低い商品である。これに伴い、マネジャーは顧客志向になる必要がある。ヘッジファンドでは、これまで投資家との関係についてあまり重点を置いてこなかった。

マネジャーのキャパシティと規模の問題は、今後も解決が難しいと思われる。というのも、機関投資家の資産が増えると、トップのマネジャーの資産もさらに成長するからである。マネジャーは、成長に関して慎重にならなければならない。また、規模の増大がパフォーマンスに及ぼす影響について、今後も検討し続ける必要がある。最も優先すべきことは、どのようなマーケット状況でも優れたパフォーマンスを上げることであり、フィーを得るためにヘッジファンドを大きくすることではないのだから。

投資家は、過去に起こったような崩壊や経営困難を避けるため、デューデリジェンスの努力を続ける必要がある。主な課題の一つとして、マネジャーがキャパシティに達した時期を判断するということがある。資産が多くなりすぎると、マネジャーのパフォーマンスに影響を及ぼしかねない。さらに、機関投資家が巨大マネジャーに投資すると、実際に資産を運用しているのはだれなのかを知る必要性が生じる。メインのポートフォリオ・マネジャーなのか、それともサブポートフォリオ・マネジャーなのか？　サブポートフォリオ・マネジャーが運用していた場合、そのマネジャーはメインのマネジャーと同じくらい経験が豊富なのだろうか、ということも知らなければならない。

マネジャーは、優位性を高めるためにテクノロジーに親しくならなければならない（つまり、テクノロジーを活用しなければならない）。戦略は複雑かつグローバルになってきているため、テクノロジーに詳しくなければ、その複雑性を生かすことはできないだろう。そして、それがマネジャーのスキルと能力の分岐点となるだろう。

ヘッジファンド会社は、会社を存続させなければならない。チーム構造と企業文化を浸透させて、エリート企業を次世代に引き継ぎ、その業務を維持していく必要があるのだ。

第19章　学校法人基金の重要性

1. NACUBO, Endowment Study, prepared by Cambridge Associates, Washington, DC, 2000.
2. Ibid.
3. Ibid.
4. *HedgeWorld*, "University of South Looking for New Hedge Fund Home for Its Tiger Dollars," June 16, 2000.
5. *HedgeWorld*, "Texas A&M Triples Hedge Fund Holdings," August 21, 2000.
6. *Alternative Investment News*, "LA College Looks to Investing in Hedge Funds," September 2000, page 1.

2. Jack Schwager, *Market Wizards: Interviews with Top Traders* (New York: Simon & Schuster, 1989), pages 53–54.
3. *Wall Street Journal,* "A $100M Man Finally Gets Attention, Much to His Chagrin," October 11, 1991, page 1.
4. *Forbes*, "Trust Busters," June 2, 1997, page 146.
5. *Washington Post*, "Illustrated Bible Is Everest for Artist; American Barry Moser Said the Spiritual Project Provided the Challenge of a Lifetime," August 7, 1999.

第13章　ポール・シンガー（エリオット・アソシエーツ）

1. Infovest21 Conference, June 8, 2000.

第15章　S・ドナルド・サズマン（パロマ・パートナーズ）

1. *Barron's*, "Unhappy Returns," March 29, 1999, page 18.

第16章　デビッド・テッパー（アパルーサ・マネジメント）

1. *Institutional Investor*, "The Rise and Fall of Michael Smirlock," December 1, 1998.

第18章　機関投資家

1. *Wall Street Journal*, "Investors Get Invitation to Come Mix with Rockefellers," March 1, 2000, page C1.
2. *HedgeWorld*, "Oklahoma Firefighters Retirement System May Alter Hedge Fund Mix," September 7, 2000.
3. *HedgeWorld*, "LA Looks to Place $50M in Event Strategy Fund," September 22, 2000.
4. *Wall Street Journal Europe*, "CalPERS Gets Nod for $11M Investment," September 22, 1999.
5. Hiroto Satomi, ITOCHU, Infovest21 Conference, June 8, 2000.
6. Ibid.
7. *Nikkei Finance Daily*, "Sumitomo Life to Boost Substitution Investing," May 17, 2000.
8. *Nihon Keizai Shimbun*, "Tokio Marine and Fire to Expand Alternative Investments," July 3, 2000.
9. John O'Hara, Commodities Corp./Goldman Sachs, Infovest21 Conference, June 8, 2000.
10. *MAR/Hedge*, "Zurich Pension Plots Alternative Investment," September 2000, page 10.

6. *MAR/Hedge*, January 2001.
7. *MAR/Hedge*, September 1998, page 44.
8. *MAR/Hedge*, Web site, www.marhedge.com, January 2001.
9. Ted Caldwell, *Look Out Mountain Hedge Fund Review*, "Selected Reprints from 1996."
10. *New York Times*, "After a Fund's Fall Is Wall Street Wiser?" Roger Lowenstein, September 17, 2000.
11. Roger Lowenstein, *When Genius Fails* (New York: Random House, 2000), page 146.
12. Ibid., page 191.
13. *Wall Street Journal*, "Long-Term Capital Chief Acknowledges Flawed Tactics," August 21, 2000, page C1.
14. Ibid., pages 113–114.
15. Ibid., pages 95–96.
16. Ibid., page 113.
17. Ibid., pages 127–129.
18. Robert Schulman, Tremont Advisers, MAR/Hedge International Conference, October, 1998.

第5章　リー・エーンズリー（マベリック・キャピタル）

1. Annual Partners Meeting 2000, Pierre Hotel, New York City, October 19, 2000.
2. Ibid.

第6章　レオン・クーパーマン（オメガ・アドバイザーズ）

1. *New York Times*, "On the Defensive, Wamaco's Chief Executive Plays Aggressively," June 7, 2000, page 1.

第8章　ジョン・ヘンリー（ジョン・W・ヘンリー&カンパニー）

1. Managed Futures Association, Chicago, Illinois, July 13, 1995.
2. *Time*, "A Hedgie Bets on Baseball," April 26, 1999, page 56.
3. *Miami Herald*, "John Henry, an Unusual American Success Story," January 31, 1999.

第10章　ブルース・コフナー（キャクストン・コーポレーション）

1. *Wall Street Journal* "A $100M Man Finally Gets Attention, Much to His Chagrin," October 11, 1991, page 1.

50. *Time*, "The New Philanthropists," July 24, 2000, page 50.
51. Jack Schwager, *Market Wizards: Interviews with Top Traders* (New York: Simon & Schuster, 1989), page 193.
52. *Money*, September 22, 1987, page 32.
53. *Wall Street Journal*, "Steinhardt to Close His $2.6 Billion Funds," Laura Jereski, page 11.
54. *Wall Street Journal*, "Odyssey Is Dissolving $3 Billion Firm," January 13, 1997, page B4.

第2章　引退の真相

1. *Wall Street Journal*, "Tiger Funds Go Prowling for a Partner," Laura Jereski, June 30, 1997, page 11.
2. CNNfn, "Another Soros Goodbye," June 2, 2000.
3. *MAR/Hedge*, "Turning Point—Asset Size versus Performance," June 1994, page 6.
4. John Bogle, *Common Sense on Mutual Funds* (New York: John Wiley & Sons, 1999), page 99.
5. Ibid., page 100.
6. Ibid., page 264.
7. Ibid., page 168.
8. Fraser Seitel, Emerald Partners, Infovest21 Conference, June 8, 2000.
9. *Wall Street Journal*, "Steinhardt to Shutter His Hedge Fund," October 12, 1995, page C1.
10. Robert Slater, *Soros: The Life, Times and Trading Secrets of the World's Greatest Investor* (Burr Ridge, IL and New York, NY: Irwin, 1996), page 155.
11. Ibid., page 156
12. *Wall Street Journal*, "George Soros Alters His Style, Making a Role for Son Robert," June 16, 2000, page C1.
13. Ibid.
14. *MAR/Hedge* median benchmarks, www.marhedge.com.

第3章　ヘッジファンド業界の概要

1. *MAR/Hedge*, "Good News—and Bad—for Hedge Funds," October 1999, page 1.
2. *MAR/Hedge*, "Hedge Fund Fever Comes to Europe," February 1998, page 1.
3. Infovest21 Conference, September 7, 2000, New York City.
4. *MAR/Hedge*, March 1999, page 44.
5. *MAR/Hedge*, June 2000, page 39.

18. George Soros, *Soros on Soros: Staying Ahead of the Curve* (New York: John Wiley & Sons, 1995), page 40.
19. Robert Slater, *Soros: The Life, Times and Trading Secrets of the World's Greatest Investor* (Burr Ridge, IL and New York, NY: Irwin, 1996), page 71.
20. Ibid., page 74.
21. Ibid., page 85.
22. Ibid., page 90.
23. *Soros on Soros*, page 63.
24. Ibid., page 28.
25. George Soros, *The Alchemy of Finance* (New York: John Wiley & Sons, 1987), page 13.
26. Slater, page 18.
27. *Soros on Soros*, page 28.
28. Slater, page 29.
29. *The Alchemy of Finance*, page 15.
30. *Soros on Soros*, page 10.
31. *MAR/Hedge*, "Decision-Making at Its Best," October 1996, page 10.
32. *Soros on Soros*, page 11.
33. Ibid. pages 11–12.
34. Ibid., page 59.
35. Ibid., page 65.
36. Ibid., page 68.
37. Ibid. pages 69–70.
38. Ibid., page 10.
39. Ibid., page 12.
40. *USA Today*, "Super Traders Throw Tradition Out Window," James Kim, page 5B.
41. *New York Times*, "House Panel Given a Lesson in Hedge Funds," April 14, 1994, page D1.
42. "Malaysia Mahathir Scolds US Allowing Soros Speculation," Dow Jones News Service, August 22, 1997.
43. *Soros on Soros*, page 247.
44. Ibid., page 212.
45. Ibid., page 237.
46. Ibid., page 246.
47. *Wall Street Journal*, "Soros to Appoint a CEO after Firm's Chaotic Year," August 10, 1999, page C1.
48. Ibid.
49. *Time*, "Turning Dollars into Change," William Shawcross, September 1, 1997, page 49.

脚注

第１章　2000年の大事件

1. MAR/Hedge International Conference on Hedge Funds, October 12, 1998.
2. *New York Times*, "A Tiger Fights to Redeem His Old Roar," December 19, 1999, page 1.
3. MAR/Hedge International Conference on Hedge Funds, October 12, 1998.
4. Ibid.
5. *Business Week*, "The World's Best Money Manager—What You Can Learn from Julian Robertson," November 12, 1990.
6. Ibid.
7. *Business Week*, "Wall Street's Best Kept Secret," November/December 1990.
8. *Wall Street Journal*, "Tiger Funds Go Prowling for a Partner," June 30, 1997.
9. Ibid.
10. *News & Observer*, Raleigh, North Carolina, April 2, 2000, page E1.
11. *Wall Street Journal*, "Tiger Makes It Official: Hedge Funds Will Shut Down," Gregory Zuckerman and Paul Beckett, March 31, 2000.
12. *Wall Street Journal*, "George Soros Alters His Style, Making a Role for Son Robert," June 16, 1000, page C1.
13. CNN, "One More Soros Farewell," June 9, 2000.
14. *MAR/Hedge*, "New Soros Manager Trades Mostly Currencies," September 2000, page 3.
15. *Wall Street Journal*, "How the Soros Funds Lost Game of Chicken versus Technology Stocks," May 22, 2000, page 1.
16. Ibid.
17. Ibid.

■著者

ルイ・ペルス（Lois Peltz）

ルイ・ペルスは、オルタナティブ投資向けの情報サービス会社であるインフォベスト21のＣＥＯ（最高経営責任者）。インフォベスト設立前は、マネージド・アカウント・レポーツ社（ＭＡＲ）の編集長を８年間務め、『ＭＡＲ／ヘッジ』や『ＭＡＲ／ソフィスティケーテッド・インベスター・ストラテジーズ』などの出版に携わっていた。

■監修者

長尾慎太郎（ながお・しんたろう）

東京大学工学部原子力工学科卒。米系銀行でのオルタナティブ投資、および金スワップ取引、ＣＴＡ（商品投資顧問）での資金運用を経て、現在は信託銀行の株式ファンドマネージャーとしてオルタナティブ運用を行う。マーケットに関連した時系列データを基にしたシステム・トレードを専門とする。主な訳書に、『タートルズの秘密』『魔術師たちのトレーディングモデル』『ラリー・ウィリアムズの短期売買法』などがある。

■訳者

岡村桂（おかむら・かつら）

青山学院大学国際政治経済学部（国際金融専攻）を卒業し、東京海上火災保険株式会社に入社。その後翻訳の仕事に携わる。大手電機メーカーの翻訳部を経て独立し、現在はフリーランスで翻訳をしている。

2002年1月24日　初版第1刷発行
2005年9月1日　　　第2刷発行
2006年2月2日　　　第3刷発行

ウィザードブックシリーズ㉘

ヘッジファンドの魔術師《まじゅつし》
スーパースターたちの素顔とその驚異の投資法

著　者　ルイ・ペルス
監修者　長尾慎太郎
訳　者　岡村桂
発行者　後藤康徳
発行所　パンローリング株式会社
〒160-0023　東京都新宿区西新宿7-21-3-1001
TEL　03-5386-7391　FAX　03-5386-7393
http://www.panrolling.com/
E-mail　info@panrolling.com
編　集　エフ・ジー・アイ(Factory of Gnomic Three Monkeys Investment)合資会社
印刷・製本　株式会社　シナノ

ISBN4-7759-7055-0